Estudos de Direito do Trabalho
VOLUME II

Estudos de Direito do Trabalho

VOLUME II

2016

Teresa Coelho Moreira
Doutora em Direito
Professora da Escola de Direito da Universidade do Minho

ESTUDOS DE DIREITO DO TRABALHO
VOLUME II

AUTOR
Teresa Coelho Moreira

EDITOR
EDIÇÕES ALMEDINA, S.A.
Rua Fernandes Tomás, nºs 76-80
3000-167 Coimbra
Tel.: 239 851 904 · Fax: 239 851 901
www.almedina.net · editora@almedina.net

DESIGN DE CAPA
FBA.

PRÉ-IMPRESSÃO
EDIÇÕES ALMEDINA, SA

IMPRESSÃO E ACABAMENTO
Pentaedro, Lda.
Agosto, 2016

DEPÓSITO LEGAL
335312/11

Apesar do cuidado e rigor colocados na elaboração da presente obra, devem os diplomas legais dela constantes ser sempre objeto de confirmação com as publicações oficiais.
Toda a reprodução desta obra, por fotocópia ou outro qualquer processo, sem prévia autorização escrita do Editor, é ilícita e passível de procedimento judicial contra o infrator.

 GRUPOALMEDINA

BIBLIOTECA NACIONAL DE PORTUGAL – CATALOGAÇÃO NA PUBLICAÇÃO
MOREIRA, Teresa Coelho
Estudos de direito do trabalho. - v. - (Monografias)
2º v.: . - p. - ISBN 978-972-40-6617-2

CDU   349

Ao João e
Às nossas filhas Joana e Maria Beatriz

NOTA PRÉVIA

Este livro reúne um conjunto de artigos dispersos e vários comentários a jurisprudência sobre o controlo eletrónico do empregador e as novas tecnologias escritos entre 2012 e 2016. De par com artigos e comentários já publicados em revistas, outros são inéditos. É o caso do artigo intitulado *O controlo dos trabalhadores através de sistemas de geolocalização*, proferido no XIX Congresso Nacional de Direito do Trabalho em Novembro de 2015, bem como *Resolução do contrato de trabalho e videovigilância: anotação ao acórdão do Tribunal da Relação do Porto de 4 de março de 2013, e ao acórdão do Tribunal da Relação de Lisboa de 25 de janeiro de 2012*, e que, apesar de ter sido escrito em 2013, nunca tinha sido publicado, assim como *Limites ao poder de controlo eletrónico do empregador: comentário à decisão do TEDH, de 12 de janeiro de 2016 – Bărbulescu v. Romania*, e *Até que o Facebook nos separe: Análise dos Acórdãos do Tribunal da Relação do Porto de 8 de Setembro de 2014 e do Tribunal da Relação de Lisboa de 24 de Setembro de 2014*, que, apesar de estar para ser publicado, ainda não viu a *luz do dia*.

Optou-se por manter os textos na versão original sem efetivar qualquer alteração ou atualização por entender-se que, apesar de alguns terem já 4 anos, manterem-se perfeitamente atuais.

Inseriu-se no final do trabalho uma listagem da jurisprudência nacional relevante nesta matéria, indicando-se apenas o Tribunal da decisão e a sua data. Todas as decisões citadas podem ser consultadas no *site* *www.dgsi.pt*.

Esperamos que este trabalho possa servir para fomentar a discussão jurídica sobre estes temas assim como auxiliar os estudantes nesta importante área científica.

Vila Nova de Gaia, Março de 2016

TERESA COELHO MOREIRA

ARTIGOS

A privacidade dos trabalhadores e a utilização de redes sociais *online*: algumas questões*

"Instantaneous photographs and newspaper enterprise have invaded the sacred precincts of private and domestic life; and numerous mechanical devices threaten to make good the prediction that "what is whispered in the closet shall be proclaimed from the house-tops." WARREN e BRANDEIS, "The right to privacy", *Harvard Law Review*, vol. IV, nº 5, 1890, p. 194

– *"Has communication entirely changed? Is our traditional understanding of privacy just a historical episode? Are we glad to be able to tell everybody everything? Or is human behavior just lagging behind technical progress for some time? Are we assuming to share our thoughts with the family at the fireplace while in real thousands of never seen "friends" and numerous marketing experts are receiving it? Or is the commercial generation happy about products and advertising being tailored to their needs?"*, Editorial Hannover Newspaper, 2012-02-04

RESUMO:

O mundo em geral e o do trabalho em especial têm sofrido nos últimos anos, sobretudo a partir da década de 90 do século passado, inúmeras mudanças relacionadas com o enorme aumento e desenvolvimento da utilização das NTIC na relação de trabalho.

Estas novas tecnologias, sobretudo a *Internet*, alteraram a paisagem empresarial, tornando-a mais competitiva mas, simultaneamente, criaram um novo tipo de controlo, o controlo eletrónico do empregador.

---

* Publicado *in Questões Laborais*, nº 41, 2013.

O uso destas tecnologias próprias da *Web 2.0*, fez com que o utilizador deixasse de ter uma atitude passiva para passar a ter uma posição ativa e a interagir com o próprio computador, abolindo as noções de tempo e de espaço à medida que se coloca informação em tempo real e esvanecendo as fronteiras entre os autores e os leitores. Assim, a *internet* e o *e-mail*, a utilização de redes sociais como o *Facebook* ou o *Twitter, Orkut, Friendster*, ou o *Linkedin*, os *blogs*, os fóruns, tornaram o controlo do empregador cada vez mais presente e intrusivo, afetando em grau cada vez maior a privacidade dos trabalhadores e colocando novas questões aos juristas, não só na fase de execução do contrato de trabalho, mas também, previamente, na fase de acesso ao mercado de trabalho e formação daquele e por ocasião da sua cessação.

PALAVRAS-CHAVE: Privacidade, redes sociais *online*, controlo eletrónico do empregador

1. *Log in*: Introdução

1.1. Em 1890 SAMUEL D. WARREN e LOUIS D. BRANDEIS, com o estudo *The Right to Privacy*[1], *publicado na Harvard Law Review*, originaram o surgimento da primeira formulação do direito à privacidade. Embora possam existir algumas abordagens anteriores, nenhuma teve o impacto deste[2]. O objetivo destes autores era estabelecer um limite jurídico às intromissões da imprensa na vida privada[3][4]. Com este artigo WARREN

---

[1] "The right to privacy", *Harvard Law Review*, vol. IV, nº 5, 1890.

[2] FRANCISCO MATIA PORTILLA, "Constitution et secret de la vie privée – Espagne", *in Annuaire International de Justice Constitutionnelle*, Economica, Paris, 2001, p. 210, considera que foi com o estudo de WARREN e BRANDEIS que a "velha ideia" da *privacy-property* foi abandonada em favor da ideia de *privacy-personality*.

[3] As circunstâncias que deram origem à publicação deste artigo não deixam de ser significativas para a compreensão desta finalidade. A Srª Warren, filha do Senador Bayard, costumava dar na sua casa de Boston frequentes festas sociais. Os jornais locais, principalmente o *Saturday Evening Gazette*, especializado em assuntos de alta sociedade, escreviam sobre estas com detalhes muito pessoais e, por vezes, desagradáveis. O assunto atingiu o seu culminar no casamento de uma das filhas do casal o que levou WARREN a procurar o seu antigo companheiro de estudo BRANDEIS motivando, assim, a publicação do artigo em causa. Ver TERESA COELHO MOREIRA, *Da esfera privada do trabalhador e o controlo do empregador, Studia Iuridica*, Coimbra Editora, 2004, pp. 62 e ss., assim como *A Privacidade dos Trabalhadores e as Novas Tecnologias de Informação e Comunicação: contributo para um estudo dos limites do poder de controlo electrónico do empregador*, Almedina, Coimbra, 2010, pp. 135 e ss..

e Brandeis declararam a necessidade de um direito à privacidade que passa a exprimir o núcleo central da personalidade e que passa a carecer de defesa da intrusão e da manipulação de um novo fenómeno social: o poder da imprensa relacionado com a nova tecnologia que à data surgiu. Os autores invocam no artigo que a lei deve proteger a privacidade, a intimidade da vida privada, assegurando a cada indivíduo o direito de determinar a extensão até onde cada um quer ver conhecida e divulgada a sua vida privada, os seus sentimentos, os seus pensamentos, ou os seus gostos[5].

1.2. Nos nossos dias, as novas tecnologias continuam a conferir atualidade às preocupações destes autores. O direito à privacidade, assumindo um carácter evolutivo, vai-se ampliando nos finais do século XIX e no século XX, relacionado com o desenvolvimento de novas tecnologias e com o objetivo de abranger novas realidades relacionadas com estas inovações. Já Warren e Brandeis[6] tinham advertido que as invenções e os avanços da técnica poderiam trazer sérios riscos para as liberdades dos indivíduos e, concretamente, para o seu âmbito mais privado, defendendo que "As fotografias instantâneas e os jornais periódicos invadiram os sagrados recintos da vida privada e do lar; e numerosos engenhos mecânicos ameaçam tornar realidade a profecia de que: «o que se murmura dentro de casa será proclamado aos quatro ventos"[7].

A partir destes argumentos surgiu a convicção da necessidade da existência de um verdadeiro e autónomo direito à privacidade através do qual se visava excluir do conhecimento alheio o âmbito mais reservado da personalidade, cujo fundamento residia não já na propriedade

---

[4] Antes deste estudo já tinha existido uma menção à *privacy* em 1880 quando o juiz Thomas Cooley utilizou uma expressão que vai ser seguida mais tarde por Warren e Brandeis e que é o *right to be let alone*, ou seja, "o direito a estar só ou a ser deixado só". Com esta afirmação o juiz pretendia referir um direito de cada pessoa e um direito de imunidade pessoal – *a right to one's person and a right of personal immunity*.

[5] Paulo Mota Pinto, "O direito à reserva sobre a intimidade da via privada", *in BFDC*, nº 69, 1993, pp. 512-513, defende que neste estudo os autores aproximam o conceito do "direito a ser deixado só" de uma tutela da personalidade e a violação deste direito poderia dar origem a uma indemnização por danos morais, sendo que as sanções deveriam ser determinadas por analogia com a *defamation*.

[6] *Op.* cit., p. 194.

[7] *Op.* cit., p. 194.

privada mas num direito superior de inviolabilidade da personalidade. Contudo, na época em que se desenvolveu esta tutela do direito à privacidade o *perigo* que enfrentavam as pessoas não estava relacionado com a era da informática. O objetivo passava por criar um sistema que defendesse a privacidade da pessoa perante a "incipiente e descarada atividade desenvolvida pela imprensa".

Muito tempo passou desde o artigo que vem sendo referido e as alterações das condições económicas, sociais, políticas e económicas, assim como tecnológicas, que ditaram o surgimento de novas ameaças para o direito à privacidade e que originaram a necessidade da sua reformulação. A tecnologia contribui para o surgimento de uma nova privacidade que, embora mais rica, também se apresenta mais frágil, por estar mais exposta a terceiros, o que origina a necessidade de um reforço da proteção jurídica e de um alargamento das fronteiras do conceito de privacidade[8].

A partir dos anos sessenta do século XX assiste-se a uma alteração radical do conceito de privacidade e da sensibilidade social a este associada devido ao surgimento da era dos computadores e à mudança que estes provocaram na própria organização da sociedade[9].

Assim, a informática abarca territórios cada vez maiores através de uma rede cada vez mais aperfeiçoada que permite uma maior e mais veloz transmissão de dados. A rapidez de recolha, elaboração, tratamento e interconexão de dados, assim como a facilidade de descontextualização, é enorme. O cidadão inquieta-se uma vez que a quantidade

---

[8] Neste sentido RODOTÀ, "Persona, riservatezza, identità. Prime note sistematiche sulla protezione dei dati personali", *in RCDP*, Ano XV, nº 4, 1997, pp. 588-589. No mesmo sentido, PASQUALE CHIECO, *Privacy e Lavoro – La disciplina del trattamento dei dati personali del lavoratore*, Cacucci Editore, Bari, 2000, p. 11, defende que o advento da sociedade da informação e da informática provocaram a necessidade de mudança do conceito de privacidade.

[9] Como refere JANUÁRIO GOMES, "O problema da salvaguarda da privacidade antes e depois do computador", *in BMJ*, nº 319, 1982, p. 34, o século XX foi pródigo na criação e desenvolvimento de técnicas de registo, comunicação e observação que colocaram em risco a salvaguarda da privacidade das pessoas. O aparecimento do telefone e do telex, em primeiro lugar e, mais tarde, do computador, da *Internet* e dos diversos serviços a ela associados, aumentaram, e muito, a possibilidade de atentados ao direito à privacidade das pessoas. Ver, ainda, sobre o problema do uso dos telefones como instrumento de controlo, SUSAN BRENNER, "The privacy privilege: law enforcement, technology, and the Constitution", *in University of Florida Journal of Technology Law & Policy*, vol. 7, nº 2, pp. 129 e ss..

de dados memorizados permitiria a quem tivesse acesso a esses elementos controlar em profundidade as atividades e as pessoas. À euforia que a informática gerou nos primeiros tempos segue-se um período de receio perante as ameaças que ela comporta, cabendo ao Direito encontrar o equilíbrio entre o desenvolvimento tecnológico e os direitos e liberdades das pessoas[10].

Para muitos, atualmente, os "sagrados recintos da vida privada" estenderam-se para as *autoestradas da informação*. Cada vez mais as pessoas colocam, voluntária e involuntariamente, informações pessoais, fotografias e dados pessoais em *blogs*, redes sociais e noutros locais na *Internet*[11], sendo que o grande desafio que se coloca à privacidade reside no facto de que grande parte da informação que é colocada nas redes sociais resulta da iniciativa do próprio utilizador e baseada no seu consentimento[12].

1.3. Atualmente a ubiquidade da Internet continua a colocar cada vez mais questões à privacidade e a informática tornou-se um verdadeiro símbolo da nossa cultura ao ponto de se denominar a sociedade moderna como *sociedade informática ou sociedade de informação* e como a era da *Big Data*[13]. O computador transformou a economia, a sociedade, a cultura e, inclusive, o ser humano. Esta nova realidade não poderia passar à margem do Direito do trabalho, de tal maneira que hoje se refere por vezes, a expressão "trabalhador-transparente" ou "trabalhador de vidro"[14], na medida em que existe uma automatização de dados sobre o

---

[10] Cf. Teresa Coelho Moreira, *A Privacidade dos Trabalhadores*, cit..

[11] Veja-se Bryce Clayton Newell, "Rethinking Reasonable Expectations of Privacy in Online Social Networks", *in Richmond Journal of Law and Technology*, vol. XVII, nº 4, pp. 1-2.

[12] Conforme refere Sonja Grabner-Kräuter, "Web 2.0 Social Networks: The Role of Trust", *Journal of Business Ethics*, nº 90, 2009, p. 205, o perfil do utilizador médio destas redes contém informação sobre a sua morada, o nome do seu animal de estimação, a escola que frequenta ou frequentou, o nome de família e outros detalhes familiares que constituem, justamente, muitos dos dados que se utilizam quando se pretende, por exemplo, recuperar uma *password*.

[13] Omer Tene e Jules Polonetsky, "Privacy in the Age of Big Data: A Time for Big Decisions", *in Stand. L. Rev. Online*, vol. 64, nº 63, 2012, p. 63, assim como Joshua Gruenspecht, "Reasonable Grand Jury Subpoenas: Asking for Information in the Age of Big Data", *in Harvard Journal of Law Technology*, vol. 24, nº 2, 2011, pp. 544-545..

[14] Mariapaola Aimo, "I «lavoratori di vetro»: regole di trattamento e meccanismi di tutela dei dati personali", *in R.G.L.P.S.*, nº 1, 2002.

ESTUDOS DE DIREITO DE TRABALHO

trabalhador que, muitas vezes, incide sobre aspetos que fazem parte da sua privacidade e que, por isso, estão protegidos. Estes dados geraram uma nova forma de economia e têm um alto valor económico e social, sendo que a questão essencial que se coloca agora já não é a de saber quem pode aceder aos dados pessoais das pessoas mas onde estão esses dados e quem poderá aceder aos mesmos na medida em que, com as novas formas de comunicação, qualquer pessoa pode ser um "controlador de dados"[15].

1.4. Na verdade, o mundo em geral e o do trabalho em especial têm sofrido nos últimos anos, sobretudo a partir da década de 90 do século passado, inúmeras mudanças relacionadas com o enorme aumento e desenvolvimento da utilização das NTIC na relação de trabalho[16].

Estas novas tecnologias, sobretudo a *Internet*, alteraram a paisagem empresarial, tornando-a mais competitiva mas, simultaneamente, criaram um novo tipo de controlo, o controlo eletrónico do empregador[17].

O uso destas novas tecnologias próprias da *Web 2.0*[18] caracteriza-se pelo facto de o utilizador deixar de ter uma atitude passiva para passar

---

[15] Cf. JANE YAKOWITZ, ""Tragedy of the Data Commons", *in Harvard Journal of Law Technology*, vol. 25, nº 1, 2011, pp. 2-3.

[16] *Vide* LINDA HARASIM, *Global Networks: Computers and International Communication*, Cambridge, 1993.

[17] Cf., Para mais desenvolvimentos sobre o surgimento deste tipo de controlo electrónico, TERESA COELHO MOREIRA, *A Privacidade dos Trabalhadores e as Novas Tecnologias de Informação e Comunicação: contributo para um estudo dos limites do poder de controlo electrónico do empregador*, Almedina, Coimbra, 2010, assim como, "As novas tecnologias de informação e comunicação e o poder de controlo electrónico do empregador", *in Estudos de Direito do Trabalho*, Almedina, Coimbra, 2011, e "As NTIC, a privacidade dos trabalhadores e o poder de controlo electrónico do empregador", *in Memórias do XIV Congresso Ibero Americano de Derecho e Informática*, Tomo II, México, 2010, pp. 865 e ss..

[18] O termo *Web 2.0* é a expressão usual para o avanço na *Internet* e nas suas aplicações que incluem os *blogs*, os *wikis*, *RSS*, *podcasting* e redes sociais. A diferença essencial entre a Web 2.0 e a forma tradicional de internet é que o conteúdo é gerado pelos próprios utilizadores que colocam *online* e trocam informação. Veja-se SONJA GRABNER-KRÄUTER, *op. cit.*, p. 205, assim como WILLIAM SMITH e DEBORAH KIDDER, "You've been tagged! (Then again, maybe not): Employers and Facebook", *in Business Horizons*, nº 53, 2010, p. 492, e GARY GLASER e ALEXIS GEVANTER, *"LinkedOut" – Can one's Critical Business Information Survive the Battle of the Century: Trade Secrets vs. Social Networking and Web*, ABA National Symposium on Technology in Labor and Employment Law: New York University School of Law, April 28, 2011, p. 1.

a ter uma posição ativa e a interagir com o próprio computador[19], abolindo as noções de tempo e de espaço à medida em que se coloca informação em tempo real e esvanecendo as fronteiras entre os autores e os leitores. Assim, a *internet* e o *e-mail*, a utilização de redes sociais como o *Facebook* ou o *Twitter, Orkut, Friendster, Netlog* ou o *Linkedin*, os *blogs*, os fóruns, tornaram o controlo do empregador cada vez mais presente e intrusivo, afetando em grau cada vez maior a privacidade dos trabalhadores e colocando novas questões aos juristas[20]. Os empregadores podem, com a utilização destas NTIC, reunir informação sobre os trabalhadores através da observação do que fizeram durante o tempo e no local de trabalho, descobrir os seus interesses e preferências, através da análise dos *sites* mais visitados, possibilitando a criação de perfis dos trabalhadores e a sua seleção baseada nestes dados. Podem, ainda, na fase de seleção, consultar a informação que os candidatos colocam nas redes sociais ou nos seus *blogs* pessoais e excluí-los de acordo com o conteúdo dessa informação.

Por outro lado, os sistemas de informação e de comunicação, marcados pela interconexão de milhares de redes, ultrapassam os limites geográficos e permitem aceder a todo o tipo de informação útil para o desenvolvimento da relação laboral, favorecendo uma comunicação cada vez mais instantânea e plural. E com o desenvolvimento cada vez em maior número de redes sociais, inclusive por parte das empresas, a troca de informação é ainda maior, podendo falar-se quase de uma transparência total[21], já que se trata quase de um contrato sinalagmático pois se as pessoas têm acesso a esta rede mundial de forma gratuita[22], a

---

[19] Veja-se JEAN-EMMANUEL RAY, "Actualités des TIC", *in DS*, nºs 9/10, 2011, pp. 935-936.

[20] A utilização das redes sociais coloca questões não só no campo do Direito do trabalho como, também, em muitas outras áreas. Veja-se, a título de exemplo, o problema que está a acontecer no ordenamento jurídico norte-americano com a imparcialidade dos jurados nesta nova era informática. Na verdade, com o crescimento explosivo das redes sociais *online* têm acontecido casos em que os juízes alteraram sentenças devido à utilização destas redes durante o julgamento. Veja-se, por exemplo, o caso *Dimas-Martinez v. State*, de 8 de Dezembro de 2011, e AMY EVE e MICHAEL ZUCKERMAN, "Ensuring an impartial jury in the age of social media", *in Duke Law & Technology Review*, vol. 11, nº 1, pp. 2 e ss.

[21] Conforme refere JEAN-EMMANUEL RAY, "Facebook, le salarié et l'employeur", *in DS*, nº 2, 2011, p. 132, as redes sociais podem conduzir-nos à "ditadura da transparência absoluta", entendendo que é isso que o *Facebook* convida os seus membros a fazerem.

[22] A gratuitidade destes serviços é bastante *suspeita* pois, como bem nota Mª BELÉN CARDONA RUBERT, "La utilización de las redes sociales en él ámbito de la empresa", *in RDS*, nº 52,

contrapartida é que cedam um enorme número de informação pessoal e acesso aos amigos e, a maior parte das vezes, aos amigos dos amigos[23].

A *Internet* originou, também, que muitas fronteiras caíssem o que, direta ou indiretamente, provocou a queda de outra barreira: a que separava a vida profissional e a vida pública da vida privada[24]. Em qualquer local, através de telefones portáteis, podem ser filmados acontecimentos da vida privada que depois são colocados no *YouTube*, para que qualquer pessoa, em qualquer local do mundo, os possa visualizar. No mundo do trabalho, pode colocar-se o problema de *blogs* pessoais e de redes sociais onde os trabalhadores exprimem as suas opiniões ou, até, divulgam informações preciosas[25] sobre a empresa, ou onde criticam posições desta, o que coloca problemas ao nível da conciliação entre os direitos à privacidade e liberdade de expressão dos trabalhadores e os direitos do empregador.

Podemos entrar, desta forma, numa espécie de *nudez* total onde o problema consiste no facto de ao permitir o acesso aos amigos e aos

---

2010, p. 71, estes suportes virtuais são modelos de negócios que baseiam e potenciam a sua riqueza na informação que as pessoas que as utilizam colocam *online*. Estas redes dispõem de potentes ferramentas de cruzamento de informação e de capacidade de processamento e de análise da mesma. E, ainda, algumas redes sociais permitem que certos motores de busca na *internet* indexem nas suas pesquisas os perfis dos utilizadores, a sua informação de contacto, os perfis dos amigos, entre outras informações, o que não deixa de trazer novos desafios e perigos para a privacidade. Veja-se o caso dos *tags* e da identificação das pessoas nas fotografias de outras pessoas ou de produtos ou locais que, por defeito, são permitidos tendo o utilizador de desativar esta funcionalidade. Ver, ainda, Ana Taborda, "Como o Facebook faz dinheiro consigo", *in Revista Sábado*, nº 420, 17 a 23 de Maio de 2012, pp. 32-38.

Na verdade, as redes sociais que fornecem os seus serviços de forma gratuita têm imenso lucro através da venda de publicidade, feita, muitas vezes, através do *behavioral advertising*, também conhecido como *targeting*, que origina bastantes preocupações, nomeadamente pelo facto de muitos consumidores não estarem conscientes deste tipo de comportamento sendo que o consentimento que muitas vezes dão não é consciente.

[23] Neste sentido, e com mais desenvolvimento, cf. Jean-Emmanuel Ray, "Facebook, le salarié ...", cit., p. 129. Cf., ainda, Rebeka Johnson, Balázs Kovács, e András Vicsek, "A comparison of email networks and off-line social networks: A study of a medium-sized bank", *in Soc. Netw.*, 2012, e Kevin Lewis, Jason Kaufman, Marco Gonzalez, Andreas Wimmer e Nicholas Cristakis, "Tastes, ties, and time: A new social network dataset using Facebook. com", *in Soc. Netw.*, nº 30, 2008.

[24] Da mesma opinião, Jean-Emmanuel Ray e Jean-Paul Bouchet, "Vie professionnelle, vie personnelle et TIC", *in DS*, nº 1/2010, p. 44.

[25] E por vezes confidenciais.

amigos dos amigos nestas redes não pode deixar de atender-se que, estatisticamente, 55% dos nossos amigos são colegas, 16% superiores hierárquicos, 13% clientes e 11% prestadores, o que não deixa de surpreender e de colocar várias questões[26].

Assim, desde logo, uma questão que se impõe é a de saber se as redes sociais devem ser vistas como redes privadas de amigos ou um "novo marketing genial"[27] que pode desenvolver a empresa devido ao papel dos trabalhadores, clientes e fornecedores enquanto seus embaixadores.

Na verdade, apesar das redes sociais terem surgido inicialmente como um meio de comunicação interpessoal e de entretenimento associado ao lazer e à comunicação com amigos, amigos dos amigos e, até, desconhecidos, hoje em dia elas tornaram-se num meio cada vez mais usado pelas empresas em termos profissionais. Atualmente, o número de empresas que têm criado um perfil nas redes sociais, dada a fácil acessibilidade e o carácter maciço com que as pessoas aderiram às mesmas, é cada vez maior. E a questão que surge é a de saber o que ganham as empresas com esta nova utilização. E a resposta passará, claramente, pela necessária informação que as empresas fazem aos seus consumidores sobre as atualizações dos seus produtos, a par do lançamento de novos produtos e de promoções e de um novo tipo de *marketing*, talvez muito mais eficaz, pois as empresas conseguem estar em permanente contacto com os seus clientes.

Por outro lado, as redes sociais possibilitam ainda que quem é responsável pelo recrutamento analise os currículos e as informações pessoais e profissionais dos candidatos.

No entanto, não pode esquecer-se o outro lado da questão, e que é a de que a imagem de uma empresa, bem fundamental e precioso que permite a sobrevivência de muitas no mercado global e extremamente competitivo dos nossos dias através da fidelização de clientes e colaboradores, poder ficar seriamente desacreditada através dos comentários feitos nesses meios. E a questão premente é a de saber como poderão os empregadores reagir perante estas várias preocupações a que acresce ainda a eventual perda de produtividade e de segurança. Tal como aconteceu relativamente à navegação na *internet* e à utilização do correio ele-

---

[26] CF. estas estatísticas em JEAN-EMMANUEL RAY, "Facebook, le salarié...", cit., p. 132.
[27] JEAN-EMMANUEL RAY, última *op*. cit., p. 132.

trónico, com as redes sociais coloca-se a questão de conseguir a melhor técnica para estabelecer uma política eficaz que permita controlar a sua utilização pelos trabalhadores sem violar os seus direitos fundamentais e sem, estabelecer, parece-nos, uma proibição absoluta até porque é possível aceder à *internet* e, por conseguinte, às redes sociais, através dos telemóveis privados dos trabalhadores.

Nota-se, desta forma, que se colocam novas questões ao Direito do trabalho com estas novas tecnologias, surgindo assim um novo Direito do trabalho, sendo que a resposta que deve ser dada a estas questões não pode ser una.

A tarefa de assegurar a segurança dos dados pessoais e de proteger a privacidade tornou-se cada vez mais difícil pois a informação multiplicou-se e é partilhada, em certos casos, a um nível quase mundial. Assim, a informação, *inter alia*, acerca da saúde, da localização física, da atividade *online*, é exposta a um escrutínio, colocando bastantes questões no que concerne à existência da criação de perfis e da discriminação e exclusão das pessoas em geral e dos trabalhadores em particular.

1.5. Por outro lado, estes avanços tecnológicos alteraram, e muito, a maneira como as pessoas comunicam. Na verdade, as formas de comunicação tradicionais, unidirecionais, de um para muitos e sem possibilidade de troca ou com uma bidirecionalidade muito limitada têm nas redes sociais *online* o seu *carrasco* na medida em que estas permitem uma comunicação participativa e representativa, possibilitando, ainda, que a informação seja comentada, atualizada e valorada, criando-se uma espécie de *inteligência coletiva* acessível apenas à distância de um *click*[28][29].

---

[28] Neste sentido veja-se BARRIUSO RUIZ, "Las redes sociales y la proteccion de datos hoy", *in Anuario Facultad de Derecho – Universidade de Alcalá II*, 2009, p. 308, assim como LEIGH A. CLARK e SHERRY J. ROBERTS, "Employer's Use of Social Networking Sites: A Socially Irresponsible Practice", *in Journal of Business Ethics*, nº 95, 2010, p. 507.

[29] Como referem SIMON FRANKEL, LAURA BROOKOVER e STEPHEN SATTERFIELD, "Famous for fifteen People: Celebrity, Newsworthiness, and *Fraley v. Facebook*", *in Stan. L. Rev. Online*, vol. 64, nº 82, 2012, pp. 85-86, o crescimento da *Internet* alterou o conceito de democracia e da própria noção de notícia que originaram novos desafios ao Direito. Veja-se o caso da Primavera Árabe onde as redes sociais foram utilizadas para mobilização das pessoas para tentar acabar com os regimes totalitários existentes ou, em Portugal, as manifestações ocorridas em várias cidades do país no dia 15 de Setembro de 2012 contra a austeridade e que foram "convocadas" através das redes sociais.

2. A utilização das redes sociais a nível laboral

2.1. Introdução

2.1.1. A explosão das redes sociais digitais ou *online* acabou por imprimir mudanças significativas na estrutura social uma vez que o modo como as pessoas interagem, anunciam, compram e adquirem bens e serviços não é mais o mesmo.

Neste novo contexto da rede mundial de computadores ganham destaque as redes sociais digitais, que se constituem em espaços *online* onde, além de poderem relacionar-se, os utilizadores também dispõem de ferramentas e aplicações que visam não só o entretenimento, como também a informação, comércio e, sobretudo, a interação. Este dinamismo das redes sociais é um dos grandes fatores que as tornam atrativas, fazendo com que as mesmas contabilizem um largo número de adeptos.

Desta forma, as redes sociais *online* são, atualmente, um fenómeno em enorme crescimento e constituem o meio muitas vezes utilizado pelas pessoas para se conectarem, comunicarem e partilharem informação pessoal. E, se inicialmente começaram por ser meios recreativos para as gerações mais novas, hoje em dia atraem pessoas de todas as idades[30], e Portugal não é exceção[31]. Assim, se inicialmente as redes sociais tinham por público quase somente os denominados *digital natives*, que

---

[30] Segundo o relatório apresentado pela *comScore*, os *sites* de redes sociais atingiram 82% da população *online* – cerca de 1, 2 biliões de utilizadores, e aproximadamente um em cada 5 minutos *online* é agora dispendido na visualização de redes sociais – cerca de 6,7 biliões de minutos, com o *Facebook* a liderar com cerca de 800 milhões de utilizadores. *Vide* Information and Privacy Comissioner of Ontario, *Reference Check: is Your Boss Watching?*, *in www.ipc.on.ca*, p. 8.

[31] Em Portugal o nível de utilização das redes sociais já está acima da média europeia, assistindo-se a um crescente envolvimento dos utilizadores com diferentes marcas e produtos. Segundo dados fornecidos pelo *SocialBakers*, em 2012 e visualizados em "Redes Sociais em ambiente empresarial", *Computerworld*, Junho 2012, p. 5, no *Facebook*, tem cerca de 84,5% de penetração de utilizadores *online*, e cerca de 58% seguem marcas e, destes, 56% emitem comentários sobre as mesmas.

Por outro lado, dos cerca de 2,9 milhões de utilizadores ativos da *Internet*, cerca de 2,1 milhões criaram um perfil numa rede social, sendo que a atividade principal nas redes sociais dos utilizadores nacionais é a partilha de fotografias. Veja-se JOANA VERÍSSIMO, MARIA MACIAS e SOFIA RODRIGUES, *Implicações Jurídicas das Redes Sociais na Internet: um Novo Conceito de Privacidade*, acessível em www.fd.unl.pt/docentes_docs/ma/meg_MA_15609.docx, *p. 3.*

ESTUDOS DE DIREITO DE TRABALHO

representam uma geração que cresceu já após o surgimento da *Internet*, também os conhecidos por *digital immigrants* estão a aderir cada vez mais à utilização das redes sociais[32].

Contudo, a ideia de redes sociais é inerente à própria sociedade, na medida em que corresponde à formação de pequenas comunidades que advêm da junção de membros de grandes sociedades e surgem quando grupos que partilham os mesmos interesses, ideias ou gostos se decidem juntar para partilhar essas mesmas informações, fomentando sentimentos de pertença e de solidariedade. Exemplos de redes sociais podem ser os clubes de livros e os clubes de futebol[33].

A base teórico-sociológica das redes sociais foi proposta inicialmente em 1929 por FRIGYES KARINTHY, com a sua teoria dos 6 graus de separação que se baseava na ideia de que qualquer pessoa do planeta estava separada de outra apenas por 6 conexões ou ligações. Este conceito, reafirmado em 2004 por DUNCAN WATTS, baseia-se na ideia de que o número de conhecidos cresce exponencialmente com o número de ligações na cadeia e apenas um pequeno número de ligações é necessário para que o conjunto de conhecidos se converta em toda a população humana[34].

Mais recentemente, no século XXI, surgiram as redes sociais *online*, sendo que a *Internet*, como espaço sem fronteiras, torna-se na plataforma de eleição para o desenvolvimento deste tipo de redes.

Cada uma das várias redes sociais que existem segmenta grupos de população com um interesse ou afinidade comum que os caracteriza e onde os utilizadores partilham, *inter alia*, ideias, necessidades, gostos, interesses e fotografias.

---

[32] *Vide* o Documento do International Working Group on Data Protection in Telecommunications, *Report and Guidance on Privacy in Social Network Services – "Rome Memorandum"*, de 2008, *in* www.berlin-privacy-group.org, p. 2, RAFAEL GELY e LEONOARD BIERMAN, "Social Isolation and American Workers: Employee Blogging and Legal Reform", *in Harvard Journal of Law Technology*, vol. 20, nº 2, 2007, pp. 288-289, e RYAN A. WARD, "Discovering Facebook: Social Network Subpoenas and the Stored Communications Act", *in Harvard Journal of Law Technology*, vol. 24, nº 2, 2011, p. 564.

[33] Neste sentido veja-se JOANA VERÍSSIMO, MARIA MACIAS e SOFIA RODRIGUES, *op. cit.*, p. 1.

[34] BARRIUSO RUIZ, *op. cit.*, p. 302. É interessante notar que em 2011 a Universidade de Milão em conjunto com o *Facebook* realizou um estudo para colocar à prova esta teoria e concluiu que estamos cada vez mais próximos, apenas separadas por 4,74 graus. Concluiu, ainda, que grande parte desta aproximação se deve ao crescimento exponencial das redes sociais *online*. Veja-se JOANA VERÍSSIMO, MARIA MACIAS e SOFIA RODRIGUES, *op. cit.*, p. 3.

Assim, as redes sociais *online* são serviços prestados através da própria *Internet* que permitem aos utilizadores gerar um perfil público que permite interagir com os restantes utilizadores dessas mesmas redes. O seu modelo de crescimento baseia-se fundamentalmente num processo viral em que um número inicial de participantes, através do envio de convites através de correios dos seus conhecidos, ou para os seus próprios perfis *online*, oferece a possibilidade de unir-se no *site*[35].

Nestas redes sociais cada utilizador deve atualizar os seus próprios dados, definir o seu perfil *online* e colocar a informação que desejar e comentar a de outros, entre outras possibilidades. Muitas destas redes sociais tornaram-se, atualmente, plataformas para troca de ideias, pensamentos, comentários, imagens, para *bisbilhotar* sobre os amigos e os amigos dos amigos, sendo que estes *amigos* podem variar entre conhecidos de escola com quem já não se tem contacto há muitos anos, até aos colegas de trabalho, clientes ou, até, desconhecidos. Com esta irrestrita plataforma para comentar, as redes sociais tornaram-se a pausa para café, o jornal, ou a telenovela do século XXI, podendo escrever-se e comentar-se tudo. Contudo, estas redes não são iguais aos meios do século passado onde uma conversa casual entre duas a três pessoas em princípio permaneceria entre os mesmos. Com estas redes sociais é possível transmitir estas mesmas conversas ou comentários para outros à distância de um simples *click*[36].

Assim, a resposta para vários dos problemas que surgem não pode ser unívoca, defendendo-se uma análise de cada situação em concreto.

2.1.2. Existem vários tipos de redes sociais e são várias as possibilidades de divisão, sendo que muitas delas combinam elementos de várias e podem modificar de âmbito ao longo do tempo, disponibilizando muitas delas instrumentos de comunicação privada como é o caso do *instant--messaging*, de *chats* fechados ou, até, de *e-mail*. A divisão entre diferentes tipos pode ser relevante para eventual possibilidade de controlo do empregador. No ordenamento jurídico alemão, por exemplo, a Proposta de Lei sobre o tratamento de dados pessoais de 2010 diferencia con-

---

[35] Veja-se AEPD, *Estudio sobre la privacidad de los datos personales y la seguridad de la información en las redes sociales online, in* www.aepd.es.
[36] George Pike, "Fired over Facebook", *in Information Today*, April, 2011, p. 26.

ESTUDOS DE DIREITO DE TRABALHO

soante o tipo de redes sociais e também conforme tiver sido ou não fornecida e criada pelo empregador para efeitos de um eventual controlo.

Existem, assim, redes sociais pessoais onde os utilizadores criam perfis *online* e conectam-se com outros utilizadores com ênfase nas relações sociais/pessoais. Estas plataformas muitas vezes envolvem a troca e partilha de informação e de dados pessoais como o sexo, o género, a idade, o estado civil, os *hobbies*, a formação profissional, o emprego, assim como ficheiros, música, vídeos e fotografias. Como exemplo temos o *Facebook*[37].

Devem ser referidas também as redes sociais que estão relacionadas com a atualização de informações. Este tipo de redes sociais é criado para permitir que os utilizadores coloquem pequenas frases em que permitem transmitir alguma informação para os outros de uma forma muito rápida e curta. Como exemplo, temos o *Twitter*[38].

Existem ainda redes sociais relacionadas com a possibilidade de localização de pessoas. Com o crescimento de telemóveis com GPS incorporados, este tipo de redes sociais está a aumentar[39]. Estas redes sociais foram criadas para permitir que a localização de uma pessoa seja dada em tempo real quer de forma pública, quer para determinados contactos previamente selecionados.

[37] O *Facebook* foi criado em 2004 por MARK ZUCKBERG, e mais 3 colegas e inicialmente foi utilizado por estudantes da Universidade de Harvard, Universidade que os mesmos frequentaram, expandindo-se rapidamente para outras Universidades americanas e, depois, para o resto do mundo. Ao agregar a possibilidade de comunicação e de compartilhar conteúdos, juntamente com ferramentas, aplicativos e até jogos, o *Facebook* rapidamente conquistou vários utilizadores em todo o mundo. Na verdade, a maior função desta rede social *online* é a de conseguir que os utilizadores se conectem com pessoas que já conhecem mas também com outras que nunca viram nem ouviram falar, conseguindo assim conectar pessoas que estão separadas fisicamente e dar-lhes um sentimento de partilha e de comunidade.

[38] O *Twitter*, também muito conhecido e utilizado, é uma rede de informação composta por *microblogs*. Os *tweets*, como são chamadas as mensagens inseridas nesta rede social, não ultrapassam determinado número de caracteres e são o meio usado pelos utilizadores para compartilhar a informação, informação essa que pode englobar, para além de texto, fotografias, vídeos e outros conteúdos. Tudo o que é divulgado no *Twitter* é realizado em tempo real, sendo que a ferramenta com mais visibilidade é a tecla *seguir* que significa acompanhar os *tweets* que são inseridos na página do utilizador dessa rede.

[39] Embora não deixe de ser interessante que num estudo americano muito recente, de Setembro deste ano, referido pela CNIL, metade dos utilizadores de *smartphones* inquietam-se sobre o paradeiro dos seus dados pessoais e 19% dos interrogados desactivaram os sistemas de GPS incorporados por recearem que outras pessoas acedam a esses dados. Veja-se www.cnil.fr, e www.franceinfo.fr.

Por último referem-se as redes sociais profissionais onde os utilizadores colocam *online* o seu percurso profissional e académico para trocar informação ou para procurar emprego. Podem, ainda, aderir a grupos que estejam ligados aos seus interesses profissionais. Como exemplo temos o *Linkedin*.

Podemos, assim, dizer que há redes sociais mais generalistas ou mais específicas de determinado tipo de pessoas e de setores, variando o seu formato e a sua finalidade mas todas envolvendo algum tipo de interação entre os membros[40]. Contudo, concorda-se com Mª Regina Redinha[41] quando duvida da efetiva socialidade das mesmas. Na verdade, parece-nos que, muitas delas, conduzem a uma enorme despersonalização e, até, desumanização das pessoas pois já há muitas que não saem de casa para se encontrar com os amigos passando longas horas no computador ou no telemóvel no *chat* ou a *twitar*. Por outro lado, muitas, também já não se olham frente a frente mas sim através de uma *webcam* e, por último, muitas delas que anteriormente não tinham amigos ou que tinham poucos têm agora centenas de amigos em várias redes sociais sem, contudo, conhecer qualquer deles. A socialização *online* não permite, desta forma, o contacto físico[42].

Acresce, ainda, que muita da informação que é colocada nestas redes sociais não é verdadeira ou, pelo menos, é um pouco disfarçada, uma espécie de *second life* que as pessoas criam ou mascarando-se através de um *photoshop* virtual.

2.1.3. Contudo, não podemos deixar de ter em atenção que com as NTIC, e neste caso específico as redes sociais, os sistemas informáticos não esquecem, sendo capazes de acumular informação quase de modo

---

[40] Veja-se, neste sentido, Mª Regina Redinha, "Redes Sociais: Incidência Laboral", *in PDT*, n. 87, p. 33, assim como Privacy Rights Clearinghouse, *Fact Sheet 35: Social Networking Privacy: How to be Safe, Secure and Social*, 2012, pp. 2-3, *in* www.privacyrights.org. Cf., ainda, Sonja Grabner-Käuter, *op.* cit., pp. 507-508, apresentando uma outra divisão possível entre redes sociais *online*.

[41] *Op.* cit., p. 33.

[42] Há, contudo, quem argumente em sentido contrário, defendendo que as comunicações estabelecidas desta forma permitem que as pessoas estejam mais ligadas. O *tele-cocooning* como é conhecido é considerado por vários autores como uma forma de as pessoas estarem mais conectadas. Cf., para mais desenvolvimentos, Leigh A. Clark e Sherry J. Roberts, *op.* cit., p. 515.

ilimitado. Os computadores não esquecem e não perdem a sua memória, deixando uma série de *pistas digitais* que permitem a comparação à entrada de determinados locais de uma cópia digitalizada e a imagem da pessoa em causa. O trabalhador encontra-se, por esta via, amplamente "radiografado"[43].

Os computadores permitem a acumulação de uma memória "infinita", a que se associa um espaço físico de dimensões reduzidas, o que facilita o tratamento de dados pessoais e a possibilidade de criação de dados de 2º grau, utilizáveis para as finalidades mais díspares, algumas das quais discriminatórias, através da agregação de numerosas informações dispersas que, agregadas, permitem a criação de perfis das pessoas em geral e dos trabalhadores em especial[44].

Na *Internet* não existe atualmente um *direito ao esquecimento*, o *right to be forgotten* ou o *droit à l'oublie*. E, por isso, informações colocadas *online* podem perdurar no ciberespaço por muito tempo, correndo o risco de ficarem completamente desatualizadas e com a inerente descontextualização dos dados.

Teoricamente, este direito ao esquecimento está ligado a um problema candente na era digital na medida em que se torna muito difícil escapar ao passado na *Internet* pois cada fotografia, atualização de estado ou *tweet* perdura para sempre na *nuvem*[45].

Atendendo aos perigos inerentes a esta situação a Comissão Europeia elaborou a 25 de Janeiro de 2012 um "pacote de medidas" destinadas a alterar a regulamentação da proteção de dados pessoais numa espécie de *Revolução Copernicana*, apresentando uma Proposta de Regulamento sobre Proteção de Dados Pessoais. A Proposta de Regula-

---

[43] Neste sentido cf. FABRIZIA DOUGLAS SCOTTI, "Alcune osservazioni in mérito alla tutela del lavoratore subordinato di fronte al trattamento informático dei dati personali", *in DRI*, nº 1, 1993, p. 233.

[44] JULIEN LE CLAINCHE, "L'adaptation du droit à l'oubli au contexte numerique", *in Revue Européenne de Droit de la Consommation*, nº 1, 2012, p. 39.

[45] Referimo-nos aqui à situação do *cloud computing* que cria questões muito pertinentes para o Direito em geral e para o Direito do trabalho em particular mas que não iremos abordar aqui. Veja-se o interessante Documento do Grupo de Proteção de Dados do art. 29º, *Opinion 05/2012 on Cloud Computing*, de 1 de Julho de 2012, disponível em http://ec.europa.eu/justice/data-protection/index_pt.htm, que estabelece vários princípios relacionados com a proteção de dados que têm de ser cumpridos pelas partes, *inter alia*, o respeito pelo princípio da transparência, da legitimidade, do cancelamento e apagamento dos dados, entre outros.

mento que visa alterar a Diretiva 95/46/CE, atualmente em vigor, relacionada com a proteção de dados pessoais consagra no art. 17º o direito a ser esquecido e ao apagamento em grande parte devido aos inúmeros problemas que existem hodiernamente para deixar de ter um perfil *online*[46][47].

---

[46] Sobre esta enorme dificuldade pode ver-se o interessante *site* http://europe-v-facebook. org/EN/en.htm onde desde 18 de Agosto de 2011 se tem vindo a alertar para as imensas dificuldades que existem quando se pretende deixar de ter um perfil no *facebook*.

[47] Estabelece-se, assim, no artigo 17º, o seguinte: "1 – O titular dos dados tem o direito de obter do responsável pelo tratamento o apagamento de dados pessoais que lhe digam respeito e a cessação da comunicação ulterior desses dados, especialmente em relação a dados pessoais que tenham sido disponibilizados pelo titular dos dados quando ainda era uma criança, sempre que se aplique um dos motivos seguintes:

(a) Os dados deixaram de ser necessários em relação à finalidade que motivou a sua recolha ou tratamento;

(b) O titular dos dados retira o consentimento sobre o qual é baseado o tratamento nos termos do artigo 6º, nº 1, alínea a), ou se o período de conservação consentido tiver terminado e não existir outro fundamento jurídico para o tratamento dos dados;

(c) O titular dos dados opõe-se ao tratamento de dados pessoais nos termos do artigo 19º;

(d) O tratamento dos dados não respeita o presente regulamento por outros motivos.

2. Sempre que o responsável pelo tratamento referido no nº 1 tiver tornado públicos os dados pessoais, deve adotar todas as medidas razoáveis, incluindo de carácter técnico, em relação aos dados publicados sob a sua responsabilidade, tendo em vista informar os terceiros que tratam esses dados que um titular de dados lhe solicita o apagamento de quaisquer ligações para esses dados pessoais, cópias ou reproduções desses dados. Se o responsável pelo tratamento tiver autorizado um terceiro a publicar dados pessoais, o primeiro é considerado responsável por essa publicação.

3. O responsável pelo tratamento deve efetuar o apagamento sem demora, salvo quando a conservação dos dados seja necessária:

(a) Ao exercício do direito de liberdade de expressão nos termos do artigo 80º;

(b) Por motivos de interesse público no domínio da saúde pública, nos termos do artigo 81º;

(c) Para fins de investigação histórica, estatística ou científica, nos termos do artigo 83º;

(d) Para o cumprimento de uma obrigação jurídica de conservação de dados pessoais prevista pelo direito da União ou pela legislação de um Estado- Membro à qual o responsável pelo tratamento esteja sujeito; a legislação do Estado-Membro deve responder a um objetivo de interesse público, respeitar o conteúdo essencial do direito à proteção de dados pessoais e ser proporcional ao objetivo legítimo prosseguido;

(e) Nos casos referidos no nº 4.

4. Em vez de proceder ao apagamento, o responsável pelo tratamento deve restringir o tratamento de dados pessoais sempre que:

(a) A sua exatidão for contestada pelo titular dos dados, durante um período que permita ao responsável pelo tratamento verificar a exatidão dos dados;

A proposta apresentada pela Comissão pretende tornar real um direito que já existe atualmente mas que não tem concretização prática, possibilitando que o perfil da pessoa deixe de existir e não simplesmente fique numa espécie de *hibernação* até ser novamente acionado. Não significa, obviamente, que se defenda um direito à total eliminação da história, mas sim, à eliminação de informação pessoal que as pessoas tenham fornecido sobre elas próprias, e não as referências que a elas tenham sido feitas noutros meios como, por exemplo, nos meios de comunicação, para fins jornalísticos ou quando existam motivos legítimos para a sua conservação.

Este direito ao esquecimento ou ao desaparecimento propõe-se ser um direito de defesa de todas as pessoas, apresentando-se como um direito de controlo dos seus dados pessoais, permitindo-lhes controlar a sua disponibilização *online*, independentemente de terem autorizado ou não a sua divulgação. Este direito pretende que as empresas respon-

(b) Já não precisar dos dados pessoais para o desempenho das suas funções, mas esses dados tenham de ser conservados para efeitos de prova;

(c) O tratamento for ilícito e o titular dos dados se opuser ao seu apagamento e solicitar, em contrapartida, a limitação da sua utilização;

(d) O titular dos dados solicitar a transmissão dos dados pessoais para outro sistema de tratamento automatizado, nos termos do artigo 18º, nº 2.

5. À exceção da sua conservação, os dados pessoais referidos no nº 4 só podem ser objeto de tratamento para efeitos de prova, ou com o consentimento do titular dos dados, ou para proteção dos direitos de outra pessoa, singular ou coletiva, ou por um motivo de interesse público.

6. Sempre que o tratamento de dados pessoais for limitado nos termos do nº 4, o responsável pelo tratamento informa o titular dos dados antes de anular a limitação ao tratamento.

7. O responsável pelo tratamento deve aplicar mecanismos para assegurar o respeito dos prazos estipulados para o apagamento dos dados pessoais e/ou para a fiscalização periódica da necessidade de conservar esses dados.

8. Se o apagamento for efetuado, o responsável pelo tratamento não pode realizar qualquer outro tratamento dos dados pessoais em causa.

9. São atribuídas competências à Comissão para adotar atos delegados em conformidade com o artigo 86º, a fim de especificar mais concretamente:

(a) Os critérios e requisitos para a aplicação do nº 1 em setores e situações específicos que envolvam o tratamento de dados;

(b) As condições para o apagamento de ligações para esses dados, cópias ou reproduções destes dados existentes em serviços de comunicação acessíveis ao público, tal como previsto no nº 2;

(c) Os critérios e condições aplicáveis à limitação do tratamento de dados pessoais referidos no nº 4.".

sáveis pelas redes sociais apaguem todos os dados pessoais dos utilizadores quando estes cancelam o serviço, e não apenas o armazenamento num servidor da rede social. Este direito abrange, ainda, a remoção de todos os dados de páginas de *internet* onde se encontrem incluídos e a eliminação de qualquer alusão aos mesmos nos motores de busca[48].

[48] A este propósito pode referir-se o pedido de reenvio prejudicial para o TJUE, no caso C-131/12, *Google v.* Espanha, de 14 de Março, feito pela Audiência Nacional (Espanha) sobre a Interpretação dos artigos 2º, alíneas b) e d), 4º, nº 1, alíneas a) e c), 12º alínea b), e 14º, alínea a), da Diretiva 95/46/CE do Parlamento Europeu e do Conselho, de 24 de outubro de 1995, relativa à proteção das pessoas singulares no que diz respeito ao tratamento de dados pessoais e à livre circulação desses dados, e do artigo 8º da Carta dos Direitos Fundamentais da União Europeia, assim como do conceito de estabelecimento situado no território de um Estado-Membro e conceito de recurso «a meios situados no território desse Estado-Membro», assim como o armazenamento temporário da informação indexada pelos motores de busca e Direitos ao apagamento e bloqueio dos dados.

Neste pedido de reenvio prejudicial o Tribunal Espanhol colocou as seguintes questões, sem dúvida interessantes, relacionadas precisamente com este direito ao esquecimento ou apagamento:

"1. No que respeita à aplicação territorial da Diretiva 95/46/CE e, consequentemente, da legislação espanhola em matéria de proteção de dados:

1.1. Deve considerar-se que existe um "estabelecimento", nos termos descritos no artigo 4º, nº 1, alínea a), da Diretiva 95/46/CE, quando se verifiquem alguma ou algumas das seguintes situações:

– quando a empresa que explora o motor de busca abre, num Estado-Membro, um gabinete ou filial destinada à promoção e venda dos espaços publicitários desse motor de busca, cuja atividade se dirige aos habitantes desse Estado,

ou

– quando a empresa-mãe nomeia uma filial situada nesse Estado-Membro como sua representante e responsável pelo tratamento de dois ficheiros específicos que têm relação com os dados dos clientes que celebraram contratos publicitários com essa empresa,

ou

– quando o gabinete ou filial estabelecida num Estado-Membro transfere para a empresa-mãe, sedeada fora da União Europeia, os pedidos e requerimentos que lhe são dirigidos, quer pelos interessados, quer pelas autoridades competentes, relativamente ao respeito do direito à proteção de dados, mesmo que essa colaboração seja de carácter meramente facultativo?

1.2. Deve o artigo 4º, nº 1, alínea c), da Diretiva 95/46/CE ser interpretado no sentido de que existe um recurso "a meios situados no território desse Estado-Membro" quando um motor de busca utilize aranhas (*spiders*) ou robôs para localizar e indexar a informação contida em páginas *web* alojadas em servidores desse Estado-Membro ou quando utilize um nome de domínio próprio de um Estado-Membro e oriente as buscas e os resultados em função do idioma desse Estado-Membro?

1.3. Pode considerar-se como um recurso a meios, nos termos do artigo 4.º, n.º 1, alínea c), da Diretiva 95/46/CE, o armazenamento temporário da informação indexada pelos motores

Por outro lado, pretende-se, ainda, que os utilizadores tenham um maior acesso aos seus dados pessoais e que possam mais facilmente

de busca na internet? Caso a resposta a esta última questão seja positiva, pode considerar-se que está preenchido este critério de conexão quando a empresa recusa revelar o sítio onde armazena estes índices invocando motivos concorrenciais?

1.4. Independentemente da resposta às questões anteriores e, particularmente, no caso de o Tribunal de Justiça da União considerar que não estão preenchidos os critérios de conexão previstos no artigo 4º da diretiva, deve a Diretiva 95/46/CE relativa à proteção de dados ser aplicada, à luz do artigo 8º da Carta Europeia dos Direitos Fundamentais, no país membro onde esteja localizado o centro de gravidade do litígio e onde seja possível uma proteção mais eficaz dos direitos dos cidadãos da União Europeia?

2. No que respeita à atividade do motor de busca como fornecedor de conteúdos tendo em conta a Diretiva 95/46/CE relativa à proteção de dados:

2.1. Relativamente à atividade do motor de busca da empresa "Google" na internet, enquanto fornecedor de conteúdos, que consiste em localizar a informação publicada ou inserida na rede por terceiros, indexá-la automaticamente, armazená-la temporariamente e, finalmente, colocá-la à disposição dos internautas sob determinada ordem de preferência, quando essa informação contenha dados pessoais de terceiros, deve considerar-se que uma atividade como a descrita está abrangida no conceito de "tratamento de dados" contido no artigo 2º, alínea b), da Diretiva 95/46/CE?

2.2. No caso de a resposta anterior ser positiva e sempre em relação a uma atividade como a *supra* descrita: deve o artigo 2º, alínea d), da Diretiva 95/46/CE ser interpretado no sentido de se considerar que a empresa que gere o motor de busca "Google" é "responsável pelo tratamento" dos dados pessoais contidos nas páginas *web* que indexa?

2.3. No caso de a resposta anterior ser positiva: Pode a autoridade nacional de controlo de dados (neste caso a Agencia Española de Protección de Datos), a fim de proteger os direitos contidos nos artigos 12º, alínea b) e 14º, alínea a), da Diretiva 95/46/CE, exigir diretamente ao motor de busca da empresa "Google" que retire dos seus índices uma informação publicada por terceiros, sem se dirigir prévia ou simultaneamente ao titular da página *web* que aloja essa informação?

2.4. No caso de que a resposta a esta última pergunta ser positiva, a obrigação de proteção destes direitos por parte dos motores de busca é de excluir quando a informação que contém dados pessoais tenha sido publicada licitamente por terceiros e se mantenha na página *web* de origem?

3. No que respeita ao âmbito do direito de apagamento e/ou oposição em conjugação com o direito a ser esquecido, submete-se a seguinte pergunta:

3.1. Devem os direitos ao apagamento e bloqueio dos dados, regulados no artigo 12º, alínea b) e o direito de oposição, previsto no artigo 14º, alínea a), da Diretiva 95/46/CE ser interpretados no sentido de que permitem que o interessado possa dirigir-se aos motores de busca para impedir a indexação da informação referente à sua pessoa, publicada em páginas *web* de terceiros, com base na sua vontade de que a mesma não seja conhecida pelos internautas quando considere que lhe pode ser prejudicial ou deseje que seja esquecida, mesmo tratando-se de uma informação publicada licitamente por terceiros?"

transferi-los, assim como impor limites relativamente ao tempo em que os *sites* e as redes sociais podem armazenar informação sobre os utilizadores, a quantidade de dados que são visíveis *online* depois de ter sido requerida a sua remoção e o direito a processar os *sites* em caso de incumprimento da ordem do utilizador.

Para o Direito do trabalho também é muito importante que o acento tónico para o tratamento de dados pessoais deixe de assentar no consentimento pois, tal como está previsto no considerando 34º e depois no art. 7º, nº 4, "o consentimento não deve constituir um fundamento jurídico válido para o tratamento de dados pessoais se existir um desequilíbrio manifesto entre o titular dos dados e o responsável pelo tratamento, especialmente se o primeiro se encontrar numa situação de dependência em relação ao segundo, em especial quando os dados pessoais são tratados pelo empregador no contexto da relação laboral"[49].

Esta disposição parece-nos bastante importante para a limitação do tratamento de dados pessoais dos trabalhadores, embora depois a proposta de Regulamento estabeleça no art. 82º uma exceção relativa ao "Tratamento de dados em matéria de emprego" onde estabelece que: "1- Nos limites do presente regulamento, os Estados-Membros podem adotar, por via legislativa, regras específicas para o tratamento de dados pessoais dos assalariados no contexto laboral, nomeadamente para efeitos de

---

[49] É interessante notar que o Grupo de Proteção de Dados Pessoais do art. 29º, no seu *Parecer 15/2011 sobre a definição de consentimento*, de 13 de Julho de 2011, disponível em http://ec.europa.eu/justice/data-protection/index_pt.htm, já tinha defendido que, para que o consentimento fosse válido como legitimador do tratamento de dados pessoais, teria de ser livre, considerando que " O consentimento apenas será válido se a pessoa em causa puder exercer uma verdadeira escolha e não existir nenhum risco de fraude, intimidação, coacção ou consequências negativas importantes se o consentimento for recusado. Se as consequências do consentimento comprometerem a liberdade de escolha da pessoa, o consentimento não será livre. A própria directiva prevê, no artigo 8º, nº 2, alínea a), que, em certos casos, a serem determinados pelos Estados-Membros, a proibição de tratamento de categorias especiais de dados pessoais não pode ser ultrapassada pelo consentimento da pessoa em causa. Um exemplo disto é o caso em que a pessoa em causa está sob a influência do responsável pelo tratamento dos dados, como no caso de um vínculo laboral. Neste exemplo, embora não necessariamente, a pessoa em causa pode encontrar-se numa situação de dependência em relação ao responsável pelo tratamento dos dados – devido à natureza da relação ou a circunstâncias especiais – e pode temer retaliações se não consentir no tratamento dos seus dados".

ESTUDOS DE DIREITO DE TRABALHO

recrutamento, celebração do contrato de trabalho, incluindo o respeito das obrigações previstas por lei ou por convenções coletivas, gestão, planeamento e organização do trabalho, saúde e segurança no trabalho, para efeitos de exercício e gozo, individual ou coletivo, dos direitos e benefícios relacionado com o emprego, bem como para efeitos de cessação da relação de trabalho.

2. Cada Estado-Membro notifica à Comissão essas disposições do direito nacional que adote nos termos do nº 1, o mais tardar na data prevista no artigo 91º, nº 2 e, sem demora, qualquer alteração subsequente das mesmas.

3. São atribuídas competências à Comissão para adotar atos delegados em conformidade com o artigo 86º, a fim de especificar mais concretamente os critérios e os requisitos aplicáveis às garantias relativas ao tratamento de dados pessoais para os efeitos previstos no nº 1.".

Perante esta disposição, a pergunta que imediatamente se coloca é a da sua necessidade, principalmente se atendermos ao considerando 124 que estabelece que: "Os princípios gerais de proteção das pessoas singulares no que respeita ao tratamento de dados pessoais também devem ser aplicáveis no domínio do emprego. Por conseguinte, a fim de regulamentar o tratamento de dados pessoais dos trabalhadores neste contexto, os Estados-Membros devem poder adotar, nos limites do presente regulamento, disposições legislativas específicas relativas ao tratamento de dados pessoais no setor laboral".

E embora consideremos bastante positiva a inclusão deste Direito ao esquecimento, não podemos deixar de concordar com a crítica apontada pelo Grupo de Proteção de Dados Pessoais do art. 29º[50].

Assim, o responsável pelo tratamento de dados é responsável não só pelo apagamento dos dados mas também pela comunicação o pedido do titular dos dados a terceiros que procedam eventualmente ao tratamento destes dados por meio de ligações, cópias ou reproduções[51].

---

[50] *Parecer 01/2012 sobre as propostas de reforma em matéria de proteção de dados*, adotado em 23 de Março de 2012, disponível em http://ec.europa.eu/justice/data-protection/index_pt.htm, pp. 14-15.

[51] E não podemos esquecer que os fornecedores de redes sociais são considerados responsáveis pelo tratamento de dados tal, aliás, como o Grupo de Proteção de Dados Pessoais do art. 29º definiu no seu *Parecer 5/2009 sobre as redes sociais em linha*, adotado em

Assim, impor, como faz a Proposta de Regulamento, esta obrigação apenas ao responsável pelo tratamento traz limitações, pois pode acontecer que este tenha adotado todas as medidas razoáveis para informar os terceiros mas não tenha conhecimento de todas as cópias ou reproduções que existem ou, até quando surjam novas cópias ou reproduções após o responsável pelo tratamento dos dados ter informado todos os terceiros. E, mais ainda, como bem nota o Grupo de Proteção de Dados do art. 29º, não há qualquer disposição nesta Proposta que pareça tornar obrigatória para os terceiros darem cumprimento ao pedido do titular dos dados, a não ser que sejam igualmente considerados responsáveis pelo seu tratamento.

Acresce ainda que a Proposta de Regulamento não fornece qualquer orientação relativamente à forma como os titulares dos dados pessoais podem exercer os seus direitos se o responsável pelo tratamento deixar de existir, se desaparecer ou não puder ser mais contactado. Neste sentido parece-nos que a posição dos terceiros que tratam dados pessoais deve ser clarificada, podendo aceitar-se a extensão do direito dos titulares dos dados para poder enviar os pedidos de apagamento diretamente aos terceiros nos casos em que isso não possa ser feito através do responsável pelo tratamento de dados pessoais[52].

Nota-se, ainda, que esta visão do direito a ser esquecido é diametralmente oposta à posição do ordenamento jurídico norte-americano, onde este direito tem sido criticado por limitar o direito à liberdade de expressão[53].

Dentro do âmbito deste direito ao esquecimento podemos enquadrar três categorias de casos que ilustram o conflito existente entre este direito e o da liberdade de expressão[54].

---

12 de Junho de 2009, pp. 5-6, na medida em que "Fornecem os meios para o tratamento dos dados dos utilizadores e prestam todos os serviços básicos» relacionados com a gestão dos utilizadores (por exemplo, registo e eliminação de contas). Os fornecedores de SRS determinam igualmente a utilização que pode ser feita dos dados dos utilizadores para fins de publicidade e de marketing – incluindo a publicidade feita por terceiros".

[52] No mesmo sentido veja-se *Parecer 01/2012...*, cit., p. 15.

[53] Veja-se neste sentido JEFFREY ROSEN, "The Right to be forgotten", *in Stan.L.Rev.Online*, nº 64, 2012, pp. 88-90, colocando três categorias sobre os limites que podem ser colocados a este direito ao esquecimento.

[54] Socorremo-nos dos exemplos fornecidos pelo autor e obra citada na nota anterior, p. 90.

A primeira categoria diz respeito a comentários que a pessoa coloca *online*. Relativamente a estes o utilizador tem o direito a apagá-los no futuro e a proposta de Regulamento leva a que os fornecedores de redes sociais estabeleçam políticas de privacidade que permitam assegurar o mesmo e que possibilitem que os utilizadores possam confirmar que as fotografias e outros dados pessoais que colocam *online* possam efetivamente ser apagados dos seus arquivos e removidos do acesso público.

A segunda categoria relaciona-se com comentários que uma pessoa coloca *online* ou, na linguagem das redes sociais, *postou online*, e que outras pessoas copiaram e *postaram* também. Imagine-se que uma adolescente coloca fotografias com uma garrafa de vinho na sua rede social e mais tarde arrepende-se e apaga-as. No entanto, descobre que vários "amigos" *online* copiaram a fotografia e *postaram-na* nas suas redes. Se ela lhes pedir para retirarem as fotografias e os amigos recusarem ou não conseguirem ser encontrados, será que o fornecedor da rede social, enquanto responsável pelo tratamento de dados pessoais, pode ser forçado a apagar a fotografia dos álbuns dos *amigos* sem o consentimento destes?

Perante o teor da Proposta de Regulamento a resposta parece-nos ser positiva e este deve ser o caminho. Na verdade, esta categoria fica também abrangida pelo direito ao esquecimento nos termos do art. 17º, nº 1 e nº 3, da Proposta de Regulamento e, quanto a nós, bem. Tendo em atenção um eventual conflito de direitos, e apelando ao princípio da proporcionalidade, defende-se que o direito ao esquecimento deve sobrelevar, a não ser nos termos do art. 17º, nº 3, alínea a), e art. 80º, que estabelece que, em determinados casos, pode não ocorrer o apagamento e o esquecimento dos dados se estes forem dados pessoais para "fins exclusivamente jornalísticos", sendo que o ónus da prova parece-nos que recairá sobre o responsável pelo tratamento de dados pessoais e não sobre o seu titular.

A terceira categoria abrange as situações em que um terceiro *posta* algo sobre outra pessoa. Tem esta pessoa direito a exigir o apagamento? Compreende-se dentro desta situação o direito ao esquecimento? É precisamente este tipo de casos que está a criar mais celeuma no ordenamento jurídico norte-americano relativamente à eventual violação do direito à liberdade de expressão.

E a resposta, quanto a nós e mais uma vez, terá de ser afirmativa. Se atendermos à noção de dados pessoais do art. 4º, nº 2, esta informação *postada* por terceiros fica também abrangida e, consequentemente, também ficará abrangida pelo art. 17º e pelo direito ao esquecimento. Assim, só as situações que o art. 17º exceciona do direito ao esquecimento, como no caso do direito à liberdade de expressão do art. 80º, nomeadamente informação e para fins jornalísticos é que poderá esta informação manter-se *online* mesmo sem o consentimento do titular de dados pessoais.

Concorda-se com a consagração efetiva deste direito pois as redes sociais têm de cumprir com os deveres jurídicos que permitem tornar efetivo para os seus utilizadores o poder de controlo e de disposição dos seus dados pessoais de todo o tipo, isto é, sejam dados íntimos ou não, na noção abrangente de dados pessoais dada na atual Diretiva de Proteção de Dados Pessoais ou na Proposta de Regulamento apresentada pela Comissão. O direito à privacidade do utilizador das redes sociais enquanto titular dos dados pessoais na sua vertente de direito à autodeterminação informativa, com consagração constitucional no art. 35º da CRP, impõe a estas redes que têm, mantêm, utilizam e tratam em papel ou suporte informático, de forma automatizada ou parcialmente manual, os dados de carácter pessoal dos utilizadores, a obrigação de submeter-se à legislação aplicável em matéria de proteção de dados pessoais. Desta forma, o direito à privacidade nesta vertente de direito à autodeterminação informativa, constitui a base da liberdade e dignidade dos mesmos.

2.2. Acesso e formação do contrato de trabalho

2.2.1. As relações de trabalho são um exemplo paradigmático da existência de relações privadas desiguais não só no plano factual mas também no plano jurídico. Na verdade, no plano factual, os sujeitos contraentes – trabalhador e empregador – não dispõem da mesma liberdade no que concerne à celebração do contrato nem à estipulação de cláusulas contratuais, o que origina o aparecimento de um desequilíbrio contratual que se acentua em alturas de desemprego generalizado como, infelizmente, acontece nos nossos dias[55]. No plano jurídico, a conclusão do contrato de trabalho coloca o trabalhador numa situação de subordinação face ao empregador. Assim, figurando-se o domínio

---

[55] A taxa de desemprego em finais de Julho era de 15,7%.

económico e social de uma parte, não se pode invocar, sem mais, o princípio da liberdade contratual, para se poder escolher arbitrariamente a contraparte, ou seja, o trabalhador. Nestes casos, surgindo este como a parte mais fraca e o empregador como a mais forte, que pode, mesmo, abusar dos seus poderes, justifica-se uma intervenção legal no sentido de proteger a primeira.

Considera-se, assim, que é na fase do acesso ao emprego que o trabalhador-candidato se encontra mais fragilizado já que é nessa altura que a desigualdade real mais se evidencia, concretizada numa inferioridade pré-contratual do candidato, derivada da sua "singular debilidade económica e da escassa expectativa de emprego, o que o induz a abdicar parcialmente da sua personalidade [...] em garantia de adesão do seu comportamento futuro à vontade ordenadora e dispositiva do empregador"[56]. Na verdade, parece ser nesta fase que se podem produzir as violações mais flagrantes da lei e dos direitos fundamentais dos trabalhadores e, por isso mesmo, é necessária uma maior vigilância e proteção de possíveis intromissões na vida privada do candidato. Este, com receio de ser excluído do processo de seleção, disponibilizar-se-á para mencionar dados e factos da sua vida pessoal, operando uma *limitação voluntária*[57] de um direito de personalidade, nos termos do art. 81º, nº 2, e, por isso, livremente revogável, que excede muitas vezes o razoável e necessário para o conhecimento da sua aptidão para o posto de trabalho em causa.

Esta situação adquiriu novos contornos com o desenvolvimento das NTIC e, em particular, com o desenvolvimento das redes sociais, na medida em que hoje é prática frequente de muitas empresas realizarem o que se costuma denominar de *googalização* dos candidatos no processo de seleção, na medida em que auxilia quem faz este processo. Através de uma pesquisa à distância, extremamente rápida, de forma gratuita, e sobretudo discreta, é possível conhecer a intimidade de terceiros pois frequentemente estes dados, por vezes extremamente privados, encontram-se em acesso livre, na medida em que são os próprios candidatos a

---

[56] Goñi Sein, *El respeto a la esfera privada del trabajador – un estudio sobre los límites del poder de control empresarial*, Civitas, Madrid, 1988, p. 39.
[57] Colocamos em itálico pois não nos parece que, por vezes, esta limitação seja totalmente voluntária, nem livre, resultando mais do medo do candidato em perder a possibilidade de celebrar o contrato de trabalho.

fornecerem, ainda que involuntariamente, muitas das informações profissionais assim como outras extremamente privadas, em redes sociais, como o *Facebook*, *Orkut*, *Twitter*, *Linkedin* ou o *Myspace*.

Atualmente muitas empresas recorrem a estas redes[58] como um *complemento* na avaliação dos candidatos de forma a tentar identificar quem tem o *melhor perfil*[59], com toda a possibilidade de discriminação que pode ocorrer.

Constata-se, assim, que vários empregadores acedem aos perfis dos candidatos nas redes sociais como uma forma de verificar a informação sobre eles, informação esta que não conseguem muitas vezes obter através da informação mais simples contida nos *Currículos*. Estes, na realidade, são isso mesmo, um resumo, uma *amostra* da vida profissional do candidato, enquanto outras informações pessoais podem ser consultadas *online*. E, infelizmente, muitos candidatos descobriram da pior forma possível que o que *postam online* pode vir mais tarde a *assombrá-los*.

Na verdade, se desde sempre os empregadores *puderam*[60] realizar controlos sobre a vida pessoal dos candidatos, era extremamente dispendioso e só o faziam para os candidatos a cargos de confiança. Contudo, esta prática está a mudar realizando-se agora esta pesquisa *online*, praticamente para todo o tipo de trabalhadores, devido ao seu carácter quase gratuito e rápido à distância de um simples *click*. Prova disso são

---

[58] Segundo dados fornecidos pelo Information and Privacy Comissioner of Ontario, Canadá, em *Reference Check...*, cit., p. 8, numa pesquisa realizada pelo *ExecuNet*, 90% das pessoas que realizam recrutamento utilizaram motores de busca na *internet* para pesquisar sobre os candidatos e 46% admitiram que excluíram candidatos com base na informação que obtiveram nestes *sites*. Noutra estatística citada por Gina Genova, "No Place to Play: Current Employee Privacy Rights in Social Networking Sites", *in Business Communication Quarterly*, March, 2009, p. 98, 63% dos empregadores que visualizaram o perfil dos candidatos em redes sociais afirmam ter rejeitado os mesmos com base na informação obtida. Cf., ainda, Victoria Brown e Daly Vaughn, "The Writing on the (Facebook) Wall: The Use of Social Networking Sites in Hiring Decisions", *in J Bus Psychol*, nº 26, 2011, pp. 219-220.

[59] Em Portugal, segundo dados referidos por Irene Ribeiro, "As redes sociais como ligação ao mercado de trabalho", *in Meintegra – Newsletter*, nº 6, 2011, p. 4, empresas como o *IKEA*, a *Sonae*, a *Optimus*, a *Microsoft* e as *Páginas Amarelas*, constituem exemplos de empresas que aderiram a esta utilização como complemento no processo de seleção. E muitas empresas como a *IBM*, a *Microsoft* e o *Google*, despendem muito tempo nestas redes, não só para obterem informação sobre os seus trabalhadores, como de potenciais candidatos.

[60] Coloca-se em itálico pois os empregadores legalmente não podem adotar, muitas vezes, este tipo de comportamento.

os casos, que quase se poderia dizer anedóticos, se não fossem reais. Por exemplo, uma organização não-governamental em Nova Iorque excluiu um candidato devido ao conteúdo da sua página pessoal no *Facebook* onde relatava os seus inúmeros casos amorosos para além de interesse em filmes violentos. E foi excluído por se ter entendido que seria uma "pobre aquisição para a organização". Também uma outra empresa norte-americana recusou um estágio a uma estudante de 19 anos após ter descoberto o perfil dela numa rede social onde tinha uma fotografia a segurar uma garrafa de vodka. Também num outro caso, ainda norte-americano, num recrutamento para psiquiatra de um hospital, uma das candidatas detinha o melhor *curriculum* mas o gestor de recursos humanos responsável pelo recrutamento, para além da análise do seu CV, resolveu realizar uma pesquisa em todas as redes sociais onde esta candidata tinha um perfil ou onde existia informação sobre a mesma e, como descobriu fotografias que entendeu serem "inapropriadas", não a selecionou[61].

E contrariamente ao que acontecia com as conversas no café ou no adro da igreja, agora as conversas são imortalizadas, sendo muito fácil tornar-se *voyeur* e fazer julgamentos baseados nas interações sociais das pessoas. A informação digital torna-se permanente e os empregadores são os *voyeurs* deste tipo de ações. Os empregadores estão a recolher todo o tipo de informações e a adotar decisões com base nesta informação recolhida sem que os candidatos se apercebam. E esta recolha de informações é possível porque é barata e muito fácil de realizar. Mas este tipo de comportamento não pode ser aceite e, da mesma forma que o empregador não poderia pedir a um seu trabalhador, responsável pelo recrutamento dos trabalhadores, para seguir os candidatos e ouvir as conversas que eles têm com os amigos no café, no restaurante ou no bar, ou para controlar o seu comportamento, também não parece ser possível este constante controlo do que colocam nas várias redes sociais.

2.2.2. A informação proveniente destas redes sociais resulta, desta forma, da soma da ação e da informação fornecida pelo utilizador que de

---

[61] Exemplos retirados de WILLIAM SMITH, e DEBORAH KIDDER, *op.* cit., p. 494, assim como SHERRY ROBERTS e TERRY ROACH, "Social Networking Web Sites and Human Resource Personnel: Suggestions for Job Searches", *in Business Communication Quarterly*, March, 2009, p. 112.

maneira voluntária proporciona a configuração e a posterior publicação no seu perfil de inúmeras informações pessoais, como detalhes da sua vida social, sexual, amorosa, profissional, entre outros. Mas, mais tarde, esta informação é ampliada e completada através da interação com outros agentes ou utilizadores, quer através da aceitação em participação em grupos, em jogos, ou quando se aceita ser fã de um determinado grupo ou evento, ou quando se faz um gosto ou *like* como no caso do *facebook*[62].

Por outro lado, a informação que consta das redes sociais não é estática na medida em que a manutenção das relações nestas redes exige a contínua ação e gestão das contas: a manutenção das conversas, a atualização de fotografias de estado, de vídeos, de opiniões, de atividades, de jogos e muito mais[63].

Porém, pelo mero facto de dispor de um determinado número de *amigos*, baixo ou alto, assim como o tipo de pessoas que faz parte da rede de contactos, a pertença a determinados grupos, entre outros dados, possibilita a elaboração de conclusões ou, pelo menos, a realização de avaliações com repercussões positivas e negativas no processo de seleção, nomeadamente sobre a personalidade do candidato, sobre o seu êxito social, profissional, a sua capacidade de liderança, o seu carácter extrovertido e muito mais informações.

Trata-se das novas "impressões digitais"[64], relacionadas com os mais diversos sectores: pessoal, profissional, político, social, que vão deixando vestígios em vários locais e que através de uma pesquisa em motores específicos permitem construir perfis dos trabalhadores. O fantasma do *Big Brother*, que todos poderíamos identificar e que controlava

---

[62] Relativamente a este *like* da rede social *Facebook*, está em curso no ordenamento jurídico norte-americano a tentativa de protegê-lo através do direito à liberdade de expressão, e, consequentemente, pela 1ª Emenda da Constituição norte-americana. A *American Civil Liberties Union* e o próprio *Facebook* recorreram para o *Federal Appeals Court* no intuito de obter essa confirmação, após o *U.S. District Court of Eastern Virginia* ter decidido contra eles no caso *Bland vs. Roberts*. Neste caso, 5 trabalhadores que trabalhavam para o *Sheriff* B. J. Roberts foram despedidos após terem clicado em *like* na candidatura do seu opositor. Cf., *infra*, ponto 2.3. e www.aclu.org.

[63] Questionando sobre o que acontece a estes perfis após as pessoas morrerem, veja-se JULIETTE CROUZET, *Mourir em ligne: les héritiers peuvent-ils accéder aux données du defunt?*, Mémoire de Master of Science in Law & Tax Management, DEDHEC Business School.

[64] JEAN-EMMANUEL RAY e JEAN-PAUL BOUCHET, *op.* cit., p. 45.

tudo, parece *artesanal*, quando comparado com estes inúmeros "Little Brothers"[65], que conseguem seguir as pessoas e conhecê-las ao mais ínfimo detalhe, como uma espécie de espelhos côncavos que distorcem a realidade. Defende-se, desta forma, que perante esta nova realidade, é necessário refletir sobre a eventual necessidade de um *"habeas corpus numérico"*, que permita um controlo real e efetivo sobre os dados pessoais, assim como a possibilidade real da sua eliminação[66].

E não nos parece que a questão possa ser reduzida à ideia de que se as pessoas não quiserem que se saiba determinados factos que aconteceram simplesmente não os comentem ou não os coloquem *online*[67].

Na verdade, o grande problema não parece estar tanto no tipo de erros que alguns internautas cometem navegando na *Internet* e não adotando a política de privacidade mais adequada, mas sobretudo na recolha sistemática e sem limites temporais de inúmeros dados pessoais aparentemente sem importância e exclusivamente pertencentes ao proprietário dos mesmos que terceiros podem fazer, mas que, agregados, permitem reconstruir todo o perfil das pessoas, os seus gostos, e praticamente toda a sua vida pessoal, como se de um simples *puzzle* se tratasse. E em relação aos trabalhadores e aos candidatos torna-se muito fácil reconstruir praticamente tudo, nomeadamente através da recolha de textos, vídeos e fotografias que vão deixando na *Web*.

A comunicação libertou-se das barreiras espácio-temporais e oferece atualmente, de forma contínua e em tempo real, serviços tradicionais e uma nova série de outros, com o indivíduo a constituir uma enorme fonte de informações pessoais, com riscos acrescidos para a tutela da sua privacidade.

Assim, atendendo a esta inúmera possibilidade de reconstrução, parece-me que, desde logo, há que aprender que "para vivermos felizes no futuro, devemos ser numericamente discretos hoje"[68] e que devemos pensar bem antes de colocar algo nas redes sociais *online*.

---

[65] Ver últimos autores e obra citada.

[66] EMMANUEL HOOG, *apud* JEAN-EMMANUEL RAY e JEAN-PAUL BOUCHET, *op.* cit., p. 45, nota nº 3, defendeu o mesmo.

[67] *Vide* JEAN-EMMANUEL RAY, "Facebook, le salarié...", cit., p. 130.

[68] JEAN-EMMANUEL RAY, última *op*.cit., p. 130.

2.2.3. É importante contudo ter em atenção que a informação reco-lhida nestas redes sociais e na frequente *googalização* dos candidatos pode estar errada ou desatualizada. Os candidatos podem ter nas suas páginas pessoais informação que é falsa ou altamente exagerada num esforço para ser engraçado ou, até, para ser aceite em determinados gru-pos numa certa altura das suas vidas, como um processo de exploração e desenvolvimento da própria identidade. Mais ainda, uma pessoa pode introduzir informação falsa sobre si para agradar a outras pessoas ou, pior, outras pessoas podem-no fazer sem o conhecimento ou consenti-mento da pessoa em causa[69], o que só vem reforçar a ideia de que as pes-soas nem sempre controlam a informação que sobre elas circula.

Por outro lado, a informação retirada dos perfis *online* dos candidatos pode ser retirada do contexto e originar a exclusão do mesmo, mesmo estando completamente descontextualizada.

E, sem dúvida, muitas vezes o estilo que é utilizado assemelha-se mais a uma conversa, adotando-se um estilo oral, embora seja feita por escrito. Ora, quando o escrito virtual se torna real, a interpretação que poderá ser feita a nível jurisprudencial ou, antes mesmo, a nível disci-plinar, ou, até antes, na fase da contratação, só havendo acesso a parte dessa comunicação, não poderá atender-se a essa diferenciação, nem ao contexto em que aquela opinião é colocada, por exemplo, no mural do *Facebook* do trabalhador.

2.2.4. Por outro lado, outro problema interessante, e sem analisar-mos ainda a licitude das condutas do futuro empregador, é o de saber como devem os mesmos interpretar os dados obtidos.

Em primeiro lugar, há que ter em atenção que, embora estas redes sociais *online* permitam que os utilizadores partilhem informação sobre si mesmos, os resultados da análise dos perfis é tudo menos consistente.

---

[69] Na Universidade de Kent, nos EUA, aconteceu uma situação deste tipo. Os estudantes, insatisfeitos com o comportamento de um trabalhador da biblioteca, resolveram criar um grupo no *Facebook* intitulado *Those who hate the little fat library man*. Os membros do grupo aumentaram muito rapidamente e o trabalhador começou a ser alvo de assédio e comentários insultuosos, sem saber de nada até que, mais tarde, um outro trabalhador da biblioteca o alertou para o facto da existência do grupo no *Facebook*. Veja-se William Smith e Deborah Kidder, *op.* cit., p. 495.

Assim, imagine-se que uns candidatos têm perfis *online* e outros não. Deve o empregador selecionar apenas os que têm o perfil pois já obteve mais informação sobre os mesmos que eles *postaram online*? Significará o perfil que os mesmos são mais *evoluídos* tecnicamente ou que, pelo contrário, por estarem conscientes dos vários perigos, optam por uma posição mais *discreta*?

E qual a informação do perfil que deve ser considerada como relevante e importante para avaliar as aptidões dos candidatos? Será que por ter muitos *amigos online* isso quer dizer que é mais favorável a trabalhar em equipa? Será que porque gosta de viajar e conhecer novas culturas, é mais suscetível de aceitar mudanças de posto de trabalho? Será que por não ter filhos, aceitará melhor a adaptabilidade dos tempos de trabalho?

E embora saibamos que muita desta informação não pode ser obtida de forma lícita, sendo vedada desde logo pelo CT, o que é certo é que tecnicamente é possível que os futuros empregadores a considerem. Contudo, não nos podemos esquecer que nem tudo o que é tecnicamente possível é juridicamente admissível[70]. Assim, os direitos à privacidade e à dignidade dos trabalhadores nunca podem ceder perante argumentos de maior produtividade ou maior eficácia.

2.2.5. Por tudo o referido anteriormente nota-se como as redes sociais estão a converter-se num instrumento frequentemente utilizado nos processos de seleção na medida em que proporcionam informação completa dos candidatos que facilita, inclusivamente, conhecer dados da sua personalidade.

Contudo, coloca-se o problema de saber como evitar e garantir que a informação que se recolhe das redes sociais não vai influenciar no processo de seleção a não ser que afecte de maneira clara a execução das prestações laborais necessárias para aquele posto de trabalho[71].

E a resposta encontra-se logo no art. 17º do CT, com a epígrafe *Proteção de dados pessoais*, que regula qual o campo de averiguação dos empregadores e dos futuros empregadores em relação aos trabalhadores e aos

---

[70] Baseamo-nos aqui na frase do filósofo alemão H. Jonas, que defende que "nem tudo o que é tecnicamente possível é forçosamente sustentável", a fazer lembrar a máxima românica *"non omne quod licit honestum est"*.

[71] No mesmo sentido veja-se Mª Belén Cardona Rubert, *op.* cit., p. 72.

candidatos no que concerne aos dados pessoais. O empregador pode unicamente averiguar sobre aspetos conexos com a capacidade profissional do candidato, ou seja, sobre a sua aptidão profissional para o exercício da atividade, ficando-lhe vedadas todas as indagações sobre aspetos pessoais que não sejam relevantes para a constituição ou desenvolvimento da relação de trabalho.

Parece-nos de interesse referir, para além do art. 17º do CT, a Convenção nº 111 da OIT, ratificada por Portugal pelo DL nº 42 520, de 23 de Setembro de 1959, relativa à discriminação em matéria de emprego e profissão, que reconhece que qualquer empregador pode valorar, investigar e organizar todas aquelas qualidades ou características pessoais quando sejam necessárias e imprescindíveis para a correta execução da prestação laboral. Nestes casos, a distinção não se baseia em fundamentos subjetivos ou injustificados mas em necessidades objetivas de natureza contratual.

Não pode esquecer-se que existem dois interesses contrapostos: o do trabalhador, cioso de proteger os seus direitos e liberdades, e o do empregador, desejoso de conhecer todos os elementos suscetíveis de terem uma influência sobre o funcionamento da empresa[72].

Para resolver esta contraposição de interesses propendemos para considerar que o critério que deve ser seguido é o da boa fé, atendendo ao direito à privacidade que é assegurada a todos os trabalhadores e também candidatos. Na verdade, os direitos fundamentais não podem ficar extramuros, do lado de fora da empresa, impondo-se perante entidades públicas mas também entre privados, onde se inserem os sujeitos da relação de trabalho. Assim, a privacidade deve funcionar como um limite aos poderes e faculdades do empregador, *maxime*, ao poder diretivo, consubstanciado no "poder de organizar e de gerir, dentro dos limites decorrentes da ordem jurídica e do contrato, a mão-de-obra

---

[72] No mesmo sentido ver BERNARD TEYSSIÉ, "Personnes, entreprises et relations de travail", *in DS*, nº 5, 1988, p. 376. Não se coloca em dúvida que o empregador tem um legítimo direito a procurar a informação possível sobre o trabalhador, mas apenas para determinar as suas aptidões ou capacidades profissionais, pois qualquer outra finalidade deve ser considerada ilegal já que atenta contra direitos fundamentais. A dificuldade que se coloca é que, muitas vezes, sob a capa de indagações sobre a aptidão profissional fazem-se autênticas investigações sobre a vida privada que em nada concernem àquela.

ESTUDOS DE DIREITO DE TRABALHO

à sua disposição"[73] que, na sua faceta mais expressiva, está previsto no art. 97º do CT, sendo que qualquer dado que não seja relevante para a valoração da aptidão profissional do candidato não deve ser tomado em conta.

O problema prende-se com a informação que o empregador obtém de fontes de acesso livre, principalmente quando o candidato tem vários dados pessoais disponíveis para o público em geral e não apenas para determinadas pessoas e se esses dados foram colocados pelo próprio titular dos dados pessoais até porque, nesses casos, pode considerar-se que existe o consentimento prévio e do próprio para a recolha dos mesmos. Parece-nos que, aqui, o empregador será responsabilizado se a sua recolha influenciou de forma discriminatória a escolha ou a exclusão do candidato. Imagine-se que, com base na fotografia do candidato[74] e na idade que aparenta, o candidato é discriminado com base na idade, discriminação esta que é proibida, desde logo, pelo art. 24º do CT[75], ou discrimina em função do sexo, que é também proibida no mesmo artigo, ou com base na etnia ou raça, ou até na deficiência. Ou, se obtendo mais dados livremente disponíveis *online*, o candidato é excluído com base na sua religião, ou na sua orientação sexual ou estado civil.

Entende-se, assim, que face ao art. 17º do CT, que estabelece quais as informações que o empregador pode questionar ao candidato ou ao trabalhador, a existir algum comportamento ilícito do empregador ele ocorrerá por este ter realizado uma conduta discriminatória e não por ter ocorrido alguma recolha ilícita de informação livremente acessível *online*, já que o eventual ilícito encontrar-se-á na finalidade pretendida com esta recolha de dados. Como o acento tónico é dado, ainda, no consentimento do titular de dados pessoais que livremente dispôs este conteúdo para o público em geral, ao futuro empregador não será vedado recolher a informação, mas sim, utilizá-la de forma discriminatória no processo de seleção.

Porém, certo é que será muito difícil ao candidato, senão impossível, provar que foi excluído do processo de seleção pela pesquisa que

---

[73] JORGE LEITE, *Direito do Trabalho*, Vol. II, reimp., Coimbra, 1999, p. 108.

[74] Dado tão simples e frequentemente colocado *online*.

[75] Sobre esta discriminação veja-se TERESA COELHO MOREIRA, "A discriminação em razão da idade no contexto de uma população envelhecida na UE", *in Minerva, Revista de Estudos Laborais*, ano VIII – I da 3ª série, nºs 1-2, 2012, pp. 63 e ss..

o futuro empregador fez *online* e, por isso, entende-se que esta não é a melhor opção. Considera-se que deveria seguir-se neste campo o previsto no Projeto de lei alemã sobre Proteção de Dados Pessoais, de 2010, que, para além de restringir muito o papel do consentimento em contexto laboral, proíbe a recolha de dados pessoais que estejam nas redes sociais dos trabalhadores embora faça uma distinção consoante se trate de redes profissionais ou redes *privadas*. Se nas primeiras poderá existir um certo controlo por parte do empregador que fica restringido aos dados profissionais nelas existentes, entendendo que a permissão do trabalhador não é suficiente, nas segundas o empregador não pode controlar[76].

E, aliás, parece-nos ser este o caminho apontado pela Proposta de Regulamento de Proteção de Dados Pessoais, apresentado pela Comissão Europeia em Janeiro deste ano, ao consagrar de forma tão vincada *o direito ao esquecimento*, e ao retirar o acento tónico do possível tratamento no consentimento do trabalhador.

Por outro lado, parece-nos que o próprio princípio da finalidade para o tratamento de dados pessoais impõe esta visão pois apenas os dados que sejam pertinentes, necessários e adequados devem ser recolhidos para o lícito tratamento de dados pessoais. Este princípio significa que os dados de carácter pessoal apenas podem ser recolhidos quando existam motivos determinados, explícitos e legítimos, sendo que os dados pessoais dos trabalhadores ou dos candidatos só podem ser tratados se respeitarem estes pressupostos, sendo essencial a definição precisa destas finalidades.

Este princípio constitui o princípio verdadeiramente cardinal da proteção de dados, sendo os demais princípios função deste na medida em que os dados devem ser adequados, pertinentes e não excessivos em relação à finalidade pretendida; devem ser exatos, completos e atualizados em função da finalidade; e só devem ser conservados pelo tempo que a finalidade exige.

Atendendo a este princípio não conseguimos vislumbrar como determinados dados da vida privada do trabalhador, como fotografias onde uma candidata está em *biquíni* ou com uma garrafa de vodka na

---

[76] Veja-se para maiores desenvolvimentos FALK HAGEDORN, *Datenshutz am Arbeitsplatz*, PAW National Report – Germany, 2012,disponível em www.pawproject.eu, *pp. 37 e ss.*.

ESTUDOS DE DIREITO DE TRABALHO

mão poderão cumprir estes motivos da pertinência, da adequação e da necessidade.

2.2.6. Diferente desta possibilidade de o empregador poder conhecer dados pessoais dos candidatos que eles próprios disponibilizaram *online*, acontece quando o perfil que os candidatos têm *online* é privado, significando que só determinadas pessoas poderão aceder aos mesmos.

Nestes casos, sem dúvida, que a privacidade dos candidatos é superior e o empregador não poderá de forma lícita recolher os seus dados pessoais. Defende-se, desta forma, que é vedado ao empregador *impor* aos candidatos que lhes cedam a *password* de acesso às redes sociais para visualizarem o que estas contêm[77] [78] ou de imporem aos candidatos que se tornem *amigos* dos empregadores nas redes sociais para que possam ver a sua candidatura aceite. Neste caso, parece-nos que nem se pode falar do consentimento do titular dos dados, isto é, do candidato, pois o consentimento que é dado não é livre, na medida em que é fornecido apenas para poder ter a possibilidade de vir a ser contratado.

Também nos parece vedado ao empregador impor aos seus trabalhadores que se tornem *amigos* dos potenciais candidatos para depois quererem ver o que estes têm *online*[79], assim como criar perfis falsos nas

---

[77] Situação que acontecia e ainda acontece com frequência no ordenamento jurídico norte-americano, como ocorreu em Junho de 2009, onde a cidade de Bozeman, Montana, exigiu a todos os candidatos que fornecessem o seu *username* e *password*. Tendo em atenção este e muitos outros casos, alguns Estados norte-americanos adotaram legislação que proíbe esta prática. O primeiro foi o Estado de *Maryland*, em Abril deste ano, a que se seguiu, em Agosto, também deste ano, o Estado de Illinois, através da Illinois HB 3782 que estabelece o seguinte: *"It shall be unlawful for any employer to request or require any employee or prospective employee to provide any password or other related account information in order to gain access to the employee's or prospective employee's account or profile on a social networking website or to demand access in any manner to an employee's or prospective employee's account or profile on a social networking website"*. É interessante notar que também neste ordenamento jurídico várias personalidades defendem a necessidade da adoção de uma legislação a nível nacional, tendo dois senadores apoiado o *Social Networking Online Protection Act*, que pretende proibir esta tentativa por parte dos empregadores.

[78] De notar que a divulgação da *password* força o próprio utilizador/candidato a violar as suas obrigações contratuais com o *Facebook*, por exemplo, já que a *Declaração de direitos e responsabilidades do Facebook* estabelece que a divulgação da *password* é interdita.

[79] Estas *manobras* proibidas ao empregador são referidas por WILLIAM SMITH e DEBORAH KIDDER, *op.* cit., pp. 497-498, lembrando um velho adágio popular *"Ask employees to lie for you, and pretty soon they will lie to you"*.

redes sociais *online*, para que os potenciais candidatos aceitem a amizade e depois disponibilizem dados pessoais que, de outra forma, o empregador não poderia conhecer.

2.2.7. Defende-se, assim, que se o candidato adotou medidas no sentido de restringir o acesso ao seu perfil, tem direito à privacidade do mesmo e o empregador, a conhecer alguns dados, só poderá aceder àqueles que são públicos e que sejam necessários para avaliar a aptidão do candidato para o posto de trabalho em causa[80].

O empregador que utiliza manobras enganosas ou clandestinas nestes perfis, recolhendo dados de forma oculta, incorre em responsabilidade pré-contratual nos termos do art. 102º do CT, sendo essa prática sancionável, ainda, civil e até criminalmente se constituir o crime de devassa por meio informático[81].

2.2.8. Mas não só as empresas recorrem a estas redes sociais como formas de pesquisar os candidatos como também as utilizam para selecionar e recrutar novos trabalhadores[82], assim como são os próprios candidatos a autoapresentarem-se e a candidatarem-se espontaneamente às empresas, realizando uma espécie de Auto marketing.

Assim, estas redes sociais podem aumentar as oportunidades de emprego, sendo que há redes sociais profissionais, como o *Linkedin*, por exemplo, que propiciam esta possibilidade, na medida em que são criadas para permitirem fornecer informação acerca da formação e da atividade profissional dos utilizadores e disponibilizá-la a terceiros interessados.

Também os próprios candidatos estão muitas vezes a realizar o que se tem vindo a denominar de *marketing online* ou *personal branding* só colocando determinados conteúdos *online* depois de terem passado pelo denominado *grandma test*, ou o que poderíamos traduzir pelo *teste da avo-*

---

[80] *Vide* a distinção efetuada por Simms, *apud* Leigh Clark e Sherry Roberts, *op.* cit., p. 512, entre o que denomina de *self-presentation* e *self-disclosure*. Se o primeiro corresponde aos dados que qualquer pessoa revela normalmente à maioria do público, o segundo está relacionado com os dados pessoais que normalmente as outras pessoas não têm acesso, sendo que os potenciais empregadores só deveriam ter acesso à primeira categoria e não à segunda.

[81] Neste sentido Mª Regina Redinha, *op.* cit., p. 38.

[82] Veja-se que até a CIA utiliza a sua página no *Facebook* para recrutar futuros agentes. *Vide*, para mais desenvolvimentos, William Smith e Deborah Kidder, *op.* cit., p. 494.

zinha, que significa que não colocam *online* informação que não gostariam que a mãe ou a avó vissem, pesquisando ainda a informação que circula sobre eles *online*, identificando o que os empregadores potencialmente gostariam de ver, criando uma espécie de perfis *à medida* de cada potencial empregador.

Parece-nos que será aceitável este tipo de comportamento como uma espécie de *dolus bonus* na tentativa de obtenção de emprego, principalmente em alturas de desemprego generalizado como acontece nos dias de hoje. Assemelha-se que estaremos perante um comportamento subsumível ao art. 253º, nº 2, do CC, traduzindo-se, normalmente, numa conduta juridicamente irrelevante.

Contudo, quando haja a clara intenção de enganar e prejudicar os futuros empregadores então estar-se-á perante uma conduta censurável e onde o futuro contrato de trabalho se encontrará viciado e poderá ser anulado por vício de consentimento nos termos do art. 254º, nº 1, do CC[83].

2.3. Execução do contrato de trabalho

Também durante a execução do contrato de trabalho surgem inúmeras questões relacionadas com a privacidade dos trabalhadores e a utilização de redes sociais, relativas quer a certos riscos para o empregador como também a utilização destas redes sociais como canais de comunicação para difundir informações e comentários mais ou menos positivos, assim como para o empregador controlar o comportamento do trabalhador.

2.3.1. Relativamente aos eventuais riscos para os empregadores eles poderão ser de vários tipos. Na verdade, outra das novas questões que surgem com as redes sociais *online* é a de que com as opiniões colocadas nestes meios de comunicação mundiais, que todos, ou quase todos podem visualizar, estes pequenos *Little Brothers*, também as empresas podem ver-se seriamente ameaçadas com fugas de informação mais ou menos confidenciais ou com comentários pouco abonatórios, do próprio ambiente de trabalho ou de outros colegas de trabalho ou, até, possíveis perdas de produtividade pelo tempo despendido pelos trabalhadores nestas redes sociais *online*.

---

[83] Veja-se Mª REGINA REDINHA, *op.* cit., p. 39.

2.3.2. Um perigo ou risco para os empregadores está relacionado com a segurança das redes informáticas da empresa, pois as possíveis intromissões externas podem originar transtornos no seu serviço informático e, até, perda de dados confidenciais importantes sobre a sua atividade, ou, ainda, responsabilidade do empregador, nos termos do art. 500º do CC. À luz do contrato de trabalho o trabalhador age "no exercício da função que lhe foi confiada" – art. 500º, nº 2, do CC – pelo empregador e é por esse motivo que foi contratado e exerce a sua atividade. Mas, para que este artigo seja aplicável é necessário que estejam preenchidos alguns requisitos e, no caso das redes sociais é fundamental determinar se no uso destas o trabalhador agiu no exercício das suas funções ou por ocasião das mesmas. O empregador só poderá ser responsabilizado se o facto for praticado no exercício das funções que lhes foram confiadas. O comitente deve ser responsabilizado pelos factos ilícitos do comissário que tenham com as suas funções uma "conexão adequada", significando que se entende que um facto ilícito foi praticado no exercício das funções do comissário quando, quer pela natureza dos atos de que foi incumbido, quer pela dos instrumentos ou objetos que lhe foram confiados, "ele se encontre numa posição especialmente adequada à prática de tal facto"[84].

A fórmula adotada pelo nosso legislador pretendeu apenas abranger os casos em que o facto danoso foi praticado pelo trabalhador no exercício das suas funções e não por ocasião das mesmas, significando que o empregador pode afastar a sua responsabilidade se provar que o trabalhador agiu fora das suas funções.

Esta ideia é de suma importância para o contexto das NTIC e, especificamente, para as redes sociais *online* na medida em que muitas vezes os trabalhadores aproveitam-se dos bens colocados à sua disposição para realizar certas atividades que estão completamente fora da atividade contratada. Parece que, nestas ocasiões, o empregador não pode ser responsabilizado exatamente com a ideia de que a responsabilidade prevista no art. 500º do CC não engloba a responsabilidade dos factos realizados por ocasião das funções[85].

---

[84] Pires de Lima e Antunes Varela, *Código Civil Anotado*, volume I, 4ª edição, Coimbra Editora, Coimbra, 1987, p. 509.

[85] Cf., para mais desenvolvimentos, Teresa Coelho Moreira, "Algumas Questões sobre as Novas Tecnologias de Informação e Comunicação e a responsabilidade do empregador por atos dos seus trabalhadores", *in Scientia Iuridica*, Tomo LVI, nº 329, 2012.

E no caso das redes sociais parece que a maior parte das funcionalidades que as mesmas possibilitam são esmagadoramente utilizadas para fins particulares pelo que nos parece de defender, na maior parte das vezes, a desresponsabilização do empregador. Contudo, só casuisticamente é que poderá ser dada uma resposta, sendo preferível sempre que o empregador adote regras claras sobre a utilização destes meios[86].

2.3.3. Importante também para a empresa é a sua eventual reputação que pode ficar seriamente afetada com a utilização destas redes sociais. Na verdade, é cada vez mais visível uma menor separação entre as fronteiras da vida pessoal e da profissional na medida em que os trabalhadores poderão usufruir, através destas tecnologias, de tempo pessoal, inclusive de carácter muito privado, durante o trabalho. Porém, elas poderão, simultaneamente, invadir o domicílio e a vida privada do trabalhador e, assim, "as horas de trabalho oficiais não significam nada quando o trabalho pode levar-se para casa e continuar aí a ser realizado, sem qualquer limite temporal". Assim, os fantasmas da ubiquidade começam a aparecer, já que se pretende ter um ser humano disponível em todo o local e a toda a hora para trabalhar[87].

Pode ocorrer, desta forma, com as redes sociais *online* uma evasão no local e tempo de trabalho. O trabalhador navega na *internet* acedendo a redes sociais, *inter alia*, para encontrar velhos conhecidos e amigos ou para discutir assuntos em determinados *chats* ou *newsgroups*, o que pode prefigurar uma violação de deveres dos trabalhadores, sobretudo do dever de zelo previsto no art. 128º, nº 1, alínea c) do CT. Contudo, mesmo perante esta possível perda de produtividade, principalmente na vertente de lucro-cessante, não nos parece a melhor solução a proibição absoluta da utilização destas redes, até porque facilmente os trabalhadores terão acesso às mesmas com os seus telemóveis.

2.3.4. Os trabalhadores quando decidem colocar fotografias, publicar vídeos, comentar ideias, pensamentos, gostos, experiências, opiniões ou críticas, quando decidem colocar um *gosto* ou um *não gosto* num determinado assunto, quando criam grupos de interesses, estão não só a atuar

---

[86] Ver *infra* número 2.3.10..
[87] Como entende ALAIN SUPIOT, "Travail, droit et technique", *in DS*, nº 1, 2002, p. 21.

sobre o seu perfil mas, muitas vezes, dependendo do conteúdo que colocam *online*, a afetar a imagem e a reputação da empresa, de outros trabalhadores e, até, de clientes.

A rede social pode exercer, ainda, uma espécie de função "catártica"[88] relativamente a conflitos existentes na empresa, embora por vezes possa existir violação de alguns deveres dos trabalhadores elencados no art. 128º do CT, principalmente no nº 1, alínea f), relativo ao dever de lealdade.

O problema prende-se com a ténue fronteira que existe entre o direito à liberdade de expressão do trabalhador com consagração constitucional, assim como laboral, nos artigos 37º da CRP e 14º do CT, respetivamente, e o direito ao crédito, ao bom nome e a uma reputação positiva que as empresas pretendem.

Na verdade, o direito à liberdade de expressão pode manifestar-se relativamente a questões conexas com o trabalho mas existem limites ao exercício deste direito relacionados quer com os direitos de personalidade da contraparte, isto é, do empregador, quer, também, com o normal funcionamento da empresa. Por exemplo, se um trabalhador dirigente, numa reunião com os amigos, colegas de trabalho e terceiros, proferir comentários depreciativos sobre a empresa onde trabalha, poderá vir a ser sancionado porque o exercício do direito à liberdade de expressão envolve algumas restrições atendendo à natureza das suas funções.

Uma decisão precursora nesta matéria foi a do *Conseil de Prud'hommes de Boulogne*-Billancourt, de 19 de Novembro de 2010, o qual decidiu que o despedimento de 3 trabalhadores por comentários colocados no mural do *Facebook* que punham em causa a imagem da empresa era lícito, tendo sido abordada a questão fundamental de saber se o que se insere no mural da rede social teria natureza pública ou privada. O Tribunal entendeu que "ao escolher dentro dos parâmetros da privacidade da conta estabelecer que não só os amigos mas também os amigos dos amigos teriam acesso, permitindo desta forma um acesso aberto, nomeadamente aos colegas de trabalho e mesmo aos antigos trabalhadores da empresa, o acesso à página do *Facebook* ultrapassa as fronteiras da esfera privada", decidindo, desta forma, que o conteúdo colocado teria

---

[88] Mª REGINA REDINHA, *op.* cit., p. 43.

natureza pública" e que "a página *Facebook* que mencionava propósitos incriminadores constituía um modo de prova lícito para o despedimento[89][90][91].

Contudo, em duas decisões francesas mais recentes verificou-se uma mudança nesta orientação que nos parece ser de seguir.

A primeira decisão data de 15 de Novembro de 2011, da *Cour d'appel de Rouen*. No caso, tratava-se de uma trabalhadora que tinha injuriado o seu empregador na rede social *Facebook*, tendo trocado com mais cinco trabalhadores da empresa, críticas ao seu empregador. Se na primeira instância os factos foram considerados como enquadrados numa falta grave que legitimava o despedimento, na *Cour d'appel* o mesmo não sucedeu. Para este Tribunal, o empregador, a quem incumbe o ónus da prova dos factos que basearam o despedimento, não conseguiu provar quais os parâmetros que a trabalhadora tinha definido para a privacidade da sua conta, nem conseguiu precisar como teria obtido as páginas que apresentou em Tribunal e que justificaram o despedimento da trabalhadora, o que não permitiu chegar à conclusão se elas seriam visíveis ou não por todos. Da decisão pode ler-se que "nenhum elemento permite afirmar que a conta *Facebook* parametrizada pela trabalhadora ou pelas outras pessoas que com ela trocaram comentários, autoriza a partilha de informação com os *amigos dos seus amigos* ou qualquer outra forma de partilha com pessoas indeterminadas, de tal forma que faça perder o carácter de correspondência privada".

---

[89] RONAN HARDOUIN, "Facebook ou l'établissement de la frontier entre espace public et sphere privée", *in* www.Juriscom-net.

[90] Veja-se, no mesmo sentido, a decisão da *Cour de Cassation*, de 24 de Novembro de 2010, sobre a utilização do *Facebook* por parte de um trabalhador. Também pode referir-se a decisão da *Cour* de Reims, de 9 de Junho de 2010, que decidiu que o *Facebook* não deve ser considerado como um espaço privado pois todos os amigos podem aceder ao mural de uma pessoa e às mensagens que ele escreveu ou que foram recebidas. Entendeu, assim, que a invocação da ideia de uma correspondência privada não poderia ser realizada.

[91] Também noutros ordenamentos jurídicos tem sido aceite o despedimento com base em comentários pouco lisonjeadores colocados *online* no mural dos trabalhadores. Por exemplo, a companhia de aviação *Virgin* despediu 13 trabalhadores após ter descoberto que tinham colocado piadas na página do *Facebook* relativamente aos passageiros e aos aviões da companhia. Veja-se LESLIE BOTTOMLY, "Social Media: New Opportunities and Headaches", in *Employment Law Seminar*, 2011, p. 3.

Do que se pode inferir deste julgamento é que o Tribunal entendeu que os factos seriam constitutivos de uma eventual justa causa de despedimento se o empregador tivesse conseguido provar que os parâmetros da conta *Facebook* da trabalhadora saíam do quadro da correspondência privada.

Mais recentemente, em 22 de Maio deste ano, o *Conseil de prud'hommes de Lens*, entendeu que o despedimento de uma trabalhadora enfermeira que colocou comentários sobre o seu empregador era desprovido de "uma causa real e séria". Mas, contrariamente à decisão da *Cour d'appel de Rouen*, não apenas por uma razão de forma, mas também de fundo.

No caso em apreço o Tribunal entendeu que "as comunicações feitas através do *site Facebook* são de natureza privada, assim como que em nenhum caso os comentários são injuriosos para o empregador". A trabalhadora afirmou que os seus comentários eram apenas visíveis para os seus contactos no *Facebook* e que nenhum dos seus colegas de trabalho tinha acesso.

No ordenamento jurídico português apesar de não existirem casos jurisprudenciais a nível das instâncias superiores sobre o acesso dos trabalhadores[92], entende-se que o caminho preconizado nas últimas deci-

---

[92] O que não significa ausência de conflitos nesta matéria. Assim, em finais de 2009, foi amplamente divulgado um caso que envolvia um piloto da TAP que teceu comentários no *Facebook* a propósito do seu regresso de Maputo em classe económica, a que se seguiram comentários nesta mesma rede de pilotos, assistentes e chefes de cabine, todos colegas de trabalho. Após a tomada de conhecimento por parte da TAP do ocorrido, esta convocou 9 dos seus pilotos (precisamente os mesmos que tinham mantido um diálogo no *Facebook*), para um curso de ética, alegadamente por estes terem discutido assuntos da empresa na rede social *Facebook*. Oficialmente a TAP recusou que o curso de "formação comportamental" estivesse relacionado com o caso, assegurando que a iniciativa se enquadrava na "política de permanente formação e atualização de recursos humanos" e que "o objetivo era abranger todo o pessoal navegante". Na primeira convocatória enviada aos trabalhadores a formação, com a duração de uma semana, tinha como título "Ética e Relações Laborais" e incluía disciplinas como Inteligência Emocional. Com a polémica entretanto a aumentar, a designação passou a ser *Corporate Crew Resource Management* a ministrar aos "quadros da empresa". Mas é interessante notar como a conversa polémica não continha uma única referência à empresa ou a questões profissionais.
Outro caso que também foi divulgado aconteceu em Setembro de 2010 quando um trabalhador, no período em que se encontrava de baixa médica em casa, colocou uma crítica no *Facebook* à empresa Sapo do grupo TMN onde trabalhava. Na primeira sexta-feira depois do regresso foi contactado pelo seu superior hierárquico para se apresentar na sede da

ESTUDOS DE DIREITO DE TRABALHO

sões do ordenamento jurídico francês é o que deve ser seguido. Na verdade consideramos que só casuisticamente é que podemos saber se há ou não um comportamento passível de ser censurado.

As redes sociais *online* não são um *diário íntimo* mas também não constituem um *álbum de fotografias* exposto publicamente. Estas analogias, embora úteis para explicar as funcionalidades das redes sociais a um leigo nas matérias, oferecem uma visão demasiado simplista perante todas as funcionalidades destas redes. Na verdade elas têm um carácter misto e é difícil subsumi-las a uma única categoria.

O empregador pode efetivamente sofrer muitos danos, principalmente se o trabalhador está perfeitamente identificado e se o acesso ao seu perfil não está restringido. Nestes casos, há que atender ao caso concreto para valorar se o trabalhador se excedeu no exercício do seu direito de informação ou de liberdade de expressão ou se se trata de um exercício legítimo dos mesmos não suscetível de sanção. Contudo, qualquer resposta que se pretenda dar não pode ser apriorística[93], pois tudo depende quanto a nós de dois fatores: em primeiro lugar, da parametrização da conta efetuada pelo trabalhador e, em segundo lugar, e independente do primeiro, qual o tipo de serviço ou funcionalidade da rede social *online* que o trabalhador utiliza.

No que concerne à parametrização da conta, se o trabalhador escolheu restringir o acesso da mesma apenas aos amigos entende-se que existe um grau acrescido de privacidade e que os dados que serão partilhados poderão ser considerados como englobados pelo conceito de

---

empresa porque no dia anterior tinha recebido um *e-mail* da administração da PT, com uma monitorização de uma chamada sua, em que o acusavam de ter colocado um cliente *em espera* enquanto acedia ao *Facebook*. Quem tem telemóvel TMN tem possibilidade de realizar um registo e, para explicar ao cliente, entrou na *internet*. Terá sido nesse momento, enquanto monitorizavam o seu computador, que viram o *post* que tinha colocado e que dizia: "Penso que é muito triste a ofensiva que o Grupo PT está a ter perante os clientes...uma grande empresa a enganar com engodo e impingir aos clts produtos a torto e a direito... se querem testar basta ligar para a linha de apoio a clientes e vão ver como são bombardeados com meras 'sugestões comerciais' não dando indicação das características correctas do produto e sugerindo preços promocionais (por meros 2 meses) perante fidelizações de 12 a 24 meses". Casos retirados de Paulo Jorge de Sousa e Cunha, *Utilização de "Redes Sociais" em contexto de trabalho – Algumas questões*, Dissertação de Mestrado, Universidade Lusófona do Porto, 2011, pp. 17-18, notas nº 41 e 42.

[93] No mesmo sentido veja-se Mª Belén Cardona Rubert, *op.* cit., p. 75, e Mª Regina Redinha, *op.* cit., p. 40.

esfera privada. Na verdade, é o utilizador que define o nível de privacidade e a publicidade da sua rede social embora, por defeito, muitas vezes o carácter de muita informação seja público, colocando-se aqui o problema de saber se efetivamente o utilizador está devidamente esclarecido acerca da definição da privacidade da sua conta quando muitas delas surgem com a maior visibilidade possível[94].

Preconiza-se, desta forma, que perante a questão de saber se o conteúdo que se coloca nas páginas pessoais das redes sociais é privado ou público a resposta terá de passar pela adoção de um critério personalizável, na medida em que o critério será distinto consoante as definições do utilizador e a configuração da publicidade do conteúdo publicado, sendo que, num eventual processo disciplinar contra o trabalhador, o ónus da prova recai sobre o empregador. Significa isto que se um conteúdo é definido como privado, isto é, apenas visível para os *amigos*, caberá dentro do conceito de esfera privada. Contrariamente um conteúdo que é marcado como público, isto é, visível *online* para todos, não poderá ser inserido nesta esfera privada, mas sim ser considerado público, não tendo, desta forma, a expectativa de privacidade do perfil que é configurado para ser privado[95][96].

---

[94] Esta situação constituiu um dos motivos que levou a Comissão a apresentar a Proposta de Revisão da Diretiva de Proteção de Dados Pessoais, a que aludimos no nº 2.1.3..

[95] De notar que em alguns ordenamentos jurídicos defende-se que a pessoa que coloca *online* comentários não tem "qualquer expectativa de privacidade". Assim, no caso *Moreno v. Hanford Sentinel*, em 2009, o *California Court of Appeal* decidiu que as páginas publicamente acessíveis do *MySpace* não eram privadas e, por isso, o autor da ação não tinha qualquer "razoável expectativa de privacidade". E vários tribunais têm vindo a decidir no mesmo sentido. Veja-se, por exemplo, *Romano v. Steelcase Inc.*, em 2010, onde o Tribunal decidiu que "quando a autora da ação criou as sua páginas no *Facebook* e no *MySpace* consentiu que parte da sua informação pessoal fosse partilhada por outras pessoas". Também no ordenamento jurídico canadiense tem-se aceitado esta posição, ainda que, nalgumas circunstâncias *cum grano salis*, como aconteceu no caso *Landry et Provigo Québec inc (Maxi & Cie)*, de 2011, onde o Tribunal decidiu que "o que se encontra numa conta *Facebook* não faz parte do domínio privado tendo em atenção a quantidade de pessoas que poderá a ele ter acesso. *Vide* estes e outros casos em Bryce Clayton Newell, *op.* cit., pp. 21 e ss., assim como Nicolas Vermeys e Patrick Gingras, "Qu'est-ce que Facebook? Plaidoyer pour une qualification juridique des médias sociaux", *in Technologies de l'information En bref*, nº 1, 2012, p. 3.

[96] Contudo, também é importante ter em atenção que há decisões em que se faz a distinção consoante o perfil que a pessoa adote quando configura a sua rede social *online*. Veja-se o caso no ordenamento jurídico norte-americano *Crispin v. Christian Audigier, Inc.*, de 2009, onde o Tribunal distinguiu a natureza totalmente pública ou semi-pública da rede social devido aos

ESTUDOS DE DIREITO DE TRABALHO

Reconhece-se que a solução não é isenta de críticas principalmente perante um novo conceito de amigos *online* que poderá abranger amigos mais próximos, conhecidos e, por vezes, para quem não faz a verificação das identidades e aceita todas as pessoas que lhe fazem pedidos de *amizade*, desconhecidos. E este factor parece-nos mais um argumento para justificar a análise casuística de situações.

2.3.5. Por outro lado, um outro fator relevante é a disponibilização cada vez mais frequente nas redes sociais *online* de diferentes funcionalidades como instrumentos de comunicação privada, o *instant messaging* ou os *chats* privados, ou, até, serviços de *e-mail*, simultaneamente com instrumentos de comunicação pública, como o caso de *chat rooms* abertos.

Relativamente aos *instant messaging*, considerado por nós como um meio de comunicação privada pode ver-se o acórdão do Tribunal da Relação de Lisboa de 7 de Março de 2012 que decidiu neste mesmo sentido.

Esta decisão revela bastante interesse porque se trata da análise pela primeira vez, a nível dos Tribunais Superiores, da utilização do serviço de mensagens instantâneas – *Messenger* – no local de trabalho para fins pessoais e da possível (in)admissibilidade do conteúdo destas para fins disciplinares, principalmente para aferir da existência de justa causa de despedimento.

Até esta decisão os Tribunais nacionais tinham-se debruçado sobre a (in)admissibilidade do conteúdo do *e-mail* pessoal ser utilizado para fins disciplinares, nomeadamente para aferir da existência de justa causa de despedimento, como aconteceu nos acórdãos do STJ, de 05 de Julho de 2007, do Tribunal da Relação de Lisboa, de 5 de Junho de 2008, e do

---

limites que cada utilizador realiza. Veja-se, para mais desenvolvimentos RYAN A. WARD, *op. cit.*, pp. 570 e ss..

Por outro lado, também há decisões no ordenamento jurídico norte-americano que atendem ao próprio conteúdo do que é *postado online* para saber se não estarão protegidas pelo *National Labor Relations Act*, como aconteceu em Maio de 2011, onde a *National Labor Relations Board* instaurou uma queixa contra a *Knauz BMW*, por esta ter alegadamente cessado o contrato com um trabalhador que tinha colocado fotografias e comentários na rede *Facebook* que criticavam o empregador. A queixa baseava-se no facto de que os comentários colocados no *Facebook* estavam protegidos pelo parágrafo 7 do *National Labor Relations Act* porque envolviam a discussão sobre as condições de trabalho. Veja-se *The Computer Internet Lawyer*, vol. 28, nº 8, 2011, p. 30, e MELISSA AGUILAR, "Lessons From the Facebook Firing", *in Compliance Week*, April 2011, pp. 26-27.

Tribunal da Relação do Porto de 8 de Fevereiro de 2010, assim como no acórdão do Tribunal da Relação de Lisboa, de 30 de Junho de 2011[97][98].

Esta decisão parece-nos muito positiva pois analisou a (i)licitude da prova das mensagens instantâneas na medida em que se baseou não só na tutela do direito à confidencialidade de mensagens e de acesso à informação do art. 22º do CT mas também do direito à liberdade de expressão do art. 14º do mesmo diploma legal.

Defende-se que, perante este caso, o empregador fica limitado no seu poder de controlo eletrónico, ficando inibido de aceder ao conteúdo das mensagens instantâneas pessoais[99]. E este era o caso das mensagens referidas no acórdão, tal como o Tribunal sublinhou várias vezes.

Aliás, concorda-se com o referido no acórdão, quando transcreve o decidido pelo STJ, em aresto de 5 de Julho de 2007, defendendo que "não são apenas as comunicações relativas à vida familiar, afectiva, sexual, saúde, convicções políticas e religiosas do trabalhador, e mencionadas no artº 16º, nº 2, do CT, que revestem a natureza da comunicações de natureza pessoal, nos termos e para os efeitos do artº 21º"[100]. Como aí se referiu, a definição de natureza particular da mensagem obtém-se por contraposição à natureza profissional da comunicação, relevando, para tal, antes de mais, a vontade dos intervenientes da comunicação, ao postularem, de forma expressa ou implícita, a natureza profissional ou privada das mensagens que trocam, assim como "A falta da referência prévia, expressa e formal da "pessoalidade" da mensagem não afasta a tutela prevista no art. 21º, nº 1, do CT. Não tendo o empregador regulado a utilização do correio eletrónico para fins pessoais, conforme possibilita o nº 2 do art. 21º do CT, o envio da referida mensagem não integra infração disciplinar"[101].

---

[97] Todas as decisões podem ser consultadas em www.dgsi.pt.

[98] *Vide* TERESA COELHO MOREIRA, "Controlo do correio electrónico dos trabalhadores: comentário ao acórdão do Tribunal da Relação do Porto, de 8 de Fevereiro de 2010", *in Estudos de Direito do Trabalho*, Almedina, Coimbra, 2011, e "Controlo do *Messenger* dos trabalhadores: anotação ao acórdão do Tribunal da Relação de Lisboa, de 7 de Março de 2012", a ser publicado no próximo número do *PDT*.

[99] Veja-se, para mais desenvolvimentos, TERESA COELHO MOREIRA, *A Privacidade dos Trabalhadores e as Novas Tecnologias de Informação e Comunicação: contributo para um estudo dos limites do poder de controlo electrónico do empregador*, Almedina, Coimbra, 2010, pp. 782 e ss..

[100] Atual art. 22º.

[101] Atual art. 22º.

ESTUDOS DE DIREITO DE TRABALHO

Relativamente aos *e-mails*, serviço que também várias redes sociais *online* dispõem, defende-se o mesmo. Assim, no caso de se tratar de mensagens pessoais existe a proteção pelo direito ao sigilo das comunicações nos termos constitucionais e também pelo art. 22º do CT, sendo, assim, invioláveis. O empregador não pode controlar o conteúdo destas mensagens nem mesmo em situações excecionais em que há suspeitas de abuso. Qualquer ato de interceção da comunicação contida nesta parte da caixa postal constituirá uma violação dos preceitos referidos anteriormente, sendo que a prova obtida será considerada nula nos termos do art. 32º, nº 8, da CRP[102].

Assim, parece-nos que no caso das comunicações privadas, em que existe troca de mensagens e consulta da informação terá de aplicar-se o art. 22º do CT que estabelece o princípio da confidencialidade das mensagens e de acesso à informação. E esta proteção aplica-se independentemente da parametrização da conta na medida em que se trata de instrumentos de comunicação privada. O empregador não pode aceder ao conteúdo destas mensagens privadas do trabalhador transmitidas através da rede social se não fizer parte dos destinatários.

2.3.6. No caso de informações relativas a instrumentos de comunicação públicos, como por exemplo os *chat rooms* abertos ou perante perfis de intervenção pública, a questão que se coloca é um pouco diferente e parece-nos, atendendo ao direito à privacidade dos trabalhadores, que engloba o direito à autodeterminação informativa, e terá de atender-se aos limites ao poder de controlo e vigilância do empregador e conciliar com os direitos dos trabalhadores.

2.3.7. Parece-nos, ainda, que mais alguns dados podem relevar para avaliar deste carácter público ou privado das redes sociais. Assim, ainda que não consideremos o fator mais importante, o perfil dos terceiros que têm o estatuto de amigos pode indiciar um aspeto mais público ou privado do perfil. Imagine-se que grande parte dos amigos são jorna-

---

[102] Veja-se no mesmo sentido o decidido pelos acórdãos do STJ, de 5 de Julho de 2007, do Tribunal da Relação de Lisboa, de 5 de Junho de 2008, e do Tribunal da Relação do Porto, de 8 de Fevereiro de 2010, assim como no acórdão do Tribunal da Relação de Lisboa, de 30 de Junho de 2011.

listas. Este fator pode indiciar uma natureza mais pública, ainda que reiteremos que não consideramos este indício como o mais relevante.

Por outro lado, entende-se que os próprios conhecimentos tecnológicos do utilizador devem ser tidos em atenção na medida em que, por defeito, conforme já referimos anteriormente, muitas destas redes sociais *online* colocam o conteúdo como de acesso público.

Porém, consideramos, mais uma vez, que o índice mais importante que permite qualificar o perfil de uma pessoa como privado e os documentos que lá constam como pessoais, reside, sobretudo, no nível de controlo que o utilizador determina perante as pessoas que ao mesmo poderão aceder. Não se tratará de um simples cálculo matemático, ou seja, de uma mera avaliação qualitativa e quantitativa dos *amigos* autorizados a visitar a página em causa, mas de determinar se o titular da conta abandonou, no todo ou em parte, o controlo sobre quem pode consultar a sua página.

Assim, entendemos que quem permite que não só os amigos mas também os amigos dos amigos e o público em geral consultem o seu perfil, perde o direito de invocar o aspeto privado do mesmo, pois se a lista dos *amigos* pode ser controlada, já se torna muito difícil controlar a lista dos amigos dos amigos que poderá chegar quase ao infinito[103]. E o mesmo nos parece, ainda que sem grandes certezas, quando o número dos *amigos* é muito grande.

2.3.8. Com as redes sociais *online* existe, cada vez mais, uma tendência para que as fronteiras entre o privado e o público, isto é, entre a vida profissional e a extraprofissional ou privada se diluam. Perante este facto aumentam os riscos de intromissão do empregador na privacidade do trabalhador e da eventualidade de comportamentos persecutórios ou assediantes, numa tentativa de controlar todos os comportamentos dos trabalhadores dentro e fora da empresa, colocando-se a questão da legitimidade do empregador utilizar a informação a que tem acesso através do perfil do trabalhador para efeitos disciplinares e para controlar o que eles colocam *online*.

Não se pode esquecer, contudo, que o poder de controlo é conferido ao empregador com o intuito de assegurar a boa execução do contrato

---

[103] No mesmo sentido Nicolas Vermeys e Patrick Gingras, *op.* cit., p. 4.

de trabalho, garantindo, desta forma, a condução normal da atividade empresarial. Como qualquer poder, tem limites, e, um deles, é o da legalidade, devendo, em princípio, exercer-se apenas durante a prestação de trabalho e relativamente a questões com ela conexas.

2.3.8.1. Desta forma, defende-se que o poder de controlo e de vigilância do empregador não pode atingir uma dimensão tal que ofenda a dignidade da pessoa humana e o pleno gozo dos direitos fundamentais conferidos pela Constituição. A atividade de controlo deve ser exercida sob a ideia da "exclusiva ótica técnico-organizativa da produção"[104], tendo em atenção que tal atividade tem de atender aos valores constitucionais de proteção da pessoa, devendo o possível conflito de direitos resolver-se a favor dos interesses dos trabalhadores[105]. A este propósito pode falar-se de "limites internos", pois este poder de controlo tem de exercer-se racionalmente e justificado objetivamente de tal forma que quando não se cumprem estes requisitos o trabalhador não tem de acatar a ordem. A faculdade de controlo deve ser ordenada exclusivamente pela faculdade produtiva, devendo destinar-se a verificar o comportamento devido pelo trabalhador para a obtenção do resultado convencionado, recusando-se qualquer atividade discricionária que não se justifique pelas exigências de organização ou técnicas, embora tenha de se atender a uma certa graduação em relação à maior ou menor implicação da pessoa do trabalhador na relação de trabalho.

O contrato de trabalho comporta, desta forma, um limite ao poder de controlo do empregador, de tal forma que este não pode ir além dos aspetos que têm uma relação direta com o trabalho e qualquer extralimitação deste poder torna-se ilícita, legitimando a desobediência. O poder de controlo do empregador não pode exercer-se sobre a conduta extralaboral do trabalhador a não ser quando essa conduta possa repercutir-se negativamente sobre o correto cumprimento da prestação laboral ou possa prejudicar os legítimos interesses da empresa e, ainda assim, só pode incidir sobre a repercussão e não sobre o comportamento em si mesmo. Propendemos para considerar que os comportamentos do trabalhador na sua vida privada, realizados extraprofissionalmente,

---

[104] Goñi Sein, *op.* cit., p. 114.
[105] Neste sentido, último autor e *op.* cit., p. 114.

não têm relevância para constituírem justa causa de despedimento, nem serem passíveis de controlo, considerando, porém, que mantém toda a pertinência, muito embora aplicado a um contexto legislativo diferente, o juízo realizado por Raúl Ventura[106] que apontava para a necessidade de procurar um compromisso entre a liberdade do trabalhador fora do tempo de serviço e o interesse da empresa.

Na esteira de Jorge Leite[107], e reconhecendo que a questão não é simples, propende-se para defender que, atendendo à ideia do grau de diligência que é exigível ao trabalhador e que não abarca quaisquer atos ou comportamentos da vida privada, não tendo esta relevo autónomo na relação laboral, não podem considerar-se relevantes os comportamentos havidos na vida extraprofissional. Na medida em que a vida privada do trabalhador não afete o correto cumprimento da prestação de trabalho ela terá de ser indiferente para o Direito do trabalho. Mesmo quando o trabalhador tenha uma vida privada desregrada, cometendo excessos com reflexo prejudicial na relação de trabalho, ou causando uma perturbação no seio da empresa, ou afetando de forma irremediável a confiança necessária para a subsistência da relação de trabalho, o que poderá e deverá ser apreciado e eventualmente sancionado é este reflexo produzido, esta perturbação e não a vida privada em si. Se o trabalhador eventualmente tem uma vida desregrada mas que em nada afeta a sua prestação laboral ou a confiança e que não cause qualquer perturbação no seio da empresa não poderá ser sancionado disciplinarmente, nem o poder de controlo alastrar a sua influência para tais horizontes. Tal como Jorge Leite[108], considera-se que deve defender-se o princípio da irrelevância disciplinar do comportamento extraprofissional do trabalhador, a não ser quando se concretize num facto ilícito, em obediência ao direito à privacidade e, em especial, ao direito a não ser controlado.

Parece-nos ser bastante razoável o entendimento defendido na doutrina e na jurisprudência francesas de *trouble caracterisée*, já que os comportamentos extraprofissionais só poderão relevar se causarem uma *perturbação específica no seio da empresa*, devendo sempre, nos restantes casos,

---

[106] "Extinção das relações jurídicas de trabalho", *in ROA*, ano 10, nºs 1 e 2, 1950, pp. 311-312.

[107] *Op.* cit., p. 97.

[108] *Op.* cit., p. 97, nota nº 13.

ser irrelevantes. O que tem de atender-se na eventual valoração é esta perturbação, ou seja, os eventuais reflexos na relação jurídico-laboral e não o comportamento em si. Esta ideia, defendida no ordenamento jurídico francês, parece-nos poder ser um bom critério para resolver a questão da eventual relevância ou irrelevância dos comportamentos extraprofissionais do trabalhador, não esquecendo que devem ter-se sempre em atenção critérios objetivos.

Assim, o poder de controlo poderá eventualmente estender-se a factos praticados fora do ambiente de trabalho desde que se venham a repercutir neste, conseguindo quebrar o bom funcionamento da empresa, afetando o seu prestígio, ou causando-lhe perturbações[109-110]. Desta forma, o empregador não representa nenhuma instância fiscalizadora da filosofia de vida dos seus trabalhadores, sendo estes livres de se orientarem nas suas vidas privadas como pretenderem sem que as suas opções possam por ele ser censuradas. Este pode tão só controlar a execução da prestação laboral e aplicar sanções disciplinares face a condutas ocorridas no local e tempo de trabalho.

O artigo 16º do CT isso determina ao estabelecer, ainda que em termos bilaterais, a reserva da intimidade da vida privada, que impede o empregador de aceder ou divulgar aspetos relacionados com a vida privada dos trabalhadores.

Preconiza-se, desta forma, que o empregador não pode utilizar os dados que retire das consultas dos perfis *online* dos seus trabalhadores, pressupondo que tem acesso lícito a estes, para adotar decisões sobre a continuidade do trabalhador na empresa ou sobre uma eventual promoção. Como bem nota Mª REGINA REDINHA[111], não pode adotar esta posição pois isso corresponderia a uma intrusão não consentida na zona de inviolabilidade do trabalhador, sendo que o veículo desse conheci-

---

[109] Concorda-se com EUGENIO BLANCO, "El delito extralaboral como causa justa de despido", *in Revista de Trabajo*, nºs 7-8, 1957, p. 555, quando refere, a propósito da relevância do delito extra-laboral que este só existe quando " a índole do delito tem relação com o trabalho ou gestão confiadas", ou seja, que há aqui como que uma *contraditio in termini* pois a conclusão equivale quase a dizer: o delito extra-laboral poderá constituir justa causa de despedimento quando não seja delito extra-laboral". Esta *contraditio in termini* parece ser também aplicável aos comportamentos da vida privada que abrangem, aliás, os delitos extra-laborais.

[110] Veja-se, para maiores desenvolvimentos, TERESA COELHO MOREIRA, *Da esfera privada...*, cit., pp. 407 e ss., e *A Privacidade...*, cit., pp. 410 e ss..

[111] *Op. cit.*, p. 42.

mento é irrelevante, assim como também será irrelevante se tiver sido o próprio trabalhador a fornecer a informação. A ilicitude do comportamento do empregador está na ultrapassagem realizada pelo empregador da fronteira entre a vida profissional e a vida extralaboral ou privada, já que, conforme já defendemos anteriormente, os comportamentos da vida extralaboral não têm relevância laboral, a não ser quando causem uma *perturbação específica no seio da empresa*, devendo sempre, nos restantes casos, ser irrelevantes. O que tem de atender-se na eventual valoração é esta perturbação, ou seja, os eventuais reflexos na relação jurídico--laboral e não o comportamento em si.

2.3.9. Uma outra questão nos nossos dias é a de que as redes sociais converteram-se no principal veículo de comunicação para muitos, não só pessoas singulares como também as próprias empresas. Rara é hoje a empresa ou instituição que não tem o seu perfil *online*, onde realiza um *marketing* direto dos seus produtos ou onde permite que se colocam críticas e sugestões.

As redes sociais *online* constituem, desta forma, um local para o exercício do direito à informação e à liberdade de expressão sobre qualquer assunto e, em particular, sobre questões de trabalho.

Da mesma forma, as redes sociais estão a ser utilizadas pelas associações sindicais, através da criação de perfis sociais ou páginas onde se facilita a informação sobre as mesmas e onde se disponibilizam opiniões de conteúdo laboral a que pode aceder qualquer pessoa seja ou não utilizador registado.

Há que ver que, em termos de relação de força e organização, atualmente, a pressão talvez mais eficaz sobre os empregadores não será tanto uma greve nos termos clássicos, mas uma forma socialmente mais contestatária, virtual e bem mediatizada através destas novas tecnologias[112].

E mesmo os sindicatos devem consciencializar-se das inúmeras possibilidades que estas redes sociais podem trazer-lhes na conquista dos jovens trabalhadores. Na verdade, secundando JEAN-EMMANUEL RAY[113], embora estes meios comportem ameaças, constituem uma enorme

---

[112] Neste sentido JEAN-EMMANUEL RAY, "Facebook, le salarié...", cit., p. 133, e "Actualité des TIC (II) Rapports collectifs de travail", *in DS*, nº 1, 2009, pp. 22 e ss..

[113] "Facebook, le salarié...", cit., p. 132, nota nº 26.

ESTUDOS DE DIREITO DE TRABALHO

oportunidade para reconquistar as gerações mais novas que utilizam estas novas tecnologias como a principal forma de comunicação. Na verdade, as tradicionais conversas no café e saídas com os amigos estão a ser substituídas pela comunicação através destes meios com os amigos mas também com a possibilidade de ser com os amigos dos amigos ou até com mais pessoas, com todos os aspetos positivos mas também negativos que daí podem advir[114].

2.3.10. Entende-se que uma forma de resolver o eventual conflito seria o estabelecimento de regras claras sobre a utilização destas redes sociais, uma espécie de *Cartas de Boa Conduta* sobre a sua utilização e que deveriam revestir a forma de regulamentos internos. Nestas *Cartas* os trabalhadores disporiam de diretrizes sobre o uso e abuso das redes sociais, que facilitaria o seu conhecimento e a valoração das suas atuações com um carácter prévio às mesmas.

Entende-se, ainda, que nestas *Cartas*, dentro do respeito pela boa fé contratual que tem de reger as relações laborais, poderia estabelecer-se a possibilidade de os trabalhadores utilizarem as redes sociais, que não poderiam, contudo, incluir afirmações difamatórias, não podendo ser usadas como meio para assediar sexualmente outros trabalhadores, nem para enviar comentários ofensivos baseados no género, idade, sexualidade, raça, incapacidade ou aparência das pessoas.

Defende-se, ainda, que o empregador, nas *Cartas de Boa Conduta* sobre a utilização dos meios de comunicação, poderia estabelecer limites quanto ao tempo que os trabalhadores poderão estar a utilizá-los, assim como ao tipo de anexos que podem ser enviados quando os trabalhadores utilizam o serviço de *e-mail* das redes sociais *online*.

Um outro aspeto relativo a estas *Cartas de Conduta* é o de que estas devem ser elaboradas em conjunto com os trabalhadores, na medida em que a criação destas regras, espécie de autorregulação, não pode conduzir ao enfraquecimento da posição do trabalhador que vê comprimido o exercício de algum ou alguns dos seus direitos fundamentais

---

[114] Não iremos analisar aqui a utilização das redes sociais pelas associações sindicais. Contudo, para maiores desenvolvimentos, veja-se, a título exemplificativo, ALEX BRYSON, RAFAEL GOMEZ e PAUL WILLMAN, "Online social networking and trade union membership: what the Facebook phenomenon truly means for labor organizers", *in Labor History*, vol. 51, nº 1, 2010, pp. 41 e ss.

em razão da sua qualidade de trabalhador. Assim, entende-se que estas *Cartas* deveriam ser elaboradas em conjunto com os representantes dos trabalhadores para evitar que visem unicamente proteger a imagem da empresa à custa dos direitos à liberdade de expressão e à privacidade dos trabalhadores[115].

Parece-nos que esta é uma via possível para a resolução de eventuais conflitos, até porque ajuda a criar um *utilizador digitalmente esclarecido e correto*, que fará um uso ético, seguro e legal da tecnologia ao seu dispor, tendo em atenção as distinções que defendemos anteriormente entre as diferentes redes sociais e a parametrização adotada por cada um.

Contudo, estas Cartas de Conduta só nos parece que possam ser aplicáveis às redes sociais *online* que o empregador patrocinou ou deixou utilizar pois, se se tratar de redes privadas, como espaços privados de partilha, criadas pelos próprios trabalhadores e com perfis privados, que o empregador não pode licitamente conhecer, não se pode defender o poder destes restringirem a liberdade de expressão e de opinião dos trabalhadores.

2.4. Cessação do contrato de trabalho

Na altura da cessação do contrato de trabalho também se colocam algumas questões interessantes relacionadas com as redes sociais, sobretudo quanto a saber se o empregador pode aceder à conta e perfil do trabalhador.

Parece-nos que deveríamos secundar o defendido no Projeto de Lei alemão que preconiza que o empregador poderá aceder à conta mas apenas se ele a financiou ou providenciou para que o trabalhador a detivesse e se se tratarem de redes profissionais. Imagine-se que o empregador, para fomentar o contacto do trabalhador com potenciais clientes, criou uma conta no *Linkedin* ou até no *Facebook*. Ou, ainda, se se trata do trabalhador que é responsável pela atualização dos dados da empresa, nalguma das várias redes sociais onde a empresa tem um perfil *online*, ou até o trabalhador que é administrador de um grupo inserido numa rede social mas na qualidade de trabalhador daquela empresa. Como já se disse anteriormente, atualmente muitas empresas utilizam as redes sociais como mecanismos de *marketing* e, até, de seleção de trabalha-

---

[115] Ver Joana Veríssimo, Maria Macias e Sofia Rodrigues, *op.* cit., pp. 19-21.

dores, sendo que existem trabalhadores cuja atividade principal é exatamente a gestão destas redes.

Na altura da cessação do contrato o empregador poderá aceder a estas contas mas parece-nos que há que ter algumas cautelas. Em primeiro lugar, o consentimento do trabalhador não pode ser suficiente para o empregador ter acesso a esta conta tendo em atenção que este consentimento não é muitas vezes livre, secundando-se, desta forma, o preconizado na Proposta de Lei alemã e na Proposta de Regulamento Europeu para a Protecção de Dados Pessoais. Em segundo lugar, parece-nos que o empregador pode ter acesso aos dados profissionais que estas redes sociais do trabalhador comportam, assim como a dados de clientes e a comunicações profissionais.

Relativamente a esta possibilidade de aceder aos dados dos clientes disponíveis em redes sociais *profissionais* dos trabalhadores, recentemente, no ordenamento jurídico britânico, o Tribunal aceitou o pedido do empregador para que um trabalhador que tinha acabado de sair da empresa tivesse de entregar os contactos profissionais do *Linkedin* ao antigo empregador. Porém, neste caso, estava em causa um litígio relacionado com a criação por parte do ex-trabalhador de uma empresa concorrente com a do empregador e que, alegadamente, tinha utilizado os seus antigos contactos profissionais do *Linkedin*, que eram clientes do seu antigo empregador, para constituir esta nova empresa[116].

Sabendo que a resposta a estas questões novas para o Direito do trabalho não é simples e que há que atender sempre ao caso concreto, parece-nos que, atendendo ao art. 342º do CT, o trabalhador quando cessa o contrato de trabalho terá de *devolver* os seus contactos e o acesso às redes sociais se foi o empregador quem as criou ou providenciou, ainda que aquele sempre tenha o direito a apagar os dados puramente pessoais que constem dos mesmos. Na verdade, por vezes, mesmo no contexto de conversas profissionais com clientes ou de comentários colocados nas redes sociais *online* para fins profissionais, são fornecidos dados pessoais e o trabalhador tem direito a apagá-los quando cessa o contrato de trabalho.

---

[116] GARY GLASER e ALEXIS GEVANTER, *op.*cit., pp. 5-6.

3. *Log off*: algumas conclusões

1. A invenção do telefone alterou drasticamente a interação entre as pessoas que deixaram de ter encontros face-a-face ou a escrever cartas para passarem a ter uma comunicação verbal à distância. Da mesma forma, a *Internet* e as comunicações sem fios modificaram a maneira como os seres humanos interagem. E este é um processo sem retorno e sem paragens, sendo essencial existir alguma forma de proteger a privacidade deste tipo de comunicação. Se os empregadores continuarem a realizar controlos da vida extralaboral dos trabalhadores ou dos candidatos, se continuarem a censurar os seus comportamentos *online* baseados na informação que obtêm através destas redes sociais, parece-nos que existirá um efeito negativo na utilização destes novos meios de comunicação e a sua consequente diminuição. As pessoas irão modificar o que disponibilizam *online* e colocar conteúdos e dados apenas de acordo com as expectativas dos empregadores ou dos futuros empregadores, principalmente atendendo ao período conturbado em que vivemos. E, sem dúvida, isto poderá conduzir-nos àquilo que já BLOUSTEIN[117] escreveu há alguns anos atrás: "invasões na privacidade das pessoas minam a sua individualidade e conduzem a uma sociedade convencional e de pessoas medianas". Este permanente controlo fará com que as pessoas sejam menos honestas e que se crie um efeito de autocensura que não beneficiará em nada a sociedade.

2. Por outro lado, é importante ter consciência do desenvolvimento exponencial das redes sociais *online* e que não é possível dar uma resposta apriorística a todas as questões acerca da privacidade dos trabalhadores ou dos candidatos na sua relação com o empregador. Tudo dependerá das configurações do próprio utilizador, não se podendo adotar modelos rígidos de resposta.

Contudo, quando o perfil dos utilizadores, candidatos ou trabalhadores, é privado e quando se trata de redes sociais pessoais, os utilizadores/trabalhadores têm uma expectativa de privacidade que terá de ser respeitada pelos empregadores. Muitos deles, por uma questão de preservação da reputação ou até da dignidade, limitam o acesso de pessoas

---

[117] "Privacy as an aspect of human dignity: an answer to Dean Prosser", *in New York University Law Review*, vol. 39, 1964, p. 1000.

ao conteúdo do que colocam nas redes sociais *online*, e esta limitação tem de ser respeitada.

Desta forma, ninguém deve ser *pressionado* para dar a sua *password* de acesso às redes sociais ou ter de fornecer os dados dos seus *amigos online* ou, ainda, ter de convidar terceiros para se tornarem amigos para fornecer essa informação aos empregadores.

3. No caso das configurações de privacidade permitirem que terceiros acedam ao perfil dos trabalhadores *online* a expectativa de privacidade relativamente ao empregador diminui consideravelmente mas o candidato, assim como o trabalhador, não podem ser objeto de tratamento discriminatório. Assim, o empregador, embora possa aceder à informação, não pode utilizar a informação que conheceu para avaliar a capacidade do candidato ou do trabalhador para aquele posto de trabalho se a informação não estiver diretamente relacionada com a aptidão daquele para o posto de trabalho em causa, respeitando o art. 17º do CT.

Também o conhecimento de factos da vida extralaboral do trabalhador obtidos através desta forma não pode relevar, em princípio, para efeitos disciplinares ou de promoção pois os comportamentos da vida extralaboral não têm relevância laboral, a não ser quando causem uma *perturbação específica no seio da empresa*, devendo sempre, nos restantes casos, ser irrelevantes, respeitando o estabelecido no art. 16º do CT.

4. Defende-se, ainda, que há que atender ao tipo de rede social *online* em causa. Se se tratar de uma rede social privada o empregador não pode interferir e não terá acesso à mesma, podendo, no entanto, limitar o uso destas no local de trabalho.

Se se tratar de uma rede profissional de livre acesso ou que o empregador tenha fornecido ao trabalhador o acesso à mesma, pode aceder e publicar dados se necessários para as comunicações externas, preconizando-se o previsto na Proposta de Lei Alemã de 2010.

5. As próprias empresas devem aproveitar a possibilidade de reforçar a sua identidade e promoverem-se através das redes sociais. A criação e manutenção de uma imagem organizacional positiva é fundamental para maximizar as vantagens da empresa, utilizando-as, também, como uma forma de recrutamento de trabalhadores.

6. As NTIC, de que as redes sociais *online* são um exemplo paradigmático relacionadas com a nova visão da *Internet* com a *Web 2.0*, vieram para ficar e, na verdade, tal como disse há alguns anos Jeffrey Cole, "Podemos amar ou odiar a Internet, mas não há dúvida que o seu impacto é real e profundo, tendo o potencial de converter-se na tecnologia que define a atual geração".

Vila Nova de Gaia, Setembro de 2012

Algumas questões sobre as NTIC e a responsabilidade do empregador por atos dos seus trabalhadores*

RESUMO:

Com as NTIC o problema da responsabilidade do empregador conheceu uma nova realidade e uma nova atualidade, dado que a introdução da informática nas empresas não é um instrumento neutro.

As posições de poder do empregador, por um lado, a que se contrapõe a posição de subordinação jurídica do trabalhador, por outro, assumem enorme relevância do ponto de vista social e jurídico, transcendendo o marco estrito da relação entre ambos estabelecida para atingir também as relações externas entre trabalhador e terceiros. Esta dimensão externa leva a que estes possam responsabilizar juridicamente o empregador por danos que os trabalhadores lhes tenham causado, no exercício aparente das respetivas funções, no tempo e no local de trabalho.

Será o empregador responsável por atos do trabalhador fora do exercício das suas funções mas utilizando os bens do empregador? Não deverá proceder-se à distinção entre as atividades exercidas no exercício das funções das realizadas por ocasião destas? Não será este um critério legítimo para isentar o empregador da sua responsabilidade perante terceiros? As características das NTIC não poderão conduzir à desresponsabilização do empregador em determinadas situações?

Estas são algumas das questões que pretendemos responder, ainda que de forma sucinta, neste trabalho.

PALAVRAS-CHAVE: NTIC; Responsabilidade do empregador

---

* Publicado *in Scientia Iuridica*, nº 329, 2012.

1. Introdução

O empregador, como titular da organização produtiva, tem direito a conformar a sua organização. Para a consecução desse objetivo necessita de ter determinados poderes[1]. Contudo, um dos problemas fundamentais, talvez até o essencial, da teoria geral do Direito do trabalho, é um problema de poder, *rectius*, uma questão de poderes e contrapoderes[2], não esquecendo que, conforme escreve KAHN-FREUND[3], "a nota característica da relação de trabalho é que o trabalhador se encontra subordinado ao poder do empregador".

Com a celebração do contrato de trabalho o trabalhador ingressa na organização da empresa, organização esta não igualitária mas hierárquica, cuja existência acrescenta ao estatuto de subordinação do trabalhador elementos muito importantes que não são explicáveis atendendo apenas à estrutura e à função do contrato[4].

A organização laboral da empresa assenta, tradicionalmente, na existência de dois estratos pessoais situados em planos diferentes e desiguais: o empregador e o trabalhador. Assim, a sua característica fundamental reside no facto de se tratar de uma organização hierárquica[5] sendo que, do ponto de vista económico, pensa-se que a hierarquia é

[1] Como refere CÁSSIO MESQUITA BARROS, "Poder empresarial: fundamentos, conteúdo e limites (Relatório Geral), *in Temas de Direito do Trabalho – Direito do Trabalho na crise Poder empresarial Greves atípicas – IV Jornadas Luso-Hispano-Brasileiras de Direito do Trabalho*, Coimbra Editora, Coimbra, 1990, p. 305, a palavra poder deriva do radical latino *potestas* através do italiano *podere* e tem, pelo menos, três sentidos possíveis: *capacidade* natural de agir, *faculdade* moral ou legal e *autoridade* de pessoas ou órgãos.

[2] VALDES DAL-RÉ, "Poder directivo, contrato de trabajo y ordenamiento laboral", *in RL*, nº 5, 1993, p. 26. Ver, ainda, LEAL AMADO, *Contrato de trabalho*, 3ª edição, Coimbra editora, Coimbra, 2011, p. 207, referindo que "é sabido que a relação laboral se analisa numa relação de poder".

[3] *Apud* HAZEL OLIVER, *Why information privacy and the employment relationship don't mix: workplace e-mail and Internet monitoring in the United Kingdom and Canada*, Universidade de Toronto, 2001, *in www.proquest.com*, p. 120.

[4] ALONSO OLEA, no prólogo à obra de MONTOYA MELGAR, *El poder de Dirección del Empresario*, Madrid, 1965, p. XII, já entendia que "o contrato de trabalho não esgota nem explica na sua integridade o poder de direcção".

[5] Segundo o entendimento de RIVERO LAMAS, "Poderes, libertades y derechos en el contrato de trabajo", *in REDT*, nº 80, 1996, p. 974, o trabalhador obriga-se perante o empregador enquanto sujeito de uma obrigação recíproca, sendo esta capacidade de ser sujeito de obrigações que preserva a pessoa do trabalhador da "degradação de converter-se em objeto de direito".

uma "resposta eficiente" à complexidade. Na ótica jurídica, reconhece-se com naturalidade a relação de poder/subordinação[6]. Desde os tempos mais recônditos que a organização hierárquica da empresa é atributo do empregador, titular dos meios de produção e, *ipso facto*, responsável pela sua direção e coordenação[7]. Vislumbra-se, assim, o poder diretivo do empregador.

Desta forma, as posições de poder do empregador, por um lado, a que se contrapõe a posição de subordinação do trabalhador, por outro, assumem enorme relevância do ponto de vista social e jurídico, transcendendo o marco estrito da relação entre ambos para atingir também as relações externas entre trabalhador e terceiros. Esta dimensão externa leva a que estes possam responsabilizar juridicamente o empregador por danos que os trabalhadores lhes tenham causado, no exercício aparente das respetivas funções, no tempo e no local de trabalho. Será o empregador responsável por atos do trabalhador fora do exercício das suas funções mas utilizando os bens do empregador? Não deverá proceder-se à distinção entre as atividades exercidas no exercício das funções das realizadas por ocasião destas? Não será este um critério legítimo para isentar o empregador da sua responsabilidade perante terceiros? As características das NTIC não poderão conduzir à desresponsabilização do empregador em determinadas situações? No caso dos *e-mails*, se o seu conteúdo for do foro pessoal, o empregador não poderá tomar deles conhecimento. Um eventual facto ilícito por ele perpetrado sem atinência imediata com o desempenho das suas funções poderá responsabilizar o empregador?

Por outro lado, relativamente à utilização da *internet* para fins pessoais, se não respeitar o princípio da proporcionalidade e da boa-fé, pode trazer algumas consequências negativas para o empregador, colocando-se a questão da possibilidade de controlar o seu uso ao abrigo do poder de controlo eletrónico do empregador. A questão que emerge é

---

[6] A existência deste poder diretivo é algo consubstancial à ideia de empresa no Direito do trabalho, tal como apontam APARÍCIO TOVAR e BAYLOS GRAU, Autoridad y democracia en la empresa", *in Autoridad y Democracia en la Empresa*, (coord. JOAQUIN APARICIO TOVAR e ANTONIO BAYLOS GRAU), Editorial Trotta, Madrid, 1992, p. 10.

[7] Cf. JEAN SAVATIER, "Pouvoir patrimonial et direction des personnes", *in DS*, nº 1, 1982, p. 3, assim como DANIÈLE LOSCHAK, "Le pouvoir hiérarchique dans l'entreprise privée et dans l'administration", *in DS*, nº 1, 1982, p. 25.

a de saber como se há-de proceder a este controlo e quais os argumentos invocados pelo empregador para o tentar realizar. Será que a propriedade do sistema poderá legitimar este tipo de controlo? E os custos associados à navegação na *internet*? E o problema de serem cometidos crimes através da utilização deste tipo de meios? Não podem esquecer-se, ainda, os problemas associados à segurança do sistema já que a navegação pode trazer vírus ou *cavalos de Troia*. E a eventual responsabilidade do empregador? A utilização da *Internet* altera os quadros de referência clássicos em relação aos mecanismos de responsabilidade na medida em que a procura de imputabilidade pode tornar-se muito difícil num sistema de comunicação onde o indivíduo como que se *dilui*.

2. As NTIC e a responsabilidade do empregador por atos dos seus trabalhadores

2.1. As posições de poder do empregador, por um lado, a que se contrapõe a posição de subordinação do trabalhador, por outro, são de extrema relevância do ponto de vista social e jurídico transcendendo o marco estrito da relação *interna* entre ambos[8], para passar a atuar também no âmbito das relações *externas* que o trabalhador, enquanto tal, estabelece com terceiros alheios à empresa[9]. A relevância externa concretiza-se no facto de que os terceiros, embora não estejam contratualmente vinculados ao empregador, podem responsabilizá-lo juridicamente pelos danos que os trabalhadores lhes tenham causado na sequência da realização da atividade laboral normal, atendendo aos poderes diretivo e de controlo do empregador[10][11].

---

[8] Formalizada num contrato de trabalho.

[9] BERNARDO DA GAMA LOBO XAVIER, "Nota sobre a responsabilidade do empregador pelos actos dos seus trabalhadores", *in RDES*, nºs 1-4, 2010, p. 12, defende que "sabemos que não basta para evitar a responsabilização de uma pessoa demonstrar que o acto ilícito do qual emerge o dano foi realizado por outra, mesmo quando à vontade esclarecida e livre dessa última possa ser imputado. E nem sempre será uma responsabilidade indirecta".

[10] Veja-se neste sentido ALONSO OLEA, *La responsabilidad del empresário frente a terceros por actos del trabajador a su servicio*, Civitas, Madrid, 1990, pp. 11 e ss., e JESUS MARTÍNEZ GIRÓN, ALBERTO ARUFE VARELA e XOSÉ CARRIL VÁZQUEZ, *Derecho del Trabajo*, Netbiblo, Corunha, 2004, pp. 243-245.

[11] Há que notar que é esta responsabilidade que os empregadores maioritariamente invocam para justificar as diversas limitações ao exercício dos direitos fundamentais dos trabalhadores na empresa.

Quando se está perante um contrato de trabalho, dada a existência de subordinação jurídica e de um poder diretivo e de controlo do empregador que tem como reverso o dever de obediência do trabalhador, a doutrina aceita a aplicação da figura da responsabilidade por ato de outrem nos termos dos arts. 500º – responsabilidade civil do comitente[12] –, e 800º – responsabilidade do devedor pelos atos dos seus representantes e pessoas que utilize para o cumprimento[13].

À luz do contrato de trabalho o trabalhador age "no exercício da função que lhe foi confiada" – art. 500º, nº 2 do CC – pelo empregador e é por esse motivo que foi contratado e exerce a sua atividade. Secunda-se, desta forma, o preconizado por BERNARDO DA GAMA LOBO XAVIER[14], quando escreve que as relações de trabalho, apoiadas em princípios como os da "teoria da empresa e dos seus riscos de autoridade", assim como de "tutela da realidade", originam uma forte enfatização da responsabilidade do empregador pelos atos dos trabalhadores, dando como exemplos o caso, bastante sensível, em que "o empregador é responsável pelas contraordenações laborais, ainda que praticadas pelos seus trabalhadores no exercício das respetivas funções", nos termos do art. 551º, nº 1 do CT, assim como a responsabilidade prevista no caso dos acidentes de trabalho – Lei nº 98/2009, de 4 de Setembro.

2.2. Aceita-se, assim, que o empregador responde civilmente por força do art. 500º do CC, nos termos da relação comitente-comissário, tendo direito de regresso, inexistindo culpa sua[15], nos termos do art.

---

[12] CALVÃO DA SILVA, *apud* BERNARDO DA GAMA LOBO XAVIER, *op.* cit., p. 23, nota nº 32, defende que o art. 500º foi pensado para uma sociedade agrária a caminho da industrialização e não se amolda à economia atual onde são inúmeras as empresas de média e grande dimensão, "em que a relação de comissão se despersonaliza, pela divisão do trabalho, o que torna inidentificável ou individualizável o ato ilícito do dependente".

[13] *Vide* BERNARDO DA GAMA LOBO XAVIER, *op.* cit., pp. 15-16.

[14] *Op.* cit., p. 19.

[15] Concorda-se com HEINRICH HÖRSTER, "Esboço esquemático sobre a responsabilidade civil de acordo com as regras do Código Civil", *in Estudos em Comemoração do Décimo Aniversário da Licenciatura em Direito da Universidade do Minho*, Almedina, Coimbra, 2004, p. 334, ao defender que esta solução "está perfeitamente correcta" pois não corresponderia "às suas decisões valorativas" se o autor da lesão, causada culposamente, não respondesse através da sua responsabilidade apenas pelo facto de ter havido um terceiro que se viu obrigado, por lei, a indemnizar o lesado. No mesmo sentido, ALMEIDA COSTA, *Direito das Obrigações*, 12ª edição, Almedina, Coimbra, 2009, pp. 617-618. Sobre este direito de regresso veja-se CARVALHO

ESTUDOS DE DIREITO DE TRABALHO

500º, nº 3. Desta forma, tal como refere ANTUNES VARELA[16], o comitente empregador responde em determinados termos, mas independentemente da culpa[17], pelos danos que o comissário causar a terceiro, desde que este tenha agido com culpa[18 19].

FERNANDES, *Teoria Geral do Direito Civil, I – Introdução, Pressupostos da Relação Jurídica*, 3ª edição, Universidade Católica Editora, Lisboa, 2001, pp. 616-617 e, para mais desenvolvimentos, MARIA DA GRAÇA TRIGO, *Responsabilidade civil delitual por facto de terceiro*, Coimbra Editora, Coimbra, 2009, pp. 364 e ss., assim como, ainda que para o ordenamento jurídico espanhol, CARMEN MORENO DE TORO, *La responsabilidad civil del empresario por actos de sus empleados*, CES, Madrid, 1999, pp. 237 e ss..

[16] *Das obrigações em geral, vol. I*, 10ª edição, Almedina, Coimbra, 2000, p. 638.

[17] Tem a responsabilidade, desta forma, carácter objetivo. Veja-se, sobre a evolução desta responsabilidade, último autor e obra citada, pp. 629 e ss., assim como ALAIN SUPIOT, "Travail, droit et technique", *in DS*, nº 1, 2002, pp. 24-25, ALMEIDA COSTA, *op. cit.*, pp. 528-530 e 611-614, CARMEN MORENO DE TORO, *op. cit.*, pp. 107 e ss., MARIA DA GRAÇA TRIGO, *op. cit.*, pp. 103 e ss., e MARIANO YZQUIERDO TOLSADA, "La responsabilidad civil en el ámbito empresarial (danos causados por empleados e terceros), *in 2º Congresso da Asociación Española de Abogados Especializados en Responsabilidad Civil y Seguro*, *in www.asociacionabogadosrcs.org*, pp. 3 e ss..

[18] Como observa HEINRICH HÖRSTER, última *op. cit.*, p. 334, o artigo 500º representa um caso de responsabilidade pelo risco no que concerne ao comitente, empregador, já que assume, independentemente de culpa sua, o risco do seu comissário trabalhador causar danos ao incorrer em responsabilidade civil, quer seja por factos ilícitos, ou pelo risco, ou por factos lícitos, e ao ficar forçado a indemnizar, por causa disso, o lesado. Também ALMEIDA COSTA, *op. cit.*, p. 618, entende que a responsabilidade será objetiva apenas em relação ao comitente.

[19] A fundamentação deste tipo de responsabilidade pode ser encontrada numa dupla observação. Por um lado, quando uma pessoa se serve de outra para sob a sua direção e através das ordens e diretrizes realizar determinada tarefa, está, implícita ou tacitamente, tal como salienta ANTUNES VARELA, *Das obrigações em geral, vol. I*, 10ª edição, Almedina, Coimbra, 2000, p. 646, a afirmar que se responsabilizará pela actuação dela. Mas a justificação não pode ficar-se por aí, tal como notam PIRES DE LIMA e ANTUNES VARELA, *Código Civil Anotado*, volume I, 4ª edição, Coimbra Editora, Coimbra, 1987, p. 510, pois é mais justo, tal como salienta ANTUNES VARELA, *op. cit.*, p. 646, que "os efeitos da frequente insuficiência económica do património recaiam sobre o comitente, que o escolheu e orientou na sua actuação, do que sobre o lesado, que apenas sofreu as consequências desta". No mesmo sentido pode ver-se DÄUBLER, *Derecho del Trabajo*, Ministério de Trabajo y Seguridad Social, Madrid, 1994, p. 567, ao notar que do ponto de vista económico, o empregador encontra-se numa situação, em regra, melhor do que o trabalhador para responder a este tipo de situações, assim como JEAN SAVATIER, *apud* ANTUNES VARELA, *op. cit.*, p. 646, nota nº 2, ao preconizar que quem emprega e dirige, sob as suas ordens, assim como segundo o seu controlo, e no seu interesse, outrem assume os riscos dos danos que a culpa destes pode causar a um terceiro, além de se apresentar como uma garantia de solvabilidade do responsável para com a vítima, pois os comissários não têm, normalmente, os meios

Deve notar-se, contudo, tal como defende Bernardo da Gama Lobo Xavier[20], e parece-nos que este entendimento é de suma importância no contexto das NTIC, que a eventual responsabilização do empregador pelos atos dos seus trabalhadores parece ter de estar relacionado com uma "particular solidez da autoridade patronal, da correlativa subordinação e da subsistência da confiança ínsita nas relações de trabalho".

Nos termos do art. 500º existem vários pressupostos para o empregador responder pelos atos dos seus trabalhadores. O primeiro requisito é o de existir uma comissão, que na relação de trabalho ocorre através da celebração do contrato de trabalho, com a atribuição do correspondente poder diretivo ao empregador e do dever de obediência ao trabalhador.

O segundo requisito, a prática do facto ilícito no exercício da função, não importando se intencionalmente ou contra as instruções do comitente[21], parece-nos ser o essencial para aferir da responsabilidade ou da sua inexistência por parte do empregador, principalmente no contexto das NTIC[22].

O empregador só responderá se o facto do trabalhador for praticado no exercício da função que a este foi confiada, sendo que a questão que se coloca, como observam Pires de Lima e Antunes Varela[23], é a de saber qual será o grau de conexão exigível.

Perfilhando-se o entendimento destes autores[24], o comitente deve ser responsabilizado pelos factos ilícitos do comissário que tenham com

---

suficientes para a indemnizar, e Frederick S. Lane III, *The naked employee – how technology is compromising workplace privacy, AMACOM, EUA, 2003*, p.187, a propósito da doutrina de *respondeat superior*, ao observar que o empregador tem mais recursos que o trabalhador. Também Nicolas Samarcq e Luc Masson, "Les agissements en ligne des salariés: un risque majeur pour les entreprises", *in* www.juriscom.net, p. 1, defende o mesmo ao afirmar que o empregador apresenta, na maior parte das vezes, maior solvabilidade que o trabalhador.

[20] *Op.* cit., p. 20.

[21] Pretenderam-se abranger todos os atos compreendidos no "quadro geral da competência ou dos poderes conferidos ao dito comissário" trabalhador.

[22] *Vide* Almeida Costa, *op.* cit., p. 619, Carvalho Fernandes, *op.* cit., pp. 611-612, e Maria da Graça Trigo, *op.* cit., pp. 103 e ss, e 231 e ss. Veja-se, ainda, Abílio Neto, *Código Civil Anotado*, 11ª edição, Ediforum, Lisboa, 1997, pp. 430 e ss., com numerosa jurisprudência acerca destes pressupostos.

[23] Última *op.* cit., p. 508.

[24] *Código Civil Anotado*, volume I, cit., p. 509.

as sua funções uma "conexão adequada", significando que se entende que um facto ilícito foi praticado no exercício das funções do comissário quando, quer pela natureza dos atos de que foi incumbido, quer pela dos instrumentos ou objetos que lhe foram confiados, "ele se encontre numa posição especialmente adequada à prática de tal facto". Aliás, a conexão dos atos com a função contratada nos termos do art. 500º, nº 2, é o único entendimento possível pois só nestes termos é que há lugar à responsabilidade objetiva do empregador por atos de terceiro e pelo risco.

A fórmula adotada pelo nosso legislador abarca apenas os casos em que o facto danoso foi praticado pelo trabalhador no exercício das suas funções e não por ocasião das mesmas, significando que o empregador pode afastar a sua responsabilidade se provar que o trabalhador agiu fora das suas funções[25].

Assim, secundando ANTUNES VARELA[26], a lei adotou uma fórmula restritiva, afastando da responsabilidade do empregador os atos que apenas tenham um "nexo temporal ou local" com a comissão[27][28].

---

[25] Prova que nem sempre será fácil de efetuar, o que aumenta o risco de vir a ser responsabilizado, tal como assinala JÚLIO GOMES, *Direito do Trabalho, Volume I, Relações Individuais de Trabalho*, Coimbra Editora, Coimbra, 2007, p. 368, nota nº 984.

[26] *Op.* cit., p. 642.

[27] É o caso do facto ter sido praticado no local ou no tempo de trabalho, mas nada ter a ver com o desempenho das funções do trabalhador a não ser a circunstância deste aproveitar as facilidades que o empregador lhe oferece para consumar o facto. Cf., para mais desenvolvimentos, MARIA DA GRAÇA TRIGO, *op.* cit., pp. 314 e ss..

É o caso, também, de crimes praticados pelo trabalhador no local e no tempo de trabalho através das NTIC mas relacionados com a sua vida privada, podendo colocar-se a questão de saber se o empregador pode atuar disciplinarmente contra o trabalhador pela sua prática. Veja-se sobre esta questão, TERESA COELHO MOREIRA, "O respeito pela esfera privada do trabalhador: natureza jurídica das faltas cometidas por motivo de prisão baseada em crimes praticados fora do trabalho", *in QL*, nº 18, 2001, pp. 155 e ss., e *Da esfera privada do trabalhador e o controlo do empregador, Studia Iuridica*, nº 78, Coimbra Editora, Coimbra, 2004, pp. 495 e ss..

[28] A diferença entre atos praticados no exercício das funções ou por ocasião destas não se mostra tão nítida noutros ordenamentos jurídicos.

Assim, no ordenamento jurídico norte-americano, a definição mais adotada na doutrina de *respondeat superior* pode ser encontrada no *Restatement (second) of Agency* que estabelece vários pressupostos para que o empregador seja responsabilizado por atos dos seus trabalhadores e um deles, previsto no nº 1, é o de que a conduta tem de ocorrer no tempo e no local de trabalho e ser autorizada pelo empregador, não sendo este responsável quando o trabalhador atua fora do âmbito do seu trabalho. Mas esta noção tem sido entendida em termos muito amplos, cabendo ao empregador o ónus da prova, e existem vários casos de responsabilidade dos empregadores relacionada com as novas tecnologias, sendo até um dos principais argumentos para justificar a enorme amplitude do controlo destas inovações tecnológicas, principalmente o *e-mail* e a *Internet*. *Vide* CHRISTOPHER BRIEN, "Establishing Boundaries: Employees, Employers and Workplace Monitoring", *in Electronic Monitoring in the Workplace: Controversies and Solutions*, (coord. JOHN WECKERT), Idea Group Publishing, EUA, 200, pp. 147-148, CHRISTOPHER FAZEKAS, "*1984* is still fiction: electronic monitoring in the workplace and U.S. privacy law", *in Duke Law & Technology Review*, nº 15, 2004, pp. 9-10, FREDERICK S. LANE III, *op.* cit., p. 187, JAY KESAN, "Cyber-working or Cyber-Shrinking?: a First Principles Examination of Electronic Privacy In the Workplace", *in Florida Law Review*, vol. 54, 2002, pp. 311-312, MARK ISHMAN, "Computer Crimes and the Respondeat Superior Doctrine: *Employers Beware*", *in Boston University Law Review*, vol. 6, 2000, pp. 3 e ss., e MICAH ECHOLS, "Striking a Balance Between Employer Business Interests and Employee Privacy: Using *Respondeat Superior* to Justify the Monitoring of Web-Based Personal Electronic Mail Accounts of Employees in the Workplace", *in Computer Law Review and Technology Journal*, vol. VII, 2003, pp. 294 e ss..

Também no ordenamento jurídico espanhol o art. 1903º, nº 4 do CC, refere-se à responsabilidade do empregador por danos causados pelos seus trabalhadores ao realizar o seu trabalho. Trata-se de uma responsabilidade direta do empregador, objetiva, sem exigência de culpa ou negligência, na medida em que aquele que cria um risco está obrigado a responder pelas suas consequências, em regime de solidariedade com a responsabilidade do trabalhador, embora sem prejuízo do direito de regresso, nos termos do art. 1904º do CC. Para que se dê a responsabilidade é necessário que exista uma relação de dependência e que a atuação do comissário tenha ocorrido no desempenho das suas obrigações, embora seja difícil para o empregador provar que o ato não ocorreu dentro deste segundo pressuposto, pois não é critério seguro de avaliar esta relação de causalidade o horário e o local de trabalho na medida em que há danos que ocorrem fora destes parâmetros mas que ainda assim têm ligação com o trabalho. Também não parece critério seguro a desobediência do trabalhador, parecendo muito mais relevante, seguindo MARIANO YZQUIERDO TOLSADA, *op.* cit., pp. 21-22, averiguar se a atividade que causou o dano ocorreu no seio de uma atuação empresarial realizada em exclusivo interesse particular do agente ou se, pelo contrário, se tratava de atos situados, ainda que tendencialmente, na "esfera de serviço" do empregador. Mas, mesmo assim, os autores reconhecem que é muito difícil proporcionar uma fórmula universalmente válida para as diferentes situações, imperando a casuística. Vejam-se ANTÓNIO MARTÍN VALVERDE, RODRÍGUEZ-SAÑUDO GUTIÉRREZ e JOAQUÍN GARCÍA MURCIA, *Derecho del Trabajo*, 11ª edição, 2002, Tecnos, Madrid, 2002, pp. 244-245, CARMEN MORENO DE TORO, *op.* cit., pp. 107 e ss., e JESUS MARTÍNEZ GIRÓN, ALBERTO ARUFE VARELA e XOSÉ CARRIL VÁZQUEZ, *op.* cit., pp. 243-245, e MARIANO YZQUIERDO TOLSADA, *op.* cit., pp. 10 e ss..

No ordenamento jurídico francês, pelo art. 1384, nº 5 do *Code civil*, o empregador será solidariamente responsável com o trabalhador se este agiu dentro das funções que lhe foram atribuídas. O empregador comitente só não será responsabilizado se o trabalhador comissário agiu fora das funções que lhe foram atribuídas, sem autorização e para fins estranhos às suas

O empregador terá de provar que, apesar da comprovação da autoria e do ilícito praticado por um seu trabalhador, o ato foi praticado como se este o não fosse, isto é, como se tivesse atuado de forma autónoma e sem conexão com a sua função e, eventualmente, sem culpa da mesma empresa mas do próprio trabalhador, atuando como terceiro, defendendo-se que o lesado não tem o ónus da prova[29].

Este entendimento afigura-se-nos de extrema importância no âmbito deste trabalho já que o empregador poderá eximir-se da sua responsa-

---

"atribuições", consoante o acórdão da *Cour de Cassation*, de 19 de Maio de 1988. O empregador que não queira ser responsabilizado terá de provar a origem estranha às funções atribuídas do dano causado pelo trabalhador, isto é, tem de provar que o trabalhador "é autor de um abuso de funções". Este abuso é difícil de provar, já que a jurisprudência francesa tem entendido que o trabalhador atua dentro do quadro das suas funções desde que o ilícito tenha sido realizado durante o tempo de trabalho e com os meios colocados à sua disposição, consoante a decisão da *Cour de Cassation*, de 24 de Junho de 1998. Foi com base neste fundamento que a *Cour d'Appel* de Aix-en-Provence, na decisão *Lucente Technologies c/Escota, Lycos France, Nicolas B.*, de 3 de Março de 2006, decidiu que o empregador era responsável por ter fornecido ao trabalhador os meios técnicos necessários para criar um *site* satírico que denegria a imagem de uma outra sociedade, já que a sociedade empregadora lhes permitia um uso privado da Internet. Porém, temos muitas dúvidas quanto à razoabilidade desta decisão. Veja-se com mais desenvolvimentos, capítulo IV, nº 4.4.2.3., e ALAIN SUPIOT, "Travail...", cit., pp. 24-25, FABRICE FEVRIER, *Pouvoir de contrôle de l'employeur et droits des salariés à l'heure d'Internet – les enjeux de la cybersurveillance dans l'entreprise*, 2003, *in* www.droit-technologie.org, pp. 27 e ss., LAËTITIA BUSNEL, *Les nouveaux moyens de surveillance de la productivité du salarié*, Universidade Panthéon-Assas Paris II, 2004, pp. 8-9, e 17, MYRIAM DELAWARI e CHRISTOPHE LANDAT, *Les enjeux de la relation salariale au regard du développement du réseau Internet*, *in* www.ntic.fr, pp. 108 e ss., NICOLAS MOLFESSIS, "Vie professionnelle, vie personnelle et responsabilité des commettants du fait de leur préposés", *in DS*, nº 1, 2004, pp. 32 e ss., NICOLAS SAMARCQ e LUC MASSON, *op.* cit., pp. 1-3, VALÉRIE SÉDALLIAN, "La responsabilité de l'employeur du fait des activités personnelles de ses salariés sur Internet", *in* www.juriscom.net, pp. 1-3, e XAVIER LEMARTELEUR, *L'employeur: un fournisseur d'accès à l'Internet comme les autres? Implications juridiques de la fourniture d'accès à l'Internet par l'entreprise*, 2003, *in* www.juriscom.net, pp. 47-49. Também no ordenamento jurídico italiano, se reconhece uma responsabilidade por facto ilícito alheio, preceituando que a pessoa fique responsável não só por factos próprios como também pelos danos causados por pessoas de quem tenha a direção. Esta responsabilidade "indireta" é prevista nos arts. 1153 e ss. do CC italiano. Cf. CARMEN MORENO DE TORO, *op.* cit., p. 108, nota nº 3, e EULALIA POLICELLA, "Il controllo dei dipendenti tra Codice privacy e Statuto del lavoratori", *in LNG*, nº 10, 2004, p. 932. Esta responsabilidade também é consagrada na Finlândia, sendo a questão fulcral a de saber o que deve entender-se por "funções" do trabalhador. *Vide* ANTTI SUVIRANTA, "Impact of Electronics Labor Law in Finland", *in Comp. Labor Law & Pol'y Journal*, vol. 24, 2002, p. 110.

[29] *Vd.* BERNARDO DA GAMA LOBO XAVIER, *op.* cit., p. 36.

bilidade por mau uso das NTIC, nomeadamente para difamação através de *e-mails* ou de assédio sexual[30], *inter alia*, atendendo a este princípio e, principalmente, se tiver adotado um regulamento interno que defina as situações em que estas novas tecnologias podem ser usadas e como. Não pode deixar de ter-se em atenção que há comportamentos que, sendo embora praticados no local de trabalho, devem considerar-se fora do âmbito da empresa, como acontece com os ilícitos criminais, sem qualquer relação material com aquela. Ao abrigo do art. 7º do Código Penal, que concretiza uma solução plurilateral ou de ubiquidade[31], o ato considera-se praticado na empresa mas, materialmente, extravasa o âmbito desta, devendo seguir o regime dos atos extralaborais[32].

Reconhecemos, no entanto, que a situação, por vezes, é de aferição bastante difícil, principalmente se o ato praticado pelo trabalhador, ainda que aparentemente fora do exercício das funções, trouxer vantagens para o empregador[33 34].

---

[30] No ordenamento jurídico dos EUA, entendeu-se, no caso *Doe v. United States*, de 1995, que um hospital seria responsável juntamente com o trabalhador no caso em que este, um médico do hospital, assediou sexualmente uma paciente durante o tempo de trabalho. Não se concorda com esta decisão pois parece-nos ser o caso em que o facto não foi praticado no exercício das suas funções mas apenas por ocasião destas. Veja-se CHRISTOPHER FAZEKAS, *op.* cit., p. 9, nota nº 43.

[31] Como nota MAIA GONÇALVES, *Código Penal – anotado e comentado*, 18ª edição, Almedina, Coimbra, 2007, p. 85, a aceitação desta teoria plurilateral ou da ubiquidade, está relacionada com a vida moderna e a facilidade e frequência da prática de crimes à distância.

[32] No mesmo sentido cf. JOSÉ ANDRADE MESQUITA, "Tipificações legais da justa causa. A "lesão de interesses patrimoniais sérios da empresa" e a "prática intencional, no âmbito da empresa, de actos lesivos da economia nacional", *in Estudos do Instituto de Direito do Trabalho*, Vol. II, *Justa Causa de Despedimento*, Instituto de Direito do Trabalho da Faculdade de Direito da Universidade de Lisboa, (coord. PEDRO ROMANO MARTINEZ), Almedina, Coimbra, 2001, p. 152. SOFIA LEITE BORGES, "A justa causa de despedimento por lesão de interesses patrimoniais sérios da empresa e pela prática de actos lesivos da economia nacional", *in Estudos do Instituto de Direito do Trabalho...*, cit., pp. 174-175, a propósito da noção de âmbito da empresa e de justa causa de despedimento defende, embora com algumas dúvidas, que a mera utilização de meios da empresa para o efeito de, por exemplo, uma espionagem industrial, através do correio electrónico da empresa para transmitir a informação obtida, será o *quantum satis* para integrar o conceito de "âmbito da empresa".

[33] Veja-se o caso referido por JÚLIO GOMES, *op.* cit., p. 368, nota nº 984, de um trabalhador que invade o sistema de uma empresa concorrente para piratear informação, utilizando o material informático da sua empresa, principalmente, acrescentamos nós, se este ato beneficiar o empregador.

Por outro lado, há uma outra questão que não facilita a desresponsabilização do empregador e que é o facto de com as novas tecnologias, principalmente o *e-mail*, se enviado da empresa e com o endereço desta, poder criar a ilusão de que é emanado desta[35], o que, segundo o entendimento tradicional, pode originar responsabilidade do comitente já que este é responsável sempre que a vítima ignorar que o comissário agiu fora das suas funções. Contudo, também nos parece de atender que se o conteúdo do *e-mail* é de foro pessoal e houver, desta forma, uma utilização estritamente pessoal, o facto ilícito não tem atinência imediata com o desempenho das funções do trabalhador, sendo apenas cometido por ocasião do seu exercício[36]. Por outro lado, dada a proteção jurídica constitucional assegurada ao *e-mail* de conteúdo privado do trabalhador[37], e a impossibilidade do empregador visualizar o seu conteúdo, justifica-se a isenção da sua responsabilidade, já que este não pode ser responsabilizado por algo de que não pode, *ex vi legis*, tomar conhecimento[38 39].

2.3. No campo das NTIC levanta-se uma outra questão muito interessante a propósito da utilização da *Internet*, sendo que a possível responsabilidade do empregador por atos cometidos pelos seus trabalha-

---

[34] Sobretudo se se atender que haverá responsabilidade do empregador pelos atos praticados pelo trabalhador com abuso de funções, isto é, quanto os atos formalmente compreendidos no âmbito da comissão, mas praticados com um fim a ela estranho. *Vide* ANTUNES VARELA, *op.* cit., p. 643, e MARIA DA GRAÇA TRIGO, *op.* cit., pp. 342 e ss..

[35] Referindo este caso veja-se JÚLIO GOMES, *op.* cit., p. 368, nota nº 984.

[36] Neste sentido MARIA REGINA REDINHA e MARIA RAQUEL GUIMARÃES, "O uso do correio electrónico no local de trabalho – algumas reflexões", *in Estudos em Homenagem ao Professor Doutor Jorge Ribeiro de Faria*, Coimbra Editora, Coimbra, 2003, pp. 669-670.

[37] O *e-mail* possui uma clara dupla natureza pois, para além de ser uma ferramenta de trabalho muito utilizada e caracterizada pela sua rapidez e baixo custo, é, também, um meio de comunicação protegido, segundo o nosso entendimento, pelo direito fundamental do sigilo das comunicações previsto no art. 34º da CRP, independentemente do mesmo se utilizar para comunicações internas ou externas, com carácter habitual ou residual na empresa.

[38] Veja-se igual opinião em ARIANE MOLE, "Mails personnels et responsabilités: quelles frontières?", *in DS*, nº 1, 2002, p. 85, e em MARIA REGINA REDINHA e MARIA RAQUEL GUIMARÃES, *op.* cit., p. 670.

[39] Para maiores desenvolvimentos cf. TERESA COELHO MOREIRA, *A Privacidade dos Trabalhadores e as Novas Tecnologias de Informação e Comunicação: contributo para um estudo dos limites do poder de controlo electrónico do empregador*, Almedina, Coimbra, 2010, pp. 709 e ss..

dores ao abrigo da responsabilidade comitente-comissário, prevista no art. 500º do CC, é um dos argumentos frequentemente referidos pelos empregadores para justificar um controlo da utilização da *internet*. Sendo o sistema informático propriedade do empregador, sobre ele recai a responsabilidade pela utilização que os trabalhadores façam da *internet* através da conexão propiciada pelo primeiro[40].

Entende-se que a utilização da *Internet* altera os quadros de referência clássicos em relação aos mecanismos de responsabilidade na medida em que a procura da imputabilidade pode tornar-se uma verdadeira dificuldade num sistema de comunicação onde o indivíduo se dilui. Esta dificuldade de aplicação do sistema de responsabilidade criada pelo desenvolvimento das NTIC tende a responsabilizar o empregador por força da responsabilidade entre o comitente e o comissário[41].

Porém, não parece que este argumento possa ter um valor tão preponderante para justificar o controlo por parte do empregador.

Na verdade, conforme já foi defendido anteriormente, parece-nos que empregador só poderá ser responsabilizado se o facto for praticado no exercício das funções que lhes foram confiadas. O comitente deve ser responsabilizado pelos factos ilícitos do comissário que tenham com as suas funções uma "conexão adequada", significando que se entende que um facto ilícito foi praticado no exercício das funções do comissário quando, quer pela natureza dos atos de que foi incumbido, quer pela dos instrumentos ou objetos que lhe foram confiados, "ele se encontre numa posição especialmente adequada à prática de tal facto"[42].

---

[40] *Vide*, neste sentido, Jean-Emmanuel Ray e Jacques Rojot, "A comparative study of the impact of electronic technology on workplace disputes", *in Com. Labor Law & Pol'y Journal*, vol. 24, 2002, pp. 168-169, Salvador Del Rey Guanter, "New Technologies and labor relations in Spain: some general issues", *in Comp. Labor Law & Pol'y Journal*, vol. 24, 2002, pp. 132-133, Sempere Navarro e Carolina San Martín Mazzucconi, *Nuevas tecnologias y Relaciones Laborales*, Aranzadi, Navarra, 2002, pp. 98-99, e Stephan Altenburg, Wolfgang Reinersdorff e Thomas Leister, "Telekommunikation am Arbeitsplatz", *in MMR*, nº 3, 2005, p. 139. Cf., ainda, Rod Dixon, "With Nowhere to Hide: Workers are Scrambling for Privacy in the Digital Age", *in Journal of Technology Law & Policy*, vol. 4, nº 1, 1999, pp. 6-8, referindo vários casos de responsabilidade dos empregadores. Também Juline Mills, Bo Hu, Srikanth Beldona e Joan Clay, "Cyberslacking! A Liability Issue for Wired Workplaces", *in Cornell Hotel and Restaurant Administration Quarterly*, Outubro-Novembro, 2001, pp. 34 e ss., analisa esta situação.

[41] Ver, neste sentido, Fabrice Fevrier, *op*. cit., p. 31.

[42] Pires de Lima e Antunes Varela, *op*. cit., p. 509.

A fórmula adotada pelo nosso legislador pretendeu apenas abranger os casos em que o facto danoso foi praticado pelo trabalhador no exercício das suas funções e não por ocasião das mesmas, significando que o empregador pode afastar a sua responsabilidade se provar que o trabalhador agiu fora das suas funções.

Esta ideia é de suma importância para o contexto das NTIC na medida em que muitas vezes os trabalhadores aproveitam-se dos bens colocados à sua disposição para realizar certas atividades que estão completamente fora da atividade contratada[43]. Parece que, nestas ocasiões, o empregador não pode ser responsabilizado exatamente com a ideia de que a responsabilidade prevista no art. 500º do CC não engloba a responsabilidade dos factos realizados por ocasião das funções[44]. Não se pode, assim, concordar, com o decidido nos acórdãos *Nicolas B. v. Lucent Technologies*, de 17 de Janeiro de 2005, e *SA Escota v. Société Lycos*, de 11 de Junho de 2003. Na primeira, um trabalhador tinha criado um *site* denominado *"Escroca"*, no sentido de denegrir a sociedade *Escota*. A sociedade em causa interpôs uma ação não só contra o autor do *site* mas também contra o seu empregador. O Tribunal entendeu que o empregador era responsável pois era ele o autor do *site* difamatório. Baseou a sua decisão numa nota do director de recursos humanos da empresa, de 13 de Junho de 1999, que precisava que os trabalhadores poderiam utilizar o equipamento informático colocado à sua disposição e ao acesso ao servidor informático para consultar *sites* de natureza privada, desde que a sua utilização fosse responsável e fora das horas

---

[43] Socorrendo-nos do exemplo dado por BERNARDO DA GAMA LOBO XAVIER, *op.* cit., p. 30, nota nº 42, ainda que a propósito da aplicabilidade do art. 800º, "já duvidoso será, independentemente da legislação própria da responsabilidade do produtor, que seja justo responsabilizar um empregador, fora de um quadro de culpa "in vigilando" ou "in eligendo", pelos actos de terrorismo de um trabalhador que se empregou na empresa com o propósito de a instrumentalizar como meio ou oportunidade do seu desígnio criminoso de envenenar o sistema de abastecimento de águas ou os alimentos por ela distribuídos". Este exemplo, parece-nos poder ser transposto, com as devidas adaptações, para um contexto das NTIC. Assim, o empregador não pode ser responsabilizado por atos, *verbi gratia*, terroristas dos seus trabalhadores que utilizam os meios da empresa para praticar um ato deste tipo.

[44] Cf., neste sentido, VALÉRIE SÉDALLIAN, *op.* cit., pp. 1-2. Ver, ainda, NICOLAS SAMARCQ e LUC MASSON, *op.* cit., p. 2, assim como JEAN-EMMANUEL RAY, "Droit du travail et TIC (I)", *in DS*, nº 2, 2007, p. 145, referindo-se à decisão da *Cour d'Appel* de Aix-en-Provence, de 13 de Março de 2006, escrevendo que a cibervigilância não é somente um direito como também um dever para a empresa não responder pela sua responsabilidade na relação comitente-comissário.

de trabalho, respeitando as disposições legais que regem este tipo de comunicação e as regras internas da sociedade. O Tribunal entendeu que a livre consulta de *sites* da *internet* tinha sido autorizada e nenhuma interdição específica tinha sido formulada quanto à eventual realização de *sites* da *internet* ou o fornecimento de informações sobre as páginas pessoais. Mas, não parece que tenha sido a melhor solução porque numa empresa onde a utilização do computador e da *internet* é prática quotidiana, entende-se que as informações do empregador tinham sido claras e compreendia-se que não permitissem uma utilização para denegrir outras sociedades. Por outro lado, quase que parece que o Tribunal responsabiliza a empresa por permitir uma utilização pessoal, mas uma interdição para fins pessoais, não parece realista nem eficaz numa sociedade de informação e comunicação como a nossa. Por outro lado, e contrariamente ao decidido, não parece que o empregador possa ser responsabilizado pois funcionou apenas como mero fornecedor intermediário do acesso à *internet*, na medida em que o trabalhador agiu por ocasião das funções mas não nas suas funções.

Acresce, ainda, que se o empregador tiver estabelecido regras claras quanto à utilização destes meios, cumprindo, desta forma, o princípio da transparência, proibindo a utilização deles para fins ilícitos, ou para denegrir a imagem de outras empresas, não parece que, à partida, possa ser responsabilizado pois não se trata de atividades exercidas dentro das suas funções embora se considere, também, que, em alguns casos, a questão não se afigura de resolução fácil.

Entende-se que se poderia ter em atenção, na resolução da questão da responsabilidade do empregador, o disposto no art. 12º da Diretiva sobre comércio eletrónico na medida em que isenta de responsabilidade os prestadores intermediários de serviços, estipulando-se que abrange quem permitir o acesso a redes de comunicações. Reforçando a conclusão, o art. 14º da lei que transpôs esta Diretiva[45] estabelece que "o prestador intermediário de serviços que prossiga apenas a atividade de transmissão de informações em rede, ou de facultar o acesso a uma rede de comunicações, sem estar na origem da transmissão nem ter intervenção no conteúdo das mensagens transmitidas nem na seleção destas ou dos destinatários, é isento de toda a responsabilidade pelas informações transmitidas".

---

[45] DL nº 7/2004, de 7 de Janeiro.

ESTUDOS DE DIREITO DE TRABALHO

Embora estes preceitos visem os prestadores intermediários de serviços profissionais, parece que também poderia reportar-se à aferição da possível responsabilidade dos empregadores por atos dos seus trabalhadores quando utilizam as NTIC[46].

Por outro lado, sob pena de existir uma *contraditio in termini*, não pode defender-se que o empregador deve permitir uma utilização pessoal, desde que moderada e, depois, pretender responsabilizá-lo por toda a utilização que o trabalhador faça, mesmo que por mera ocasião das funções, por não ter proibido, *a priori*, a sua utilização. O empregador que permite esta utilização e que estabelece regras claras quanto a ela não parece que possa vir a ser responsabilizado.

Reconhece-se que, por vezes, é difícil o estabelecimento da diferença entre as plúrimas situações, principalmente se, externamente, a morada eletrónica e o *site* em causa pertencem à empresa, ou se o IP externo apresentado é o desta.

Mas, sabendo que é possível a individualização do IP interno e tendo o trabalhador agido fora das suas funções, parece ser possível a individualização e a identificação do trabalhador em causa que poderá ser responsabilizado, e só ele.

3. Conclusões

Reconhecendo que estamos perante um terreno muito instável e arenoso, parece-nos que o empregador poderá eximir-se da sua responsabilidade por mau uso das NTIC atendendo à possibilidade de isenção da responsabilidade quando o facto praticado tiver lugar por ocasião das funções e não no exercício destas, principalmente se tiver adotado um regulamento interno que defina as situações em que podem ser usadas estas novas tecnologias para fins pessoais e quais os comportamentos que são interditos. Há, desta forma, comportamentos que, sendo embora praticados no local de trabalho, devem considerar-se como realizados fora do âmbito da empresa. Em relação aos *e-mails*, se o seu con-

---

[46] Neste sentido podem ver-se MARY PIVEC e SUSAN BRINKERHOFF, "E-Mail in the Workplace: Limitations on Privacy", *in Human Rights*, Inverno, 1999, p. 22, e XAVIER LEMARTELEUR, *op.* cit., p. 39, entendendo que esta noção também se poderia aplicar aos sistemas das empresas. Também para Mª LUISA FERNÁNDEZ ESTEBAN, *Nuevas tecnologias, Internet y Derechos Fundamentales*, McGrawHill, Madrid, 1998, pp. 74-75, esta isenção de responsabilidade poderá aplicar-se.

teúdo é de foro pessoal e existir uma utilização estritamente pessoal, o facto ilícito não tem ligação imediata com o desempenho das funções do trabalhador, sendo apenas cometido por ocasião das mesmas. Por outro lado, dada a cobertura jurídica constitucional que lhe é atribuída e a consequente impossibilidade do empregador visualizar o seu conteúdo, justifica-se a isenção da responsabilidade do empregador já que este não pode, *ex vi legis*, tomar dele conhecimento.

No que concerne à possível responsabilidade do empregador parece que há que ter várias cautelas e, sob pena de existir uma *contraditio in termini*, não pode defender-se que o empregador deve permitir uma utilização pessoal, desde que moderada e, depois, pretender responsabilizar-se os empregadores por toda a utilização que o trabalhador faça, mesmo que por mera ocasião das funções e não no exercício destas, por não ter proibido, *a priori*, a sua utilização. O empregador que permite a utilização e que estabelece regras claras em regulamento interno sobre ela não pareça que possa vir a ser responsabilizado.

Vila Nova de Gaia, Maio de 2012

O controlo dos trabalhadores através de sistemas de geolocalização

RESUMO:

A utilização cada vez maior de novas tecnologias de informação e comunicação nos últimos anos tem aumentado exponencialmente, refletindo-se no mundo do trabalho e levantando várias questões. Existe, atualmente, uma enorme quantidade de dispositivos eletrónicos, desde a videovigilância, audiovigilância, geolocalização, controlo das comunicações eletrónicas, controlo através das redes sociais, das mensagens instantâneas, dos dados biométricos, que permitem monitorizar, virtualmente, todos os aspetos da vida profissional, assim como a vida extraprofissional, e mesmo, por vezes, a vida íntima dos trabalhadores. É possível, assim, tratar, armazenar, regular e controlar grande número de informação sobre as pessoas, o que permite um elevado controlo sobre elas podendo implicar que o trabalhador deixe de realizar certas atividades, já que aspetos pessoais extremamente íntimos podem ser revelados, incluindo opiniões políticas, saúde mental e física e, mesmo, a vida sentimental.

No que concerne à utilização do GPS, os avanços tecnológicos determinaram que os equipamentos tecnológicos de geolocalização sejam cada vez menores, considerando a sua dimensão mas com enorme capacidade de controlo. Tudo isto postula que esta situação se tenha tornado uma questão candente já que estes dispositivos permitem conhecer a posição geográfica da pessoa detentora de um destes equipamentos, permitindo segui-la em tempo real, realizando um controlo à distância sem qualquer limite geográfico ou temporal. Esta possibilidade levanta novas questões ao Direito do trabalho já que estas tecnologias permitem que os empregadores consigam controlar a localização de veículos da empresa e dos telemóveis que têm um sistema de GPS incorporado em todos os momentos da vida do trabalhador.

PALAVRAS-CHAVE: Dados pessoais, controlo eletrónico, GPS, trabalhadores, contrato de trabalho

1. Introdução

A utilização cada vez maior de novas tecnologias de informação e comunicação nos últimos anos tem aumentado exponencialmente, refletindo-se no mundo do trabalho e levantando várias questões. Existe, atualmente, uma enorme quantidade de dispositivos eletrónicos, desde a videovigilância, audiovigilância, geolocalização, controlo das comunicações eletrónicas, controlo através das redes sociais, das mensagens instantâneas, dos dados biométricos, que permitem monitorizar, virtualmente, todos os aspetos da vida profissional, assim como a vida extraprofissional, e mesmo, por vezes, a vida íntima dos trabalhadores. É possível, assim, tratar, armazenar, regular e controlar grande número de informação sobre as pessoas, o que permite um elevado controlo sobre elas podendo implicar que o trabalhador deixe de realizar certas atividades, já que aspetos pessoais extremamente íntimos podem ser revelados, incluindo opiniões políticas, saúde mental e física e, mesmo, a vida sentimental.

Estas inovações tecnológicas assumem características de controlo praticamente ilimitadas, podendo originar verdadeiras discriminações e elaborações de autênticas *castas laborais* a fazer recordar os *Alfas* e os *Betas* de ALDOUS HUXLEY, passando rapidamente de uma *Sociedade da Informação* para uma, bem mais preocupante, *Sociedade da Vigilância*[1].

O emprego destas novas tecnologias explica-se tanto pela sua imparável incorporação e generalização no processo produtivo das empresas, como pelas inúmeras aplicações e vantagens que comporta, pelo impacto que pode ter para *dissuadir* a prática de infrações laborais, por permitir um controlo diferido quer a nível espacial, quer a nível temporal da atividade laboral e, por vezes, extralaboral, quer, ainda, por poder

---

[1] *Vide* RODRIGO TASCÓN LÓPEZ, "Control del trabajador", *in Diccionario Internacional de Derecho del Trabajo y de la Seguridad Social*, tirant lo Blanch, Valencia, 2014, p. 406.

constituir, em determinados casos, um meio de prova em procedimentos disciplinares[2].

No que concerne à utilização do GPS os avanços tecnológicos determinaram que os equipamentos tecnológicos de geolocalização se tivessem tornado uma questão candente porque permitem conhecer a posição geográfica da pessoa detentora de um destes equipamentos e de segui-la em tempo real, realizando um controlo à distância sem qualquer limite geográfico ou temporal[3]. Esta possibilidade traz, claramente, novas questões ao Direito do trabalho já que estas tecnologias permitem que os empregadores consigam controlar a localização de veículos da empresa e dos telemóveis que têm um sistema de GPS incorporado em todos os momentos da vida do trabalhador[4].

Considerando tudo isto há que ver que muitos destes mecanismos e formas de controlo invadem a privacidade do trabalhador, desumanizando o local de trabalho e reificando ou coisificando o trabalhador. Com estas novas formas de controlo os empregadores podem quase criar o *trabalhador perfeito* através de métodos e formas de controlo extremamente intrusivas.

2. Controlo através de GPS

2.1. Introdução

As tecnologias de geolocalização que permitem conhecer a localização geográfica de uma pessoa ou de objetos podem utilizar vários tipos de infraestruturas que vão do GPS às estações de base GSM e WI-FI[5].

---

[2] Neste sentido GOÑI SEIN, "Controles empresariales: geolocalización, correo electrónico, Internet, videovigilancia y controles biométricos", *in Justicia Laboral*, Agosto 2009, p. 12.

[3] JEAN-EMMANUEL RAY, "Géolocalisation, données personnelles et droit du travail", *in Droit Social*, nº 12, 2004, p. 1079, assim como DAVID LYON, STEPHEN MARMURA e PASHA PEROFF, *Location Technologies: Mobility, Surveillance and Privacy*, Queen's University, Canadá, 2005.

[4] *Vide* DOUGLAS TOWNS e LORNA COBB, "Notes on: GPS Technology; Employee Monitoring enters a new Era", *in Labor Law Journal*, 2012, p. 203, JOHN CANONI, "Location Awareness Technology and Employee Privacy Rights", *in Employee Relations Law Journal*, vol. 30. Nº 1, 2004, pp. 26-27, e MURRAY SINGERMAN, "GPS Invasion of Worker Privacy", *in Maryland Bar Journal*, vol. 37, 2004.

[5] Veja-se a Deliberação 7680/2014 da CNPD, de 28 de Outubro de 2014, p. 4, assim como Comissão Europeia, *Fifteenth Annual Report of the Article 29 Working Party on Data Protection*, Luxemburgo, 2015, p. 7.

ESTUDOS DE DIREITO DE TRABALHO

O GPS[6] é um sistema de radionavegação por satélite desenvolvido e operado pelo Departamento de Defesa dos Estados Unidos da América para uso militar exclusivo. É utilizado para determinação da posição de um recetor na superfície da Terra ou em órbita. O GPS permite determinar a posição, velocidade e o fuso horário dos utilizadores em terra, mar e aerotransportados, 24 horas por dia, em todas as condições climatéricas e em qualquer parte do mundo. Os sinais GPS são disponibilizados simultaneamente para um número ilimitado de utilizadores e os satélites GPS podem ser utilizados sem custos por todas as pessoas. Cada satélite do sistema GPS transmite sinais para equipamentos no solo. Os recetores GPS recebem passivamente os sinais provenientes dos satélites, mas não transmitem.

Atualmente o sistema GPS é aberto para uso civil gratuito exigindo apenas um recetor capaz de captar o sinal emitido pelos satélites. O sistema está dividido em três partes: espacial, de controlo e utilizador. O segmento do utilizador consiste num recetor que capta os sinais emitidos pelos satélites. Um recetor GPS *(GPSR)* descodifica as transmissões do sinal de código e fase de múltiplos satélites e calcula a sua posição com base nas distâncias em relação a estes. A posição é dada por latitude, longitude e altitude.

O sistema GPS usa uma rede de satélites que permite assinalar a localização de pessoas com recetores GPS em qualquer parte do mundo[7].

Contudo, apesar da tecnologia GPS oferecer uma localização precisa tem o inconveniente de ser relativamente lento no início. Existe, ainda, um outro inconveniente que reside no facto de não funcionar, ou não funcionar bem, em espaços interiores. Por isso, na prática, os dados GPS são frequentemente combinados com os dados das estações de base e/ou a cartografia dos pontos de acesso *WiFi*.

A tecnologia *WiFi* é semelhante à utilizada para as estações de base pois ambas se baseiam num identificador único que pode ser detetado

---

[6] *Global Positioning System.*

[7] O Departamento de Defesa dos EUA lançou um primeiro Sistema de Posicionamento Global via satélite em 1978, alcançando uma constelação de 24 satélites em 1994 que foram denominados de *Navstar*. Cf., para maiores desenvolvimentos, NATIONAL WORKRIGHTS INSTITUTE, "On your tracks: GPS tracking in the workplace", *in* http://workrights.us/wp-content/uploads/2011/02/NWI_GPS_Report.pdf, (acedido pela última vez em Julho de 2015), assim como, FREDERICK S. LANE III, *The naked employee – how tecnology is compromising workplace privacy*, AMACOM, 2003, pp. 200-202.

por um dispositivo móvel e enviado a um serviço que conhece a localização correspondente a esse identificador. O identificador único de cada ponto de acesso *WiFi* é o seu endereço MAC[8], sendo que os pontos de acesso *WiFi* podem ser utilizados como uma fonte de informação de geolocalização porque anunciam continuamente a sua existência, o que origina que a geolocalização com base nos pontos de acesso *WiFi* permita determinar rapidamente e, através de medições continuadas e com uma precisão crescente, a localização de um dispositivo[9].

Estas tecnologias de geolocalização têm uma enorme capacidade de controlar a localização geográfica, quer de objetos, quer de pessoas, tendo a sua mesma vindo a melhorar nos últimos anos, sobretudo se associadas à tecnologia por radiofrequência[10]. Assim, atualmente, é possível através de um dispositivo móvel equipado com sistema de GPS saber a localização de pessoas e de objetos com uma diferença de apenas 1 a 2 metros em relação à sua localização real, não apenas em locais situados no exterior de edifícios mas inclusive no interior e, por vezes, em locais extremamente íntimos[11].

Evidentemente estes sistemas têm inúmeras aplicações positivas quer no âmbito civil, quer profissional. Assim, no primeiro, podem auxiliar na busca de pessoas desaparecidas ou que tenham sofrido acidentes, no controlo e rápido auxílio de militares feridos, na própria auto localização num local geográfico desconhecido ou, mesmo, a possibilidade de partilhar com terceiros, amigos e familiares a nossa localização. Também a nível profissional proporciona inúmeras vantagens pois per-

---

[8] *Medium Access Control* – controlo de acesso ao meio.

[9] Toda esta informação pode ser visualizada em GRUPO DE PROTEÇÃO DE DADOS DO ARTIGO 29º, *Parecer nº 13/2011 sobre serviços de geolocalização em serviços móveis inteligentes*, de 16 de Maio de 2011, pp. 5-7.

[10] Sobre esta veja-se, para maiores desenvolvimentos, TERESA COELHO MOREIRA, "A privacidade dos trabalhadores e a utilização de tecnologias de identificação por radiofrequência", *in Estudos de Direito do Trabalho*, Almedina, Coimbra, 2011.

[11] Como se pode ler na Deliberação da CNPD, cit., p. 5, "A tecnologia que até há poucos anos apenas possibilitava conhecer a área aproximada onde se encontrava uma determinada pessoa e/ou objeto e que apenas funcionava em zonas ao ar livre, atualmente permite determinar a localização quase exata da pessoa, mesmo que esta esteja dentro de portas. A precisão da georreferenciação diz-nos se uma pessoa está em casa, no centro comercial, na pastelaria, no cinema ou no mercado, no jardim ou na rua em frente a um número de porta concreto. Acresce ainda que as diferentes tecnologias podem ser combinadas de modo a potenciar um melhor serviço.".

ESTUDOS DE DIREITO DE TRABALHO

mite uma gestão em tempo real dos veículos das empresas e um melhor serviço prestado, assim como a possibilidade de obtenção de provas de certas prestações e, inclusive, de analisar a rapidez da execução[12], sendo que os relatórios emitidos por estes meios, para além de poderem fornecer informação relativa à localização da viatura e da velocidade de circulação da mesma, podem também possuir um sistema de sensores ligados a todo o veículo, o que pode facultar informações como, *inter alia*, abertura e fecho das portas, estado dos pneus, ligação do ar condicionado e do rádio[13] [14], desde que não seja usada como forma de localização do paradeiro do trabalhador ou como ferramenta de monitorização do seu desempenho profissional, o que está claramente proibido nos termos do artigo 20º, nº 1 do CT[15].

Mas *não há bela sem senão*. De resto, é possível que, na utilização destes dispositivos de geolocalização possam existir inconvenientes e até perigos como o *mapeamento* e o *profiling* dos utilizadores destes dispositivos para diferentes finalidades que podem ir desde publicidade comportamental, controlo e monitorização de crianças até, e com especial interesse para o nosso tema, o controlo contínuo dos trabalhadores, não apenas durante a jornada de trabalho mas também fora desta, como uma espécie de *trela eletrónica* o que pode originar que estes se sintam totalmente controlados e não confiáveis[16].

Na verdade, como os dispositivos de geolocalização podem estar inseridos no *smartphone* ou no *tablet* dos trabalhadores, e estes estão indissociavelmente ligados aos seus utilizadores, inúmera informação pode ser obtida, incluindo alguma relacionada com a privacidade do

---

[12] Cf. Douglas Towns e Lorna Cobb, *op.* cit., p. 204. Estes autores mencionam vários casos de utilização positiva deste tipo de aparelhos.

[13] Cf. Didier Gasse, "Protección de datos personales y geolocalización", *in datospersonales.org, La revista de la Agência de Protección de Datos de la Comunidad de Madrid*, nº 23, 2006.

[14] Como se pode ler na *Deliberação* da CNPD, cit., p. 6, "Os dispositivos de geolocalização instalados em veículos, além de recolherem dados sobre a sua localização, permitem ainda registar parâmetros relativos à viatura (designadamente, sensores de portas, sensores de movimento dentro das cabines), parâmetros de condução (tais como, travagens, força G, velocidade, RPM, consumos), entre outros dados".

[15] No mesmo sentido, cf. *Deliberação* da CNPD, cit., p. 12.

[16] Neste sentido Douglas Towns e Lorna Cobb, *op.* cit., p. 205, e national workrights institute, *op.* cit., p. 19, referindo que cada geolocalização funciona como uma peça de um *puzzle* que permite criar um perfil do trabalhador.

trabalhador e, até, com a sua esfera mais íntima[17], sendo que um dos maiores riscos que é apontado a este tipo de dispositivos é o desconhecimento por parte dos proprietários dos dispositivos de que estão a transmitir a sua localização e para quem a estão a realizar, sendo que o eventual consentimento que é dado na relação de trabalho não é realizado, de uma maneira geral, de forma livre[18] [19].

Por outro lado, na maior parte das vezes, estes dispositivos móveis inteligentes estão intrinsecamente ligados a uma determinada pessoa. A maioria das pessoas mantém os seus dispositivos móveis junto a si, no bolso, na carteira, na roupa que veste e, à noite, próximo da cama, porque têm consciência da quantidade de informação pessoal que os mesmos contêm. Como aponta o GRUPO DE PROTEÇÃO DE DADOS DO ARTIGO 29º[20], através destes dispositivos móveis inteligentes os fornecedores de serviços de geolocalização obtêm um panorama íntimo dos hábitos e padrões dos proprietários dos mesmos e podem elaborar extensos perfis. Com base no padrão de inatividade durante a noite pode ser deduzido, por exemplo, o local onde dormiram e com base num padrão regular de deslocações de manhã, pode ser inferido, *inter alia*, o local onde trabalham. Este padrão pode incluir, ainda, dados derivados dos padrões de movimentos de amigos com base no chamado *gráfico social*, relacionado com as redes sociais, assim como um padrão de comportamento que pode incluir igualmente categorias especiais de dados, como são os dados sensíveis, se revelar, *inter alia*, visitas a hospitais e a locais de culto religioso ou a presença em manifestações políticas ou noutros locais específicos relacionados, designadamente, com a vida sexual. Acresce, ainda, que estes perfis podem ser utilizados para a tomada de decisões que afetem o proprietário do dispositivo. Por outro lado, é possível, ainda, a monitorização constante dos dados de localização.

---

[17] Podem ver-se inúmeros casos da utilização destes dispositivos em telemóveis em NATIONAL WORKRIGHTS INSTITUTE, *op.* cit., pp. 10-11.

[18] Relativamente ao consentimento é interessante notar que no Regulamento Geral de Proteção de Dados Pessoais aprovado pelo Conselho da União Europeia, no considerando 34, defende que o consentimento não pode ser considerado um requisito válido para o processamento de dados pessoais quando não tiver sido livremente dado, como acontece quando existe uma relação assimétrica entre as partes. É o caso da relação de trabalho, acrescentamos nós.

[19] Veja-se, *infra*, 2.2.2.1.3..

[20] Última *op.* cit., p. 7.

ESTUDOS DE DIREITO DE TRABALHO

Mas há que ter em atenção que nem tudo o que é tecnicamente possível é juridicamente admissível e, por isso, é essencial estabelecer limites que devem ser atendidos quando se utilizam estes dispositivos.

2.2. Enquadramento legal e jurisprudencial

A utilização destes sistemas de localização na relação laboral coloca alguns problemas. Um deles, bastante importante, é o que deriva da possível colisão com os direitos fundamentais do trabalhador, uma vez que estes sistemas operam não só como meio de vigilância da execução normal da prestação de trabalho mas também como meio de informação e prova dos itinerários utilizados pelos trabalhadores, assim como do tempo despendido nos mesmos. Com esta utilização existem riscos, *prima facie,* para a privacidade dos trabalhadores pois no caso dos sistemas instalados nos veículos consegue controlar-se a velocidade dos mesmos, as pausas, os locais onde param, a duração da pausa, os tempos de funcionamento e um controlo permanente da atividade do trabalhador. Relativamente aos telemóveis o risco ainda é maior porque consegue visualizar-se com muito maior precisão os locais que frequenta e em que momento entra e sai de cada um desses locais, o que pode conduzir a um controlo total do trabalhador, com todos os riscos que isso acarreta.

Torna-se desta forma claro que este tipo de controlo incide sobre o direito à privacidade, na vertente de direito à proteção de dados pessoais, pelo que o empregador não pode adotar este tipo de vigilância eletrónica quando e como quiser. Na verdade, na medida em que a instalação deste tipo de dispositivos permite conhecer a localização das pessoas e, no caso dos dipositivos de geolocalização transmitidos por um telemóvel, obter informação acerca de uma pessoa física que pode ser identificada[21], dado que os dispositivos móveis inteligentes estão indissociavelmente ligados a pessoas singulares, cai-se, então, no tratamento

---

[21] Pode ver-se o considerando 26 da Diretiva 95/46/CE que estabelece que "para determinar se uma pessoa é identificável, importa considerar o conjunto dos meios suscetíveis de serem razoavelmente utilizados, seja pelo responsável pelo tratamento, seja por qualquer outra pessoa, para identificar a referida pessoa", estabelecendo o considerando 27 que, no "âmbito desta proteção não deve, na prática, depender das técnicas utilizadas, sob pena de se correr o sério risco de a proteção poder ser contornada".

de dados pessoais[22] nos termos do art. 3º, alínea b) da Lei de Proteção de Dados Pessoais[23].

2.2.1. Tendo em consideração que a utilização deste tipo de dispositivos configura um tratamento de dados pessoais[24], deve estabelecer-se de acordo com os princípios previstos na Lei de Proteção de Dados Pessoais e com o estatuído no Código do Trabalho, artigos 20º e 21º, no que concerne a meios de vigilância à distância. Na verdade, defende-se que o estabelecimento ou a contratação destes serviços de geolocalização configuram um meio de vigilância à distância, já que permitem um controlo permanente e remoto, a uma distância temporal e espacial, dos trabalhadores, sendo-lhes aplicável o previsto nos artigos 20º e 21º do CT, e, mais concretamente, os números 1 e 2 do art. 20º relativo às condições de licitude da instalação deste tipo de sistemas e ao princípio da finalidade legítima.

No seguimento da posição perfilhada julga-se que a jurisprudência do STJ, nos Acórdãos de 22 de Maio de 2007, e de 13 de Novembro de 2013[25], não é a melhor. Em ambas as decisões decidiu-se que o GPS não poderia ser considerado um meio de vigilância à distância.

No acórdão de 22 de Maio de 2007, decidiu-se que "Embora a formulação literal do nº 1 do artigo 20º do Código do Trabalho não permita restringir o âmbito da previsão daquela norma à videovigilância, a verdade é que a expressão adoptada pela lei, «meios de vigilância à

---

[22] Na verdade, mesmo que o sistema de posicionamento raramente contenha dados que possam ser diretamente ligados a uma pessoa – por exemplo, o seu nome – muitas vezes há escalas de serviçoou outras formas de articular os veículos no sistema para indivíduos particulares que originam que se esteja perante um tratamento de dados pessoais. Claro que, se a informação sobre gestão de frota como o combustível gasto ou a distância percorrida for realizado de forma que não permita uma identificação pessoal, não se aplicará a legislação sobre proteção de dados pessoais.

[23] Lei 67/98, de 26 de Outubro.

[24] Neste mesmo sentido, para além da *Deliberação* da CNPD, pode ver-se, a título de exemplo, CNIL, *Guide de la Géolocalisation des salariés*, p. 4, assim como AEPD, *Informe 19372008*, p. 1, DATA INSPECTION BOARD, *Position Technology in Working Life*, 2011, pp. 1-2, assim como o acórdão da *Cour de Cassation* de 3 de Novembro de 2011, e da *Cour d'Appel* de Dijon, de 14 de Setembro de 2010. *Vide*, ainda, *Garante per la protezione dei dati personali, Sistemi di localizzazione dei veicoli nell'ambito del rapporto di lavoro*, de 4 ottobre 2011.

[25] Cujos relatores foram, respetivamente, Conselheiro PINTO HESPANHOL e Conselheiro MÁRIO BELO MORGADO. Ambas as decisões podem ser visualizadas em www.dgsi.pt.

distância no local de trabalho, mediante o emprego de equipamento tecnológico, com a finalidade de controlar o desempenho profissional do trabalhador», por considerações sistemáticas e teleológicas, remete para formas de captação à distância de imagem, som ou imagem e som que permitam identificar pessoas e detectar o que fazem, quando e durante quanto tempo, de forma tendencialmente ininterrupta, que podem afectar direitos fundamentais pessoais, tais como o direito à reserva da vida privada e o direito à imagem", entendendo-se então que "Não se pode qualificar o dispositivo de GPS instalado no veículo automóvel atribuído a um técnico de vendas como meio de vigilância à distância no local de trabalho, já que esse sistema não permite captar as circunstâncias, a duração e os resultados das visitas efectuadas aos seus clientes, nem identificar os respectivos intervenientes".

O mesmo foi decidido no Acórdão de 13 de Novembro de 2013, onde o STJ decidiu que "O conceito de «meios de vigilância à distância» expresso no nº 1 do art. 20º do Código do Trabalho de 2009 está reportado aos equipamentos que traduzam formas de captação à distância de imagem, som ou som e imagem que permitam identificar pessoas e detetar o que fazem, como é o caso, entre outros, de câmaras de vídeo, equipamento audiovisual, microfones dissimulados ou mecanismos de escuta e registo telefónico", considerando então que "o dispositivo de GPS instalado, pelo empregador, em veículo automóvel utilizado pelo seu trabalhador no exercício das respetivas funções, não pode ser qualificado como meio de vigilância à distância no local de trabalho, nos termos definidos no referido preceito legal, porquanto apenas permite a localização do veículo em tempo real, referenciando--o em determinado espaço geográfico, não permitindo saber o que faz o respetivo condutor", entendendo que "o GPS apenas permite a localização de veículos em tempo real, referenciando-os em determinado espaço geográfico. Não se dirigindo diretamente à vigilância do campo de ação dos trabalhadores, não permite saber o que fazem os respectivos condutores, mas, tão somente, onde se encontram e se estão parados ou em circulação".

Contudo, não se concorda com este entendimento já que estes dispositivos, que incluem também os dispositivos móveis inteligentes como telemóveis e *tablets*, permitem um enorme controlo, podendo facilmente o trabalhador ver-se submetido a uma "espionagem total"[26], visto que a tecnologia evoluiu de uma forma exponencial e, por isso, a capacidade de localizar objetos e pessoas com estes dispositivos é enorme[27].

Atendendo a esta enorme possibilidade de controlo considera-se correta a decisão do Tribunal da Relação do Porto, de 22 de Abril de 2013[28], que entendeu que o sistema de GPS inseria-se na noção de meios de vigilância à distância do art. 20º do CT e, como tal, a instalação estava sujeita a autorização prévia da CNPD[29], concordando-se com o que foi decidido quando se defende que os meios de vigilância à distância no local de trabalho "não têm de captar todos os aspectos da actividade laboral levada a cabo pelo trabalhador, isto é, não é pelo facto de não captarem tudo o que um trabalhador faz ou deixa de fazer que se deixam de considerar como tal, basta que captem uma importante parcela da actividade do trabalhador e simultaneamente invadam a reserva da sua intimidade da vida privada". Neste sentido Marisa Ouro[30] defende que uma câmara de vídeo colocada dentro da viatura do trabalhador que capte a imagem também não conseguiria "captar as circunstâncias, a duração e os resultados das visitas efetuadas"[31] aos seus clientes, nem identificar os respetivos intervenientes, uma vez que os encontros com os clientes não ocorrem dentro da viatura, contudo, "ninguém põe em dúvida de que se trata de um meio de vigilância à distância".

Assim, esteve bem o Tribunal ao decidir que "se é certo que a legislação laboral não nos dá a noção de "meios de vigilância à distância", daí advindo as habituais incertezas e divergência interpretativas, não deixa

---

[26] Goñi Sein, "Controles empresariales...", cit., p. 22.

[27] Como pode ler-se na Deliberação da CNPD, p. 16, nota nº 13, "o quadro interpretativo entretanto mudou substancialmente devido à rápida evolução deste tipo de tecnologia, quanto à sua precisão e quanto ao desenvolvimento de valências associadas".

[28] Cujo relator foi o Desembargador António José Ramos, disponível em www.dgsi.pt.

[29] Como se pode ler no sumário, "Seja através de uma interpretação extensiva ou mediante uma interpretação actualista o dispositivo GPS instalado no veículo automóvel atribuído ao trabalhador deve ser englobado no conceito de meio de vigilância à distância no local de trabalho".

[30] *Os meios de vigilância à distância no local de trabalho: em especial sobre o âmbito de aplicação do art. 20º do Código do Trabalho*, dissertação de mestrado da FDUNL, 2009, *in https://repositorio.iscte-iul.pt/handle/10071/3942*, (acedido pela última vez em Setembro de 2015), p. 61.

[31] Tal como mencionado nos acórdãos do STJ.

de ser certo que uma interpretação restritiva como a que é feita pelo STJ no acórdão mencionado, no sentido de que a expressão legal *«meios de vigilância à distância no local de trabalho, mediante o emprego de equipamento tecnológico, com a finalidade de controlar o desempenho profissional do trabalhador»*, por considerações sistemáticas e teleológicas, remete para formas de captação à distância de imagem, som ou imagem e som, deixa de fora do âmbito legal um grande número de situações de difícil compreensão.

Seja através de uma interpretação extensiva ou mediante uma interpretação actualista o dispositivo GPS instalado no veículo automóvel atribuído ao trabalhador deve ser englobado no conceito de meio de vigilância à distância no local de trabalho"[32].

Aliás, também no ordenamento jurídico italiano considerou-se que este tipo de dispositivos poderia configurar um controlo à distância enquadrado no art. 4º do *Statuto dei Lavoratori* e, por isso, sujeito a todas as formalidades legais nele previstas[33].

Atendendo a que o legislador nacional, na elaboração dos artigos 20º e 21º do CT, *inspirou-se* nesse artigo, parece-nos poder constituir mais um argumento favorável à sua aplicação aos dispositivos de geolocalização.

2.2.2. Considerando-se que este equipamento se enquadra na noção de meios de vigilância à distância, há que proceder-se à análise dos princípios essenciais para a sua correta instalação e utilização.

Em primeiro lugar, para a análise da possibilidade de instalação deste tipo de meios torna-se essencial distinguir entre duas fases. Assim, existe o momento prévio à adoção de dispositivos de controlo, altura em que o trabalhador tem direito a saber em que medida os seus direitos fundamentais vão ser afetados pelas medidas de controlo adotadas pelo

---

[32] Convém ainda atender-se ao Acórdão do Tribunal da Relação de Évora de 8 de Maio de 2014, Desembargadora PAULA PAÇO, pois, apesar de não se debruçar sobre a (in)aplicabilidade dos artigos 20º e 21º do CT a equipamento GPS, decidiu que "por força da instalação do equipamento GPS no veículo atribuído ao autor, o empregador tem a possibilidade de saber a localização do referido veículo e indiretamente a localização do trabalhador no seu tempo de descanso, tal constitui uma inadmissível exposição ao controlo do empregador que se estende ao tempo e locais que não são de trabalho, mas que apenas se reportam à vida privada do trabalhador, sem autorização deste. Assim, no caso concreto, é manifesto que a colocação do equipamento GPS na viatura atribuída ao autor constitui uma ingerência inadmissível na sua vida privada".

[33] Garante per la protezione dei dati personali, *Sistemi di localizzazione* cit., p. 2.

empregador e, desta forma, tomar a decisão que entender mais conveniente aos seus interesses. E outro momento, posterior à instalação destes sistemas, em que, partindo-se da premissa da informação necessária ao trabalhador e da licitude e da legitimidade destes sistemas, se trata de preservar o direito a controlar o uso e o fluxo de informação obtida.

Preconiza-se, ainda, que quando se está perante a adoção deste tipo de sistemas tem de exigir-se uma especial avaliação das situações que a justificam a nível de tratamento de dados. Assim, a adoção, a medida de recolha, o armazenamento e o tratamento de dados dependerão, em boa medida, da importância da finalidade pretendida e da possibilidade de utilização de outros meios menos gravosos para a consecução do mesmo fim.

2.2.2.1. No que concerne à fase prévia de adoção deste tipo de sistemas há vários princípios que assumem particular relevância[34].

2.2.2.1.1. Em primeiro lugar, há que considerar o princípio da finalidade legítima que postula a adoção de um fim legítimo que justifique a instalação destes sistemas de controlo[35]. Em segundo lugar, refere-se o princípio da proporcionalidade, que implica a possibilidade de recurso a estes sistemas apenas em casos de *ultima ratio*. E, por último, o princípio da transparência informativa, que visa garantir ao trabalhador o poder de disposição dos seus próprios dados pessoais.

O princípio da finalidade previsto no art. 6º, nº 1, alínea b), da Diretiva 95/46/CE, e no art. 5º, nº 1, alínea b), da Lei de Proteção de Dados Pessoais, significa que os dados de carácter pessoal apenas podem ser recolhidos quando existam motivos determinados, explícitos e legítimos, indicando que os dados pessoais dos trabalhadores só podem ser tratados se respeitarem estes pressupostos, sendo essencial a definição precisa destas finalidades.

Este princípio constitui o princípio verdadeiramente cardinal da

---

[34] Javier Gárate Castro, "Derechos Fundamentales del Trabajador y Control de la Prestación de Trabajo por Medio de Sistemas Proporcionados por las Nuevas Tecnologías", *in Minerva – Revista de Estudos Laborais*, ano V, nº 8, 2006, p. 158, fala de "índices" que devem ser tidos em atenção aquando da decisão de instalação.

[35] Será, claramente, uma finalidade ilegítima a utilização destes sistemas para controlar a vida extraprofissional dos trabalhadores.

proteção de dados, sendo os demais princípios função deste na medida em que os dados devem ser adequados, pertinentes e não excessivos em relação à finalidade pretendida; devem ser exatos, completos e atualizados em função da finalidade; e só devem ser conservados pelo tempo que a finalidade exige.

A possibilidade de instalação destes sistemas implica o tratamento de dados pessoais dos trabalhadores e, por isso, tem de respeitar-se a necessidade de cumprimento do princípio da finalidade legítima[36]. Assim, tem de existir um fim determinado, explícito e legítimo que justifique a restrição que os trabalhadores sofrem nos seus direitos fundamentais, o que significa que deve existir um fim legítimo para a geolocalização que justifique a restrição imposta aos trabalhadores, exigindo-se um critério restritivo na adoção destes dispositivos de vigilância à distância, aplicando-se os princípios previstos no artigo 20º, nºs 1 e 2.

Desta forma, é absolutamente vedada a utilização destes aparelhos para controlar o desempenho profissional dos trabalhadores, conforme estabelece o art. 20º, nº 1, do CT. Os dados pessoais, mesmo que recolhidos para outras finalidades legítimas, não podem ser utilizados direta ou indiretamente para a avaliação do desempenho do trabalhador[37].

Um dos primeiros motivos que poderá originar o controlo lícito do empregador será o do respeito pela segurança de pessoas e bens, previsto no artº 20, nº 2, do CT. Torna-se inquestionável que o empregador deve ter a possibilidade de salvaguardar o seu património e o de terceiros, assim como o dos seus trabalhadores, perante eventuais agressões ou atentados provenientes dos próprios trabalhadores ou de terceiros, impedindo ou verificando a sua realização com os instrumentos que a técnica coloca à sua disposição. Consideramos, contudo, que, atendendo ao elevado grau de intrusão deste tipo de aparelhos, têm de ocorrer situações de risco razoável para a segurança ou um perigo concreto e não apenas uma finalidade genérica preventiva ou de segurança.

---

[36] Neste sentido veja-se ponto 16 da *Recomendação sobre o Processamento de Dados Pessoais em Contexto Laboral*, do Comité de Ministros do Conselho da Europa, de 1 de Abril de 2015 – CM7REC (2015) 5, e que substituiu a Recomendação Rec. (89)2.

[37] Veja-se o caso de uma finalidade ilegítima citado pela CNIL, *Guide de la gélocalisation*, cit., p. 4, em que um empregador declarou um dispositivo de geolocalização para luta contra roubos e utilizou-o para controlo do desempenho e atividade dos trabalhadores.

Assim, parece-nos, no seguimento de DIDIER GASSE[38], que só podem considerar-se finalidades legítimas para a instalação deste tipo de meios se estes servirem para garantir a segurança dos trabalhadores[39], das mercadorias ou dos veículos, para oferecer uma melhor prestação dos meios dos veículos, para gestão de frota, ou para fazer um seguimento e faturação das prestações do transporte ou para combate ao furto[40], mas não quando se faz um controlo do tempo de trabalho já que esta finalidade pode ser obtida por meios menos intrusivos[41].

Por esta razão não se concorda com a possibilidade de utilização deste tipo de aparelhos com a finalidade de provar o cumprimento do contrato, ou seja, a que horas foi feita, por exemplo, uma entrega. Parece-nos, nestes casos, de secundar o entendimento da CNPD[42] pois existem outros meios para conseguir provar-se esta situação, como a assinatura do destinatário, não se afigurando os dispositivos de geolocalização como o meio mais idóneo para a concretização da finalidade.

Também se defende que o dispositivo de geolocalização não deve mencionar a velocidade máxima do veículo mas apenas a velocidade média, pois incumbe às autoridades policiais, e não ao empregador, a verificação de eventuais infrações ao código da estrada[43].

Contudo, considera-se que será possível, como uma finalidade legítima e dentro de determinados pressupostos, a utilização deste tipo de equipamento para uma gestão de frotas e para oferecer um melhor ser-

---

[38] *Op.* cit., p. 3.

[39] Não nos parece, contudo, que possa ser considerada uma finalidade legítima a utilização de aparelhos de geolocalização nos cintos dos trabalhadores numa empresa da restauração como aconteceu no ordenamento jurídico italiano. Neste restaurante os trabalhadores usavam um cinto com um aparelho de GPS que podia registar todos os movimentos dos trabalhadores e assinalar pausas superiores a um minuto e meio. Também não nos parece uma finalidade legítima a inserção de aparelhos GPS nas botas dos trabalhadores como pretendia uma empresa de construção naval em Itália.

[40] Contudo, nestes casos, só as autoridades policiais podem ter conhecimento dos dados recolhidos e não os empregadores.

[41] Por isso concorda-se com GOÑI SEIN, "Controles empresariales...", cit., p. 25, quando considera não parecer legítima a geolocalização quando se concede aos trabalhadores liberdade para organizar as suas deslocações. Neste mesmo sentido pode ver-se a decisão da *Cour de Cassation* de 3 de Novembro de 2011.

[42] *Deliberação...*, cit., p. 18.

[43] No mesmo sentido veja-se CNIL, *La géolocalisation des véhicules*, 2013, p. 1.

ESTUDOS DE DIREITO DE TRABALHO

viço aos clientes das empresas, seguindo-se o defendido pela CNPD[44], abrangendo-se assim o serviço externo das empresas relacionado com assistência técnica externa ou ao domicílio, distribuição de bens, transporte de passageiros, transporte de mercadorias e segurança privada.

A instalação deste tipo de sistemas também pode estar justificada por várias exigências relacionadas com a natureza da própria atividade, com o processo produtivo ou com o próprio funcionamento dos materiais de trabalho. Também esta finalidade poderá levar à justificação de instalação de aparelhos de geolocalização nomeadamente quando se transportam materiais, *inter alia*, perigosos para a saúde, tóxicos, armas, assim como materiais de elevado valor[45].

Não pode deixar de ter-se em atenção que os dispositivos de localização de veículos não são dispositivos de localização dos trabalhadores. A sua função é determinar ou monitorizar a localização dos veículos em que são instalados. Os empregadores não devem considerá-los como dispositivos de localização ou monitorização do comportamento ou do paradeiro dos condutores ou outros trabalhadores, nomeadamente enviando alertas relacionados com a velocidade do veículo[46].

Por outro lado, existe sempre a possibilidade de inferências imprecisas ou até erradas poderem ser deduzidas a partir dos dados sobre localização e movimentação obtidos através destes meios[47].

No que tange à utilização destas finalidades legítimas previstas no art. 20º, nº 2, do CT, a dispositivos móveis inteligentes, como telemóveis e *tablets*, temos mais dúvidas em secundar totalmente o entendimento da CNPD[48] que considera que a instalação para fins de proteção de bens é excessiva e desproporcional, configurando situações em que, por vezes, poderá estar cumprido o princípio da proporcionalidade.

---

[44] *Deliberação...*, cit., p. 19, assim como pela CNIL, última *op.* cit., p. 1, e pelo Garante italiano, *op.* cit., p. 2.

[45] No mesmo sentido CNPD, *Deliberação...*, cit., p. 22, entendendo fixar em 10 mil euros o limite mínimo do valor da carga transportada para que se justifique a monitorização dos dispositivos de geolocalização para a finalidade de proteção de bens. Temos algumas dúvidas quanto à necessidade de fixar um limite mínimo, que nos parece ser já bastante elevado, parecendo-nos preferível não estabelecer limites.

[46] Veja-se GRUPO DE PROTEÇÃO DE DADOS DO ARTIGO 29º, *Parecer nº 13/2011.*, cit., p. 15.

[47] Neste sentido LUCAS INTRONA, "Workplace Surveillance 'is' Unethical and Unfair." *Surveillance & Society*, nº 1, vol. 2, p. 214.

[48] *Deliberação... .*cit., p. 23.

Conforme já salientamos anteriormente[49], o controlo através dos telemóveis é muito mais intrusivo e, inclusive, poderá colocar em causa a liberdade e a dignidade do trabalhador, visto que este acompanha permanentemente o seu utilizador[50], nomeadamente para locais extremamente íntimos, pelo que, apesar de entender-se que o princípio da finalidade legítima relativa à proteção de bens até poderá estar preenchido em determinadas circunstâncias[51], considera-se, porém, que o princípio da proporcionalidade[52] na maior parte das situações não está, na medida em que existem meios menos intrusivos para a obtenção da mesma finalidade[53], pelo que o tratamento de dados de geolocalização dos dispositivos móveis inteligentes para esta finalidade não deve, em princípio, ser aceite.

Contudo, existem casos em que, eventualmente, respeitados certos princípios, poderá considerar-se lícita esta instalação, tal como foi o caso que aconteceu no ordenamento jurídico italiano em que o *Garante italiano*, na Decisão nº 401, de 11 de Setembro de 2014, considerou possível a instalação de aparelhos de geolocalização nos telemóveis dos trabalhadores com base numa finalidade organizativa e de segurança do próprio trabalhador. No caso tratava-se de uma empresa de telecomunicações que pretendia que os seus técnicos de exterior dispusessem de um sistema de GPS nos *smartphones* tendo por finalidade a gestão de operações, a coordenação das várias operações realizadas, assim como a segurança dos trabalhadores que trabalhavam em áreas mais remotas. Este sistema não enviava os dados de localização permanentemente, mas sim de 15 em 15 minutos só memorizando a última localização e não o histórico das mesmas e, por outro lado, permitia que o trabalhador desligasse a localização fora do horário de trabalho ou em determinadas pausas. Contudo, o *Garante* italiano só autorizou desde que a empresa em causa cumprisse determinados requisitos pois, apesar de conside-

---

[49] *Supra*, ponto 1 e 2.1.

[50] Com considerações muito interessantes sobre esta situação veja-se JEAN-EMMANUEL RAY, *op.* cit., pp. 1079-1080.

[51] Figure-se o caso de trabalhadores que têm serviço no exterior, tal como equacionado por JEAN-EMMANUEL RAY, *op.* cit., p. 1079.

[52] Veja-se *infra*, próximo número.

[53] No caso da finalidade de gestão de serviço externo tem-se a possibilidade de instalar GPS na viatura que o trabalhador utiliza, meio menos intrusivo na privacidade do trabalhador.

ESTUDOS DE DIREITO DE TRABALHO

rar a finalidade legítima, a proporcionalidade da mesma só existiria se a empresa instalasse um ícone específico e visível no *smartphone* que indicasse quando o sistema de geolocalização estava ativo ou quando estava desligado, assim como adotasse medidas de segurança específicas que fizessem com que os dados acessíveis fossem apenas os de localização, vedando o acesso a quaisquer outros relacionados, *inter alia*, com os dados de tráfego, os *sms* e os *e-mails*.

Levantam-se questões mais delicadas no caso da instalação e utilização deste tipo de controlo em dispositivos móveis inteligentes para finalidades relacionadas com a especial natureza da atividade a desempenhar. Imagine-se o caso do trabalhador efetuar a sua prestação de trabalho num local bastante isolado e ser necessária a sua localização, ou o caso de bombeiros, ou no caso de trabalhadores dos serviços de saúde em grandes hospitais em que, perante uma emergência médica, podem ser chamados a intervir tendo em atenção quem se encontra mais próximo. Nestes casos, ainda que nos pareça, mais uma vez, que pode estar-se, eventualmente, perante uma finalidade legítima, temos dúvidas se este será o meio mais adequado e menos excessivo, já que nos parece ser possível obter, por vezes, a mesma finalidade através de meios menos intrusivos, nomeadamente através de aparelhos de radiofrequência e não através de GPS em dispositivos móveis inteligentes[54].

No caso da realização de tratamento de dados de geolocalização sem conexão com a vida profissional do trabalhador, ou seja, na sua vida extraprofissional, este é vedada ao empregador. Assim, se o trabalhador tiver um veículo da empresa para uso laboral e, simultaneamente, extralaboral, a eventual legitimidade de tratamento de dados de geolocalização cinge-se à utilização profissional[55], já que a geolocalização não

---

[54] Como acontece, por exemplo, no caso dos mineiros.

[55] Relativamente a telemóveis e a outros dispositivos móveis inteligentes, visto não ser possível, em princípio, o tratamento de dados de geolocalização na vida profissional, por maioria de razão não o será na vida privada. Assim, não seria possível julgar procedente um caso que aconteceu em Maio de 2015 à luz do ordenamento jurídico norte-americano onde uma trabalhadora foi despedida por ter desinstalado a *app Xora* que a empresa tinha solicitado aos trabalhadores para instalar nos seus telemóveis. Esta aplicação, entre outras funcionalidades, permite saber a localização exata de uma pessoa. A trabalhadora questionou se a empresa poderia monitorizar os seus movimentos diários, sendo que a resposta foi afirmativa. A trabalhadora, apesar de concordar com o controlo na sua vida profissional,

deve servir para prolongar a subordinação jurídica do trabalhador para além do limite temporal acordado. Qualquer tratamento de dados pessoais para além desta utilização será ilícita e recairá sobre o empregador o ónus de criar mecanismos que permitam um *switch off* dos dispositivos na vida privada, consoante o trabalhador esteja a trabalhar ou não. Esta é a tecnologia mais fácil de utilizar e já adotada nalguns ordenamentos jurídicos, como o caso do ordenamento jurídico irlandês[56] [57]. Nestes casos, sem o bloqueio da viatura, é permitido ao trabalhador ligar e desligar o mecanismo conforme esteja ou não a trabalhar[58].

Porém, há situações em que os dispositivos de GPS estão ligados ao motor do veículo e, por isso, é impossível a utilização deste mecanismo de *swtich off*. Nestes casos, a tecnologia pode auxiliar na proteção da privacidade dos trabalhadores através do recurso à tecnologia de *privacy by design*[59], significando que é o próprio dispositivo técnico que cria a

---

não aceitou o mesmo na sua vida privada. A empresa, perante a recusa da trabalhadora em utilizar a *app* despediu-a, sendo que a trabalhadora recorreu em Maio de 2015 aos Tribunais considerando que tinha sofrido uma violação da sua vida privada e que este controlo da sua vida privada configurava uma verdadeira "algema no tornozelo de um prisioneiro". De notar que neste ordenamento jurídico existe já há algum tempo uma proposta no Congresso para criar regras na utilização destes dispositivos de geolocalização. Trata-se do *GPS Act*, ainda que seja também interessante atender a outras duas propostas, também apresentadas no Congresso norte-americano, e que são a *Online Communications and Geolocation Protection Act* e a *Location Privacy Protection Act*.

[56] Conforme pode ler-se em http://www.dataprotection.ie/docs/Data-Protection-in-the-Workplace/1239.htm#10, (acedido pela última vez em Dezembro de 2015). Neste ordenamento jurídico, "If a company vehicle is permitted to be driven for personal use outside of working hours, a privacy switch must be fitted and should be trained on its operation".

[57] Também no ordenamento jurídico italiano pode ver-se a Decisão nº 1703103, de 18 de Fevereiro de 2010, disponível em http://www.garanteprivacy.it/web/guest/home/docweb/-/docweb-display/export/1703103, (acedido pela última vez em Dezembro de 2015), onde consta um dispositivo de geolocalização de uma empresa que permitia ao trabalhador desligá-lo quando não estivesse a trabalhar.

[58] Neste sentido veja-se CNPD, *Deliberação...*, cit., p. 39.

[59] O Regulamento Geral de Proteção de Dados aprovado pelo Conselho da Europa prevê no art. 23º, com a epígrafe *Data protection by design and by default*, esta obrigatoriedade: "Having regard the available technology and the cost of implementation and taking account of *the nature, scope, context and purposes of the processing* as well as the likelihood and severity of the risk for rights and freedoms of individuals posed by the processing, the controllers shall implement (...) technical and organisational measures appropriate to the processing activity being carried out and its objectives, such as data minimisation and pseudonymisation, in

possibilidade de proteger a privacidade dos trabalhadores através de mecanismos para separar a utilização profissional da utilização pessoal, ficando a primeira acessível ao empregador e a outra inacessível, ainda que, em caso de furto ou roubo, por exemplo, essa informação esteja registada e possa ser utilizada pelas autoridades competentes.

2.2.2.1.2. O princípio da proporcionalidade está associado à qualidade dos dados pessoais, constituindo um fator fundamental para a legalidade do seu tratamento.

Assim, de acordo com a Diretiva e com a legislação nacional, não basta analisar a simples adequação entre a medida de geolocalização e o interesse pretendido. Tem, ainda, de se relacionar-se com fins que realmente justificam o recurso a estes dispositivos, não deixando de ter em consideração que a natureza extremamente sensível das operações de tratamento de dados pessoais de geolocalização impõe uma valoração rigorosa e minuciosa da existência de um interesse legítimo do empregador que justifique a instalação destes sistemas. Assim, não pode ficar-se apenas por um juízo exclusivo sobre a idoneidade, tendo que se ir mais longe e conjugar os três princípios em causa. O tratamento desta informação deve, então, ser proporcional, o que significa que deve ser

---

such a way that the processing will meet the requirements of this Regulation and protect the rights of (...) data subjects". Não deixa de ser também interessante a ideia de *privacy by default*, presente no número 2, deste artigo, onde se estabelece que "The controller shall implement appropriate measures for ensuring that, by default, only (...) personal data (...) which are necessary for each specific purpose of the processing are processed; this applies to the amount of (...) data collected, the extent of their processing, the period of their storage and their accessibility. Where the purpose of the processing is not intended to provide the public with information, those mechanisms shall ensure that by default personal data are not made accessible without human intervention to an indefinite number of individuals". Parece-nos ainda bastante importante a relevância que é dada neste Regulamento à ideia de *privacy impact assessement* que reveste importância também neste contexto. Esta ideia pode ser vista na Secção 3 deste Regulamento e logo no art. 33º, nº 1, estabelece-se que "Where a type of processing, in particular using new technologies, and taking into account the nature, scope, context and purposes of the processing, is likely to result in a high risk for the rights and freedoms of individuals, such as discrimination, identity theft or fraud, financial loss, damage to the reputation, unauthorized reversal of pseudonymisation, loss of confidentiality of data protected by professional secrecy or any other significant economic or social disadvantage, the controller (...) shall, prior to the processing, carry out an assessment of the impact of the envisaged processing operations on the protection of personal data".

efetuado de forma adequada, pertinente, não excessiva e estritamente necessária ao fim pretendido, não devendo o controlo através destes meios ser feito de forma contínua e permanente[60].

Uma vez determinada, preliminarmente, a presença de um interesse relevante e de uma finalidade objetiva, deve-se comprovar se a medida de recolha ou obtenção de informação do trabalhador através destes meios se torna necessária no sentido de não existir uma outra alternativa menos restritiva e intrusiva da privacidade dos trabalhadores para conseguir satisfazer o interesse do empregador. Deve efetuar-se, assim, um juízo acerca da seleção da medida de controlo aplicável, adotando-se o método que implique uma menor intromissão na privacidade dos trabalhadores ou um menor tratamento de dados pessoais. Defende-se, desta forma, que juntamente com a relevância do interesse do empregador deve ter-se em atenção a indispensabilidade e a minimização do tratamento de dados pessoais por parte do empregador[61].

Este princípio significa, quando aplicado à geolocalização, que para se seguir uma aplicação razoável e proporcionada tem de dar-se a possibilidade ao trabalhador de desconectar estes aparelhos durante as pausa assim como fora dos tempos de trabalho.

Por outro lado, de acordo com o princípio da proporcionalidade, o empregador só poderá tratar determinados dados de geolocalização como, *inter alia*, a velocidade média do veículo, a distância percorrida, o tempo despendido na viagem ou o combustível gasto. Contudo, qualquer violação dos limites de velocidade terá de ser aferida pelas autoridades competentes pois o tratamento pelo empregador é claramente desproporcional e até ilegítimo.

Há que atender ainda que, para respeitar o princípio da minimização dos dados tratados, o controlo da localização do veículo não pode ser feito de forma contínua, sendo que a monitorização só pode ser realizada se se provar necessária para atingir a finalidade declarada.

2.2.2.1.3. Outro princípio de fundamental importância é o da transparência. Este princípio, consistindo no conhecimento da vigilância e

---

[60] No mesmo sentido Garante Italiano, *op.* cit., p. 3.

[61] Segue-se o defendido por GOÑI SEIN, *La Videovigilancia Empresarial y la Protección de Datos Personales*, Thomson Civitas, Navarra, 2007, p. 120.

ESTUDOS DE DIREITO DE TRABALHO

do controlo exercido pelo empregador, é essencial para o correto tratamento de dados pessoais das pessoas, em geral, e dos trabalhadores, em especial. Desta forma, o direito do titular dos dados a receber toda a informação relativa a si mesmo constitui um dos princípios geralmente aceites como parte essencial e integrante do direito à autodeterminação informativa.

A legitimidade das atividades de controlo por geolocalização está relacionada com a informação prévia que deve ser dada aos trabalhadores e também aos seus representantes e que configura o princípio da transparência, consagrado nos arts. 10º e 11º da Diretiva 95/46/CE, e 10º da Lei de Proteção de Dados Pessoais.

Tendo em atenção a obrigatoriedade do princípio da transparência e da informação, quer aos trabalhadores, quer aos seus representantes, depreende-se não ser admissível o controlo oculto ou secreto sobre os trabalhadores através de meios de vigilância à distância por violar o princípio da boa-fé empresarial que tem consagração expressa nos arts. 102º e 126º do CT, assim como no art. 20º, nº 3 do mesmo código.

A instalação de um sistema deste tipo por parte do empregador, de forma oculta, constitui, ainda, uma violação ilegítima do direito à autodeterminação informativa, concretizando, talvez, o atentado mais grave em matéria de proteção de dados na medida em que tem consequências extremamente intrusivas.

A legitimidade e a lealdade na utilização dos sistemas de geolocalização implicam um fornecimento de informação adequado às entidades envolvidas, ainda que não seja necessário o consentimento dos trabalhadores afetados pois existe um interesse legítimo para a realização do seu tratamento[62]. Assim, os empregadores, em vez de pedirem

---

[62] Relativamente ao consentimento há que ter em atenção que numa relação laboral, que é assimétrica por natureza, o consentimento não pode ser considerado um requisito válido para o tratamento de dados pessoais, tal como referido *supra*, na nota nº 16. Também o GRUPO DE PROTEÇÃO DE DADOS DO ARTIGO 29º, *Parecer nº 15/2011 sobre a definição de consentimento*, de 13 de Julho de 2011, p. 15, defendeu que "se o consentimento do trabalhador for necessário e a ausência de consentimento acarretar prejuízos relevantes reais ou potenciais, o consentimento não será válido ao abrigo dos artigos 7º e 8º na medida em que não foi prestado de forma livre. Se o trabalhador não tiver a possibilidade de recusar, então não é consentimento. Se o consentimento for uma condição da contratação, a situação poderá ser mais dúbia. O trabalhador pode, em teoria, recusar o consentimento, mas a consequência poderá ser a perda de uma oportunidade de emprego. Em tais circunstâncias,

esse consentimento, devem verificar se é comprovadamente necessário monitorizar a localização exata dos trabalhadores para um fim legítimo e ponderar essa necessidade face aos direitos e liberdades fundamentais dos mesmos. Nos casos em que a necessidade seja devidamente justificada, a base jurídica para esse tratamento pode ser o interesse legítimo do responsável pelo tratamento dos dados. De facto, o empregador deve recorrer sempre aos meios menos intrusivos, evitar uma monitorização contínua e, por exemplo, escolher um sistema que emita um alerta quando um trabalhador atravessa uma linha de demarcação virtual pre-estabelecida[63].

Impõe-se, desta forma, o dever de informar os trabalhadores quanto à existência destes mecanismos de geolocalização[64], a finalidade pretendida com o tratamento destes dados, a identidade e a morada do responsável pelo tratamento, os dados pessoais tratados, a sua origem e a categoria de pessoas afetadas pelo tratamento, os destinatários desses dados, a existência de um direito de acesso, retificação, oposição e as modalidades de exercício do mesmo e o tempo de conservação dos dados, que deve ser proporcional à finalidade pretendida e que pode diferir consoante o tipo de dados pessoais em causa[65].

---

o consentimento não é prestado livremente e, logo, não é válido. A situação é ainda mais clara quando, como é frequentemente o caso, todos os empregadores impõem condições de emprego idênticas ou semelhantes". *Vide*, ainda, MATHIEU DÉMOULAIN, *Nouvelles technologies et droit des relations de travail – Essai sur une évolution des relations de travail*, Éditions Panthéon Assas, Paris, 2012, pp. 348-349.

[63] Veja-se GRUPO DE PROTEÇÃO DE DADOS DO ARTIGO 29º, *Parecer nº 13/2011.*, cit., p. 15.

[64] No ordenamento jurídico espanhol há várias decisões que consagram esta obrigatoriedade de informação relativamente a aparelhos de geolocalização. A título de exemplo podem ver-se os Acórdãos do Tribunal Superior de Justiça de Castilla-la Mancha, de 23 de Março de 2015, assim como do Tribunal Superior de Justiça de Madrid, de 21 de Março de 2014, e de 29 de Setembro de 2014.

[65] A CNPD, *Deliberação...*, cit., p. 29 entende que não deve exceder uma semana para certos dados, a não ser em determinadas circunstâncias, nomeadamente quando se tratar de um procedimento criminal e os dados servirem de prova no mesmo, como pode acontecer em casos de furto. De notar, contudo, que noutros ordenamentos jurídicos estabelece-se um prazo bem mais alargado, dependendo também do tipo de dados. Por exemplo, no ordenamento jurídico francês entende-se que as informações obtidas por geolocalização não devem ser conservadas mais do que dois meses, podendo, no entanto, ser conservadas durante um ano se forem utilizadas para otimizar os percursos, desde que não seja possível atingir a mesma finalidade através de outros meios, podendo em alguns casos chegar aos 5

ESTUDOS DE DIREITO DE TRABALHO

No contexto laboral preconiza-se que devem ser dadas informações a todos os trabalhadores e às pessoas que eventualmente venham a ser afetadas por esta vigilância, incluindo a identidade do responsável pelo tratamento e a finalidade da vigilância, assim como quaisquer outras informações necessárias para garantir o tratamento leal relativamente à pessoa em causa[66], sendo que, secundando o defendido pelo Grupo de Proteção de Dados, o fornecimento de informação através de um símbolo não pode considerar-se suficiente no âmbito do emprego[67], ainda que nos pareça dever ser obrigatório que os veículos tenham um autocolante, ou outro símbolo, que indique o facto de o veículo estar sujeito a controlo através deste tipo de dispositivo. Parece-nos, contudo, um pouco redutora a redação do art. 20º, nº 3, do CT ao prever somente as situações de circuito fechado de televisão na medida em que, atualmente, com as NTIC, há formas muito mais intrusivas da privacidade, como é o caso, exatamente, dos dispositivos de geolocalização. Para o cumprimento correto destes princípios entendemos, ainda, que deveriam ser informados sobre o uso concreto que é dado a este tipo de informação recolhida.

Exige-se, ainda, para dar pleno cumprimento ao princípio da transparência, a comunicação aos representantes dos trabalhadores, nos termos do art. 21º, nº 4, do CT. Nos termos desta disposição legal exige-se um requisito procedimental para a correta instalação deste tipo de controlo, na medida em que o pedido de autorização à CNPD deve ser acompanhado do parecer da comissão de trabalhadores ou, dez dias após a consulta, de um comprovativo do pedido de parecer. Este, no entanto, não tem carácter vinculativo e não há qualquer necessidade de concordância com os representantes dos trabalhadores, podendo o

---

anos. Vide CNIL, La géolocalisation..., cit., p. 2. Também o Garante italiano estabelece que o prazo de conservação varia de acordo com o tipo de dados pessoais em causa e a finalidade dos mesmos. Veja-se Sistemi di ..., cit., p. 3.

[66] No caso das gravações serem examinadas pela administração da empresa, o período de gravação e a altura em que a gravação será transmitida às autoridades legais.

[67] A OIT no Repertório de recomendações práticas sobre proteção de dados pessoais dos trabalhadores, de 1997, p. 4, no ponto 6.14, 1) estabelece o mesmo, podendo ler-se que "quando os trabalhadores forem objeto de medidas de vigilância devem ser informados previamente das razões que as justificam, das horas em que se aplicam, dos métodos e técnicas utilizados e dos dados que vão ser tratados, devendo o empregador reduzir ao máximo a intromissão na privacidade daqueles".

empregador decidir contra este parecer, ainda que tenha de ter autorização prévia da CNPD. Esta autorização funcionará, então, como uma limitação à instalação destes sistemas pois só pode ser concedida se existir uma finalidade legítima, proporcional e transparente, embora não exista qualquer contraordenação para a sua falta no CT, devendo recorrer-se aos arts. 37º e seguintes da Lei de Proteção de Dados Pessoais.

Se um tratamento de dados de geolocalização for instalado sem a prévia autorização da CNPD, a prova através destes meios não poderá ser utilizada contra o trabalhador, tal como se decidiu no Acórdão do Tribunal da Relação do Porto de 22 de Abril de 2013, onde se pode ler que "a consequência da utilização ilícita dos meios de vigilância à distância invalida a prova obtida para efeitos disciplinares"[68].

2.2.2.2. Coloca-se, ainda, a questão do tratamento posterior pelo empregador dos dados obtidas através destes sistemas ficar sujeito ao princípio da compatibilidade com a finalidade prevista inicialmente. É o que decorre do art. 6º, nº 1, alínea b), da Diretiva 95/46/CE, e do art.5º, nº 1, alínea b), da Lei 67/98, de 26 de Outubro, que a transpôs. Estabelece o último que "os dados pessoais devem ser recolhidos para finalidades determinadas, explícitas e legítimas, não podendo ser posteriormente tratados de forma incompatível com essas finalidades". Este princípio estabelece a proibição do empregador aproveitar-se deste tipo de dados para um uso diferente da finalidade originária para a qual foram aceites. Não se ignora que o a geolocalização permite aceder a muitos dados pessoais do trabalhador, e não apenas aos precisamente ligados à localização geográfica. Podem ser recolhidos dados que podem ser sensíveis e, nalguns casos, quase *ultrassensíveis*, tal como dados relacionados com a religião, vida sexual, a ideologia, relacionados com as paragens que faz, a duração das mesmas, os desvios que realiza, entre outros exemplos possíveis. Contudo, a noção de finalidade incompatível exclui estas situações de aproveitamento destes dados pessoais para informação de segundo tipo e para uma utilização incompatível com a

---

[68] No mesmo sentido pode ver-se o Acórdão da *Cour de Cassation*, de 6 de Abril de 2004, onde um trabalhador tinha sido despedido por se recusar a utilizar *badges* que controlavam a entrada e a saída dos trabalhadores mas cujo tratamento não tinha sido declarado à CNIL. Neste caso o tribunal considerou o despedimento ilícito porque o empregador tinha obrigação de declarar previamente à CNIL o tratamento.

ESTUDOS DE DIREITO DE TRABALHO

finalidade declarada inicialmente. Esta proibição significa que os dados obtidos devem ser tratados e utilizados apenas de acordo com o interesse legítimo invocado para a sua adoção, ou seja, não é lícito utilizá-los para fins distintos dos que justificaram a sua recolha, registo e uso.

Porém, considera-se que em determinadas circunstâncias, os dados recolhidos com estes meios podem ser utilizados, nomeadamente em procedimentos disciplinares contra os trabalhadores quando o que se descobre acidentalmente são factos particularmente gravosos, e que podem constituir ilícitos penais. Parece, assim, que o princípio da finalidade, tal como defende Goñi Sein[69], "não deve amparar a impunidade dos que nele se refugiam para cometer ilícitos, nem lesar o direito do empregador a proteger-se do prejuízo ou da responsabilidade que poderá derivar das ações ilícitas dos seus trabalhadores", como seria o caso, *inter alia*, de furtos e roubos ou outros crimes. Porém, tendo em atenção que este processamento de dados com fins disciplinares constitui uma quebra do princípio da finalidade só pode ocorrer em situações excecionais[70].

Na verdade, conforme estabelece também a CNPD[71], se do tratamento destes dados resultarem indícios da prática de crimes, a informação fornecida pelos aparelhos de geolocalização poderá ser utilizada como base da participação criminal, considerando que nos casos em que tal ocorra o empregador poderá utilizar aquela informação no âmbito de procedimento disciplinar quando aqueles factos forem de *per si* violadores dos deveres do trabalhador, entendendo garantir-se a defesa dos legítimos interesses do empregador ao mesmo tempo que se assegura não haver desvio de finalidade pois os dados pessoais não são usados para controlo do desempenho do trabalhador.

Apesar de concordarmos, em princípio, com esta opinião, defendemos, contudo, que os dados só poderão ser aceites em situações verdadeiramente excecionais.

---

[69] *La Videovigilancia Empresarial...*, cit., p. 179.
[70] Cf., para maiores desenvolvimentos, Teresa Coelho Moreira, *A Privacidade dos Trabalhadores e as Novas Tecnologias de Informação e Comunicação: contributo para um estudo dos limites do poder de controlo electrónico do empregador*, Almedina, Coimbra, 2010.
[71] *Deliberação...*, cit., p. 25.

3. Conclusões

1. Se os problemas e as questões relacionadas com as implicações na privacidade dos trabalhadores da utilização das NTIC não são uma novidade, as dúvidas continuam a subsistir na medida em que, constantemente, surgem novas tecnologias capazes de aumentar, e muito, o poder de controlo eletrónico do empregador. E a tecnologia, através de dados de geolocalização, é exatamente uma dessas situações, sendo mais uma ferramenta que pode ser utilizada para controlar eletronicamente os trabalhadores.

2. O controlo através de aparelhos de geolocalização é muitas vezes simplificado visando apenas a localização da pessoa, não sendo considerado por muitos como uma invasão da privacidade. Porém, através da possibilidade de se saber a posição exata de uma pessoa em tempo real à distância de simples *click* e de forma cada vez mais económica, permite que se crie um perfil da vida profissional e extraprofissional dos trabalhadores podendo estes deixar de se sentir livres para realizarem determinadas atividades que normalmente fariam.

3. Esta capacidade de controlo ainda é maior quando se está perante dispositivos móveis inteligentes, presentes em *smartphones* e *tablets*, que estão inerentemente ligados aos seus proprietários, fornecendo uma visão muito íntima da sua vida privada, sendo que um dos grandes riscos é o de estes não se aperceberem de que transmitem dados de localização ao mesmo tempo que ignoram quem os recebe e onde.

4. Atendendo à enorme capacidade de controlo destes dispositivos entende-se que devem ser considerados como meios de vigilância à distância e, por isso, sujeitos a todos os requisitos previstos nos artigos 20 e 21º do CT.

5. Para a instalação deste tipo de dispositivos os empregadores têm de respeitar em primeiro lugar, o princípio da finalidade legítima, significando que só podem utilizar essa tecnologia se demonstrarem que essa utilização é necessária para alcançar um objetivo legítimo e que esse objetivo não pode ser alcançado por meios menos intrusivos.

Os objetivos legítimos previstos no artigo 20º, nº 2, do CT, só parecem existir relativamente a veículos e não a dispositivos móveis inteligentes. Assim, só poderão constituir finalidades legítimas com base na finalidade de proteção e segurança de pessoas e bens ou quando particulares exigências inerentes à natureza da atividade o justifiquem, como pode ser o caso de situações de gestão da frota em serviço externo, transporte de materiais perigosos e transporte de materiais de elevado valor.

Contudo, em nenhum caso podem estes dispositivos ser utilizados para controlar a vida extralaboral dos trabalhadores, pelo que não se permite a sua utilização fora da vida profissional. Se a viatura fornecida ao trabalhador puder ser utilizada simultaneamente na vida profissional e na vida privada, o empregador terá de garantir, nomeadamente através da tecnologia *privacy by design*, que não serão tratados dados pessoais de geolocalização na vida extralaboral, ainda que, por razões de auxílio em caso de furto ou roubo, os dados possam ser recolhidos e registados, podendo posteriormente ser entregues às autoridades competentes.

6. Uma vez determinada preliminarmente a presença de um interesse relevante, deve comprovar-se se a medida de recolha ou obtenção de informação do trabalhador através destes meios se torna necessária no sentido de não existir uma outra alternativa menos restritiva e menos intrusiva da sua privacidade para conseguir satisfazer o interesse do empregador. Deve efetuar-se, assim, um juízo de proporcionalidade acerca da seleção da medida de controlo aplicável, adotando-se o método que implique uma menor intromissão na privacidade dos trabalhadores ou um menor tratamento de dados pessoais.

7. O princípio da transparência também é essencial e, neste sentido, as informações prestadas devem ser claras, completas e compreensíveis para as pessoas que não têm formação técnica, devendo, ainda, ser fácil e permanentemente acessíveis.

8. Após a correta instalação deste tipo de dispositivos, o empregador deve respeitar outros princípios, como o da compatibilidade com a finalidade declarada. Defende-se, assim, que, embora na maior parte dos casos não seja possível a utilização dos dados recolhidos através destes aparelhos para fins disciplinares na medida em que há uma incompatibilidade com a finalidade declarada inicialmente, pode haver casos em que tal seja possível, como acontece nos casos de ilícitos penais que consubstanciem infrações disciplinares graves.

Vila Nova de Gaia, Dezembro de 2015

Algumas notas sobre as novas tecnologias de informação e comunicação e o contrato de teletrabalho subordinado*

"In the digital economy, the firm as we know it, will be transformed. Just as the organisation is changing, so are the job and the nature of work itself. As the world of work shifts from the hierarchical corporation to the new extended structures, there is a shift in the potential for work location. The office is no longer a place, it is a system. The roles of individuals within that system are no longer just jobs but fundamentally new working relationships".

DON TAPSCOTT, *The Digital Economy*, McGraw Hill. 1995

RESUMO:

As novas tecnologias, associadas às telecomunicações, possibilitam situações impensáveis até há poucos anos. Do ponto de vista material, determinam enormes mudanças nas formas de produção, podendo falar-se de uma nova economia, de uma nova forma de organização do trabalho e de novas realidades laborais, de que é exemplo, a ser registado, o teletrabalho.

Surgem não só novas profissões como também novas questões para o Direito do trabalho, já que se complica a própria delimitação do requisito de dependência do trabalhador e, ainda, o seu próprio controlo. É o que acontece no teletrabalho subordinado, regulado nos artigos 165º a 171º do Código do Trabalho.

PALAVRAS-CHAVE: NTIC, teletrabalho; teletrabalho subordinado

---

* Publicado *in Scientia Iuridica* nº 335, 2014.

1. Introdução

As novas tecnologias, associadas às telecomunicações, possibilitam situações impensáveis até há poucos anos. Do ponto de vista material, provocam enormes mudanças nas formas de produção, podendo falar-se de uma nova economia, de uma nova forma de organização do trabalho e de novas realidades laborais, de que é exemplo, a ser registado, o teletrabalho[1].

Nesta nova era há uma mutação económica radical produzida pela inserção das NTIC e que provoca um paulatino desaparecimento das fronteiras técnicas que anteriormente permitiam distinguir os diferentes sectores da economia, já que os sectores primário, secundário e terciário estão a perder o protagonismo para o sector quaternário, constituído pela informação. Nesta sociedade pós-industrial informatizada, a comercialização de produtos, as finanças, a publicidade, os seguros, os transportes e as comunicações, assim como a produção de novos conhecimentos, são impensáveis sem o tratamento da informação. A ampliação do âmbito de atividade das empresas e a superação das barreiras físicas determinam grandes mudanças em todo o mundo a nível económico e social. Esta *nova sociedade*, baseada na utilização das NTIC, estabelece um novo tipo de relacionamento entre a economia, a sociedade e o Estado. Surgem, desta forma, novos desafios para o homem.

No início deste novo milénio assiste-se ao crescimento de uma verdadeira revolução tecnológica associada ao surgimento das NTIC que alterou, praticamente sem qualquer paralelo, toda a estrutura da sociedade a nível mundial[2]. Surge a *sociedade pós-industrial*, uma nova era tecnológica ou, segundo ALVIN TOFFLER[3], uma "nova civilização". Nesta

---

[1] Como refere GUILHERME DRAY, "Teletrabalho, Sociedade de Informação e Direito", *in Estudos do Instituto de Direito do Trabalho – Volume II*, Almedina, Coimbra, 2002, p. 261, "mais do que uma possibilidade remota, o teletrabalho é atualmente uma realidade, que tende a consolidar-se e a desenvolver-se enquanto vetor que integra o ideal de flexibilização laboral".

[2] Como refere ROSARIO D'AFFLITTO, "Il computer e le nuove tecnologie: tipologie e applicazioni", *in Nuove Tecnologie e Tutela della Riservatezza dei Lavoratori*, (coord. LUCA TAMAJO, ROSARIO D'AFFLITTO e ROBERTO ROMEI), Franco Angeli, Milão, 1988, p. 162, a época atual é "o centro de uma transformação tecnológica tão radical que invade com todos os seus efeitos, direta ou indiretamente, toda a economia".

[3] *A Terceira Vaga*, Livros do Brasil, Lisboa, 2003, p. 116. No mesmo sentido MUÑOZ LORENTE, "Los limites penales en el uso del correo electrónico e Internet en la empresa", *in El uso laboral y sindical del correo electrónico e Internet en la empresa – Aspectos constitucionales, penales y*

nova era há uma mutação económica radical produzida pela inserção das NTIC e que determina um paulatino desaparecimento das fronteiras técnicas que anteriormente permitiam distinguir os diferentes sectores da economia, já que os sectores primário, secundário e terciário estão a perder o protagonismo para o sector quaternário, exatamente o sector da informação. Nesta sociedade pós-industrial informatizada[4] a comercialização de produtos, as finanças, a publicidade, os seguros, os transportes e as comunicações, assim como a produção de novos conhecimentos, são impensáveis sem o tratamento da informação. A ampliação do âmbito de atividade das empresas e a superação das barreiras físicas originam grandes mudanças em todo o mundo a nível económico e social. Esta *nova sociedade*, baseada na utilização das NTIC[5], estabelece um novo tipo de relacionamento entre a economia, a sociedade e o Estado. Surgem, desta forma, novos desafios para o homem, associados a três grandes tendências: a digitalização, a privatização e a génese de redes globais de informação.

Vive-se, assim, a Sociedade da Informação que se caracteriza por uma verdadeira revolução sem precedentes no mundo das telecomunicações e da informação[6]. O *Livro verde para a sociedade da informação em Portugal*

---

laborales, (coord. Roig Batalla), tirant lo blanch, Valencia, 2007, p. 125, asseverando que o desenvolvimento das NTIC juntamente com a implantação e desenvolvimento mundial de redes informáticas de comunicação implicou um "notável avanço", quer do ponto de vista social, quer económico, mas, simultaneamente, criou um enorme desafio para o Direito perante os perigos que podem advir da "faceta perversa" destas tecnologias.

[4] Nos anos 70 do século XX, um sociólogo americano, Daniel Bell, definiu a sociedade da informação como uma sociedade onde a informação era o recurso que identificava a sociedade pós-industrial e constituía uma nova fase do desenvolvimento económico. A tecnologia central desta nova era seria a recolha, armazenamento, tratamento, comunicação e interligação da informação. Ver William H. Dutton, *Social Transformation in an Information Society: Rethinking Access to You and the World*, UNESCO, Paris, 2004, p. 23.

[5] Para Manuel Castells, *A Era da Informação: Economia, Sociedade e Cultura, A Sociedade em Rede Vol. I*, 3ª edição, Fundação Calouste Gulbenkien, Lisboa, 2007, p. 34, a tecnologia é a utilização do conhecimento científico para especificar as vias de se fazerem coisas de forma reprodutível, aí incluindo a microeletrónica, a computação, as telecomunicações, a radiodifusão, a optoelectrónica e a engenharia genética. Mas, concorda-se com Antonios Kaniadakis, *The human factor problem and pós-fordism – The Case of the Automobile Industry*, Universidade de Queen, Kingston, Ontario, Canada, 2001, *in www.proquest.com*, p. 13, quando entende ser muito difícil encontrar uma noção de tecnologia.

[6] Secunda-se o defendido por Faria Costa, "O Direito Penal, a informática e a reserva da vida privada", *in Direito Penal da Comunicação (Alguns escritos)*, Coimbra Editora, Coimbra, 1998,

define[7] como "um modo de desenvolvimento social e económico em que a aquisição, armazenamento, processamento, valorização, transmissão, distribuição e disseminação de informação, conducente à criação de conhecimento e à satisfação das necessidades dos cidadãos e das empresas, desempenham um papel central na atividade económica, na criação de riqueza, na definição da qualidade de vida dos cidadãos e das suas práticas culturais. A sociedade de informação corresponde, por conseguinte, a uma sociedade cujo funcionamento recorre crescentemente a redes digitais da informação".

Esta Sociedade assenta num novo modelo de organização industrial, cultural e social, em que os trabalhadores, enquanto cidadãos, devem ser estimulados a usarem as NTIC, sendo que este incentivo deve ser fomentado pela possibilidade de as utilizarem no seu local de trabalho para diferentes finalidades, não parecendo benéfico ou mesmo desejável para as empresas uma sua proibição absoluta e injustificada.

As novas tecnologias aplicadas às telecomunicações possibilitam situações impensáveis até há poucos anos. Do ponto de vista material, a sociedade da informação caracteriza-se por uma utilização em grande escala das NTIC, que tornam possível uma recolha, armazenamento e gestão de dados sem precedentes, provocando mudanças transcendentais nas formas de produção, falando-se de uma nova economia, nova organização do trabalho, novas realidades laborais e mudanças nas relações jurídicas.

As mudanças ocorridas na organização e gestão do trabalho conduzem também ao aumento da autonomia organizativa dos trabalhadores que utilizam as novas tecnologias como instrumento de trabalho dado o carácter predominantemente criativo ou intelectual das suas prestações. Estas, inclusive, inserem-se mais numa ideia de coordenação do que de subordinação, já que o trabalhador não presta a sua atividade, pelo menos na totalidade, dentro do âmbito da organização e direção de

---

p. 70, quando defende que "o traço essencial revelado pelo armazenamento de informação e que constitui um eixo [...] essencialíssimo de qualquer comunidade humana adquiriu [...] uma relevância tão forte e profunda que podemos, hoje, considerar que se vive, em muitos aspetos, numa sociedade de informação. E, verdadeiramente, quem operou esta radical transformação qualitativa, sobre a própria informação foram, sem dúvida alguma, as chamadas ciências informáticas".

[7] Na p. 9.

um terceiro, antes a encaminha para a sua própria criatividade, manifestada de forma autónoma e sem exercício aparente de qualquer direção ou controlo. Surgem, assim, desde logo, não só novas profissões como também novas questões para o Direito do trabalho, já que se complica a própria delimitação do requisito de dependência da relação laboral[8] e, ainda, o seu próprio controlo. É o que acontece no teletrabalho subordinado[9], regulado nos artigos 165º a 171º do Código do Trabalho[10].

2. O contrato de teletrabalho subordinado

2.1. Introdução

2.1.1. A evolução das tecnologias da informação e a sua crescente utilização no local de trabalho alteraram a forma como as pessoas trabalham. Atualmente, há cada vez mais trabalhadores que podem desempenhar as suas funções à distância, fora das instalações do empregador, através da utilização de redes informáticas e das telecomunicações, em regime de teletrabalho, já que qualquer prestação intelectual, criativa ou de elaboração, distribuição, catalogação do conhecimento ou da informação, poderão ser exercidas através do teletrabalho[11]. Porém, como adverte Júlio Gomes[12], o teletrabalho não corresponde a um conceito jurídico com um tratamento unitário, antes apresentando-se como um fenómeno transversal onde existem várias modalidades de teletrabalho consoante o estatuto jurídico do teletrabalhador, podendo estar

---

[8] Veja-se a este propósito Alain Supiot, "Les nouveaux visages de la subordination", *in DS*, nº 2, 2000, pp. 131-145, e Pérez de los Cobos Orihuel, "La subordinación jurídica frente a la innovación tecnológica", *in RL*, I, 2005, pp. 1315 e ss..

[9] O teletrabalho representa, como preconiza Alain Supiot, *Transformações do Trabalho e Futuro do Direito do Trabalho na Europa*, Coimbra Editora, Coimbra, p. 35, uma nova forma de contrato de trabalho e, nessa medida, é "portador de um estatuto profissional" comportando garantias e proteção social.

[10] Cf., para maiores desenvolvimentos, Teresa Coelho Moreira, *A Privacidade dos Trabalhadores e as Novas Tecnologias de Informação e Comunicação: contributo para um estudo dos limites do poder de controlo electrónico do empregador*, Almedina, Coimbra, 2010.

[11] Como defende Franco Toffoletto, *Nuove tecnologie informatiche e tutela del lavoratore – Il potere di controlo del datore di lavoro – Il telelavoro*, Giuffrè Editore, Milão, 2006, pp. 57-58, qualquer atividade que não comporte produção de bens materiais é uma "potencial candidata" a ser desenvolvida em regime de teletrabalho.

[12] *Direito do Trabalho – Volume I – Relações Individuais de Trabalho*, Coimbra Editora, Coimbra, 2007, p. 736.

ESTUDOS DE DIREITO DE TRABALHO

perante um contrato de trabalho subordinado, perante um contrato de prestação de serviço, perante um contrato equiparado nos termos do art. 10º do CT, como numa situação em que o teletrabalhador é um verdadeiro empresário[13].

2.1.2. O teletrabalho nasceu no continente americano nos anos setenta do século passado através do projeto *Alternative Work Arrangement*, adotado pela Sociedade *Bell* de Ontario, Canadá. Este projeto, apesar de não mencionar o termo teletrabalho, permitia que um pequeno grupo de pessoas trabalhasse em casa através de tecnologia distribuída pela empresa[14]. Contudo, a *paternidade* da expressão teletrabalho é atribuída a JACK NILES, em 1973[15], o qual, em plena crise petrolífera dos anos 70, defendeu a redução do consumo de petróleo através da supressão do *commuting*, que implicava a deslocação diária do trabalhador do seu domicílio para o local de trabalho, defendendo a sua substituição pelo *telecommuting*, isto é, a deslocação do trabalho para a residência dos trabalhadores através do recurso a meios telemáticos[16].

Com este neologismo pretende-se aludir a uma modalidade de trabalho prestada por um trabalhador fora das instalações da empresa, através do recurso a tecnologias de informação e de comunicação, tendo

---

[13] Como observa JÚLIO GOMES, última *op.* cit., pp. 737-738, tem-se escrito sobre este contrato através de imagens que não correspondem à realidade. "Numa visão idílica, tende-se mesmo a descrever um mundo em que os teletrabalhadores se encontrariam nas praias com os sues computadores portáteis, realizando a sua prestação entre dois mergulhos. Como sempre, a realidade está longe de confirmar este optimismo".

[14] Para mais desenvolvimentos cf. FRANCO TOFFOLETTO, *op.* cit., pp. 58-59.

[15] Há quem, contudo, defenda que a origem do *teletrabalho* remonta ao ano de 1969 quando ALAN KIRON, num artigo publicado no *Washington Post*, introduziu o termo *Dominetics*. Dois anos mais tarde, em 1971, surge a expressão *Flexiplace* através de FRANK SCHIFF, complementada, em 1974, com o emprego do conceito *Telecommuting* com JACK NILES. Neste sentido RUI FIOLHAIS, *Sobre as implicações Jurídico-laborais do Teletrabalho Subordinado em Portugal*, Instituto do Emprego e Formação Profissional, Lisboa, 1998, p. 105, e ESPINOZA CÉSPEDES, PATRÓN BEDOYA, e MARTINEZ BERNDT, "Aproximaciones normativas al teletrabajo en el Perú a inícios del siglo XXI", *in XVI Congreso Iberoamericano de Derecho e Informática – Tomo II*, Ministerio de Justicia, Derechos Humanos y Cultos, Quito, Equador, 2012, pp. 608-609.

[16] *Vide* GUILHERME DRAY, *op.* cit., p. 266, e Mª REGINA REDINHA, "O teletrabalho", *in II Congresso Nacional de Direito do Trabalho – Memórias*, (coord. ANTÓNIO MOREIRA), Almedina, Coimbra, 1999, p. 86.

como características principais a distância do local de trabalho relativamente às instalações da empresa e o recurso a meios informáticos e/ou telemáticos[17][18].

Desta definição resulta que para que estejamos perante um contrato de teletrabalho é necessária a presença de duas características essenciais: uma relacionada com um fator geográfico e outra com um fator funcional[19].

Quanto ao fator geográfico é essencial que haja a separação espacial entre o trabalhador e as instalações da empresa, pois o teletrabalho é, por definição, um trabalho à distância.

No que concerne ao fator funcional, a prestação realizada pelo teletrabalhador está intrinsecamente relacionada com o recurso a tecnologias de informação e de comunicação entre o teletrabalhador e o empregador[20].

Porém, na senda da definição apresentada pelo Acordo-Quadro Europeu sobre Teletrabalho, de 16 de Julho de 2012, e antes de analisarmos o regime do teletrabalho subordinado presente no CT, convém atender que parece um pouco redutor entender apenas o teletrabalho

---

[17] Defende esta noção Thibault Aranda, *El teletrabajo. Análisis jurídico-laboral*, CES, Madrid, 2001, p. 32, considerando que o teletrabalho "é uma forma de organização e/ou execução do trabalho realizado em grande parte, ou principalmente, à distância, e através do uso intensivo de técnicas informáticas e/ou de comunicação".

[18] Porém, há que notar, tal como Mª Regina Redinha, "O teletrabalho", cit., p. 86, nota nº 13, que são possíveis outras definições de teletrabalho, como ""desenvolvimento de um trabalho à distância através do emprego intensivo, mas não exclusivo, de tecnologias de informação e de comunicação", "prestação de quem trabalha com um instrumento telemático, topograficamente fora da empresa, por conta e/ou no interesse da qual é efetuada a prestação", ""trabalho baseado ou facilitado pelas tecnologias da rede da sociedade", ""pluralidade de atividades laborais e de formas de execução da prestação de trabalho, cuja característica comum é representada pela utilização de tecnologias telemáticas e pela comunicação na realização da atividade laboral". Cf., ainda, Júlio Gomes, *Direito do...*, cit., pp. 736-737.

[19] Chamando a atenção para a importância de se conseguir chegar a uma definição, veja-se Roger Blanpain, "Telework in Perspective", *in Telework Congress – Chance and Challenge for Europe*, Comissão Europeia, Luxemburgo, 1996, p. 239.

[20] *Vd.* Maria do Rosário Palma Ramalho, *Tratado de Direito do Trabalho – Parte II – Situações Laborais Individuais*, 4ª edição, Almedina, Coimbra, 2012, e "Novas formas de realidade laboral: o teletrabalho", *in Estudos de Direito do Trabalho, Volume I*, Almedina, Coimbra, 2003, pp. 195-196.

ESTUDOS DE DIREITO DE TRABALHO

como uma modalidade de trabalho à distância[21]. Na verdade, a cláusula 2º do Acordo-Quadro sobre Teletrabalho, entende-o como uma forma de organização e/ou execução do trabalho que utiliza as tecnologias da informação, no contexto de um contrato ou de uma relação de trabalho, em que o trabalho, que também podia ser executado nas instalações do empregador, é efetuado fora desse local[22], de acordo com as condições acordadas[23]. Nota-se, assim, que, são três os elementos fundamentais nesta definição: um elemento espacial, pois o trabalho é realizado noutro local que não a empresa; um elemento telemático, na medida em que o trabalho é realizado com o recurso às novas tecnologias de informação e de comunicação; e um terceiro elemento, relacionado com o modo de execução pois o teletrabalho corresponde, nesta noção, a um modo diferente de execução e organização da atividade laboral[24].

[21] No mesmo sentido JÚLIO GOMES, *Direito do...*, cit., p. 739.

[22] Logo na cláusula 1ª, é ressalvado o conceito amplo de teletrabalho, podendo ler-se que "Telework covers a wide and fast evolving spectrum of circumstances and practices. For that reason, social partners have chosen a definition of telework that permits to cover various forms of regular telework".

[23] De notar que a via que é habitualmente utilizada para a introdução do regime do teletrabalho é a convencional. Veja-se, neste sentido, a cláusula 3 do Acordo-Quadro Europeu – "o teletrabalho é voluntário para o trabalhador e para o teletrabalhador", introduzindo depois várias considerações para garantir a efetividade desta declaração assim como o art. 166º do CT. Veja-se, ainda, XAVIER SOLÀ I MONELLS, "La introducción del teletrabajo en la empresa: régimen jurídico", *in Relaciones Laborales y Nuevas Tecnologías*, (coord. SALVADOR DEL REY GUANTER e MANUEL LUQUE PARRA), La Ley, Madrid, 2005, pp. 52-54. Contudo, no âmbito do teletrabalho subordinado, o CT português introduziu uma nova possibilidade no art. 166º, nºs 2 e 3, no caso de vítimas de violência doméstica. Neste caso, preenchidos que estejam os requisitos do art. 195º, nº 1, a vítima de violência doméstica tem direito a passar a trabalhar em regime de teletrabalho se a natureza da respetiva atividade laboral o permitir, não podendo o empregador opor-se ou recusar tal pedido. Resta saber se o desfecho não poderá ser pior pelo facto de a vítima passar a permanecer mais tempo, em geral, em casa. Pode, pois, afigurar-se duvidosa a bondade do legislador...

[24] A noção que a Comissão Europeia defendia de teletrabalho era próxima da adotada pelos parceiros sociais no Acordo-Quadro pois "Telework is a method of organising and/or performing work which accounts for at least a considerable proportion of working time and which is done by a natural person in the framework of an employment relationship, in the following cumulative conditions:
– the work is done at a distance (away from the firm's premises or away from the place where the work is expected),
– the work is performed using information technology and technology for data transmission, in particular the internet."

ALGUMAS NOTAS SOBRE AS NOVAS TECNOLOGIAS DE INFORMAÇÃO E COMUNICAÇÃO ...

2.1.3. O teletrabalho é um fenómeno que está a crescer em todos os Estados-Membros da UE[25]. A percentagem média de trabalhadores envolvidos no teletrabalho nos 27 Estados-Membros da UE[26] aumentou de cerca de 5% em 2000 para 7% em 2005[27].

Ao nível da UE, desde 1992 que o teletrabalho adquiriu grande importância e, em 26 de Maio de 1994, apresentou-se o *Bangemann Report* que, no capítulo IV, dedicava-se a questões do teletrabalho, mencionando os aspetos positivos e as vantagens da difusão do mesmo, colocando-se como objetivo a criação de um centro de teletrabalho que envolvesse, pelo menos, 20000 trabalhadores em 20 cidades até finais de 1995, até chegar aos 10 milhões de teletrabalhadores em 2000.

Contudo, já em 1993, no *Livro Branco relativo ao Crescimento, competitividade e emprego: desafios e pistas para entrar no século XXI*, que tinha como questão fundamental subjacente lutar contra o desemprego, visava-se incrementar o "mundo multimédia", apontando para a necessidade de flexibilização do trabalho, quer na vertente de organização dos tempos de trabalho, quer na parte relativa ao local de trabalho, englobando-se o fenómeno do teletrabalho.

Após estes Documentos, a UE passou a preocupar-se sucessivamente com questões de teletrabalho e, em 1996, foram pedidos dois relatórios pela Comissão a cada Estado-Membro: um relacionado com o Direito do trabalho; e um outro relativo à Segurança Social. Após estes relatórios, a Comissão Europeia, em 1997, preocupada com as questões inerentes ao teletrabalho, desenvolve o *Livro Verde – Parceria para uma nova organização do trabalho*, no qual tentava identificar os desafios colocados pelo teletrabalho, que incluíam o estatuto do teletrabalhador, considerando que a organização tradicional do trabalho assente no conceito de produção industrial em massa foi progressivamente questionada ao longo dos últimos 20 a 30 anos e, desde então, tinham vindo a ser empreendidas várias tentativas de mutações organizacionais com vista à melhoria da produtividade, da qualidade e das

---

[25] *Vd.* JEAN GONIÉ, "Le télétravail en France: les principaux points de la recommandation du Forum des droits sur l'Internet", *in Droit Social*, nº 3, 2005, pp. 273 e ss..

[26] Atualmente 28.

[27] Cf. Relatório da European Foundation for the Improvement of Living and Working Conditions, *Telework in the European Union*, 2010, p. 2, disponível em www.eurofound.europa.eu.

condições de trabalho, como círculos de qualidade, sistemas *just-in-time* e trabalho de equipa[28].

Contudo, já em 1997, a Comissão Europeia alertava para algumas questões relacionadas com o teletrabalho que tinham sido, aliás, identificadas nos Relatórios realizados nos vários Estados-membros.

Assim, pode ver-se que o *Livro Verde* chama a atenção para o facto de que, embora a disseminação e a penetração do teletrabalho não fossem, à data, ainda muito claras, o número de teletrabalhadores não parecia corresponder às previsões otimistas dos anos 70[29]. Contudo, não deixa de realçar que qualquer consideração sobre o teletrabalho aos níveis regional, nacional ou europeu deve ser fortemente influenciada pela necessidade de criação de postos de trabalho, mais oportunidades de emprego, melhoria ambiental e desenvolvimento regional, colocando como questão central o teletrabalho e as técnicas a ele associadas, a fim de despoletar um claro aumento das oportunidades de trabalho para os europeus, de tal modo que a qualidade global da vida profissional saísse beneficiada[30].

Mais tarde, a 16 de Julho de 2002, no seguimento do convite endereçado pela Comissão Europeia aos principais parceiros sociais europeus para iniciarem negociações sobre o teletrabalho, foi celebrado um Acordo-Quadro Europeu sobre Teletrabalho[31] entre o *European Trade Union Confederation* – ETUC[32] –, a *Confederation of European Business* – UNICE[33] –, a *European Centre of Entreprises with Public Participation and of*

---

[28] "Os conceitos de local de trabalho, empresa, fábrica e, em especial, a noção de empregador estão a sofrer um processo de diversificação, facto que conduz a uma erosão das relações laborais tradicionais. Práticas como o *downsizing* (redução da dimensão das empresas), o *outsourcing* (externalização), a subcontratação, o teletrabalho, as ligações em rede e as *joint ventures* aportam ao mundo do trabalho novas dimensões para as quais as disposições tradicionais da legislação laboral não parecem apresentar respostas adequadas".

[29] Ver, a título de exemplo, que em 1971, a empresa *American Telegraph and Telephone – ATT*, tinha defendido que em 1990 todos os americanos iriam trabalhar em casa e que, em 1974, dois relatórios, um japonês e outro britânico, defendiam que, respetivamente, 65% das atividades do setor terciário, e 20% de todas as atividades, poderiam ser realizadas através de acesso remoto. Veja-se *Telework – Impact on Living and Working Conditions*, eurofound, Dublin, 1984, p. 31.

[30] *Livro Verde...*, cit., p. 22.

[31] *Framework Agreement on Telework*.

[32] Que representa também o EUROCADRES/CEC.

[33] À data.

Entreprises of General Economic Interest – CEEP –, e a *European Association of Craft, Small and Medim-sized Entreprises* – UEAPME. Para os parceiros sociais, o teletrabalho era visto como uma forma de modernizar a organização do trabalho e, também, de compatibilizar a vida privada e familiar com a vida profissional, conferindo-lhes mais autonomia na realização das suas atividades[34].

O Acordo-Quadro Europeu tratou-se do primeiro acordo autónomo negociado pelos parceiros sociais europeus onde, pela primeira vez, se abordou a este nível as novas formas de organização de trabalho através do estabelecimento de várias regras e princípios, tentando desenvolver este tipo de prestação de trabalho com a salvaguarda dos direitos dos trabalhadores e dos interesses dos empregadores[35].

Este Acordo define o teletrabalho e estabelece, à escala europeia, um quadro geral para as condições de trabalho dos teletrabalhadores. Atribuiu-lhes a mesma proteção global que a conferida aos trabalhadores que exerciam as suas atividades nas instalações da empresa e destacava sete domínios-chave em que as especificidades do teletrabalho deveriam ser tomadas em consideração[36].

O Acordo-Quadro Europeu pretendeu estabelecer melhores condições de trabalho para os teletrabalhadores, como garantia do carácter voluntário do teletrabalho e exigindo que os teletrabalhadores usu-

---

[34] "If Europe wants to make the most out of the information society, it must encourage this new form of work organisation in such a way, that flexibility and security go together and the quality of jobs is enhanced, and that the chances of disabled people on the labour market are increased".

[35] Na altura da celebração deste acordo, ANNA DIAMANTOPOULOU, Comissária responsável pelo Emprego e Assuntos Sociais, declarou que "Trata-se de um acordo histórico. Não só esta iniciativa aproveitará aos trabalhadores e às empresas, mas trata-se também do primeiro acordo europeu concluído pelos próprios parceiros sociais. Este facto marca o advento da era do diálogo social europeu."

[36] À data existiam 10 milhões de teletrabalhadores na União Europeia, assim distribuídos: trabalhadores no domicílio assalariados, a maior parte deles trabalhando alternativamente no domicílio e nas instalações da empresa; trabalhadores independentes que trabalhavam normalmente no domicílio; trabalhadores móveis que trabalhavam no mínimo dez horas por semana fora do seu domicílio ou do seu principal local de trabalho, por exemplo no âmbito de viagens de negócios ou de representação e nas instalações de clientes, e que, durante esse tempo, se conectavam às redes informáticas; e trabalhadores ocasionais que poderiam ser incluídos na primeira categoria (trabalhadores no domicílio), mas que trabalhavam menos de dez horas por semana no domicílio.

ESTUDOS DE DIREITO DE TRABALHO

fruíssem dos mesmos direitos coletivos que os colegas que laboravam nas instalações do empregador, melhores condições no que respeitava ao tempo de trabalho, bem como à privacidade e à proteção dos dados dos teletrabalhadores. O acordo continha igualmente uma disposição relativa à fiscalização adequada das condições de saúde e segurança dos teletrabalhadores[37].

2.1.4. O legislador nacional regulou esta matéria nos artigos 165º a 171º do CT, que apenas versam sobre o trabalho subordinado, não estabelecendo um regime para as outras possibilidades de realização desta atividade como será o caso do teletrabalho efetuado em regime de dependência económica que se enquadra numa das hipóteses previstas no art. 10º do CT quanto a situações equiparadas. Nestas situações, estar-se-á perante um contrato legalmente equiparado ao contrato de trabalho que se regerá pela Lei nº 101/2009, de 8 de setembro, que regula o trabalho no domicílio.

Nota-se, assim, que há uma insusceptibilidade de subsumir o teletrabalho num único modelo jurídico, pois pode enquadrar-se o teletrabalho enquanto trabalho subordinado[38], subsumível num contrato de trabalho especial devido à natureza da atividade laboral prestada à distância do local de trabalho relativamente às instalações do empregador.

Poderá ainda apresentar-se como uma modalidade de trabalho autónomo, se o teletrabalhador desenvolver a sua atividade com independência relativamente ao credor da prestação, enquadrando-se na figura de contrato de prestação de serviço numa das suas várias modalidades.

Por fim, pode estar-se perante uma modalidade de teletrabalho autónomo mas com dependência económica do prestador, podendo neste caso ser reconduzido à figura do trabalho no domicílio, se o teletrabalhador desenvolver a sua atividade no seu domicílio ou em estabelecimento equiparado[39]. Contudo, quando o teletrabalho subordinado for realizado no domicílio do teletrabalhador, há que considerar que pode existir uma certa sobreposição das duas figuras sem que as duas reali-

---

[37] Cf. JEAN-EMMANUEL RAY, *Le Droit du Travail à l'épreuve des NTIC*, Editions Liaisons, Paris, 2001, pp. 52-55, e ISABELLE DE BENALCÁZAR, *Droit du Travail et nouvelles technologies*, Gualino éditeur, Paris, 2003, pp. 5.

[38] E é este que é objeto de análise neste trabalho.

[39] Cf., para maiores desenvolvimentos, MARIA DO ROSÁRIO PALMA RAMALHO, "Novas formas de...", cit., pp. 205 e ss..

dades se confundam, embora possam ter problemas comuns relacionados com o isolamento dos trabalhadores, a confidencialidade ou a dificuldade em distinguir a vida privada e a vida profissional[40].

2.2. Modalidades

Trabalho à distância e teletrabalho apesar de serem, por vezes, utilizadas como sinónimos, não significam a mesma realidade pelo que convém atender às diversas modalidades de teletrabalho.

Assim, existe o teletrabalho no domicílio – *Electronic Home-Work*,
ou *home-based telework* onde a prestação de trabalho é desenvolvida no
domicílio do teletrabalhador, que ligado à empresa através do recurso às
tecnologias de informação e comunicação. Esta é, sem dúvida, a modalidade que habitualmente se associa ao teletrabalho, tendo sido esta a que
primeiro surgiu. Paradoxalmente, esta é, talvez, a modalidade que mais
críticas tem levantado e a que apresenta várias desvantagens[41], sobretudo relacionadas com o isolamento e a possível invasão da privacidade
do teletrabalhador.

Existe, ainda, a possibilidade de teletrabalho em *centros satélite* –
Satellite Offices ou *Branch Offices*, local que pertence à empresa mas constituído por unidades organizacionais geograficamente separadas da sede
e ligadas sempre por meios telemáticos. Este local, por vezes, encontra-
-se noutro país, sobretudo em países menos desenvolvidos, onde a retribuição paga a estes trabalhadores é mais baixa, falando-se aqui do "teletrabalho *off-shore*"[42].

Esta modalidade, considerada por alguns como de teletrabalho transnacional[43], intensifica o processo de globalização internacional e o problema da competitividade das empresas num espaço virtual. Este teletrabalho transnacional é o que se pode desenvolver num ou em vários
países diferentes da localização da empresa, desaparecendo o elemento
internacional, e o local de trabalho tradicional converte-se num espaço
virtual que não conhece fronteiras nem regras que regulem o trabalho

---

[40] Neste sentido Júlio Gomes, *Direito do...*, cit., p. 741, e "Algumas considerações sobre o
trabalho no domicílio", *in RDES*, 2003.

[41] No mesmo sentido Guilherme Dray, *op.* cit., p. 268.

[42] Último autor e *op.* cit., p. 268.

[43] Esperanza Sierra Benítez, *El contenido de la relación laboral en el teletrabajo*, CES,
Andaluzia, 2011, pp. 85 e ss..

realizado desta forma. A empresa de teletrabalho aproveita a mão-de--obra deslocalizada e situada em países com rendimentos mais baixos, quer qualificada, quer não qualificada e, a maior parte das vezes, sem regras protetoras a nível do Direito do trabalho, encontrando-se aqui uma forma de *dumping social*. Depara-se, desta forma, com uma nova dimensão na divisão internacional do trabalho, colocando-se vários problemas jurídicos ao nível europeu como internacional, relacionados, *inter alia*, com o alongamento do período normal de trabalho diário ou semanal, com a inexistência de medidas de saúde e segurança no local de trabalho, com a inibição do direito à filiação sindical, com o aumento do trabalho clandestino, não declarado e com a fuga às contribuições para a Segurança Social[44].

Com semelhanças com os centros satélite encontra-se a modalidade de teletrabalho em centros comunitários ou num centro de teletrabalho – *telecottage* – *Neighbourhood Work Centers, Shared Facilities Centers* ou *Centres de Quartier* –, que se traduzem em espaços organizacionais implantados próximo do local de residência dos trabalhadores, equipados com material telemático partilhado por trabalhadores de várias empresas e, até, por agentes autónomos.

A distinção entre os centros comunitários e os centros satélite encontra-se no facto de os últimos serem exclusivamente ocupados por trabalhadores de uma mesma empresa, representando uma simples deslocalização da mão-de-obra possibilitada pela aplicação das novas tecnologias. Já nos centros comunitários coexistem teletrabalhadores vinculados a vários empregadores e até profissionais independentes[45].

Há, por último, a modalidade de *teletrabalho móvel* – *Mobile Work* – que se caracteriza pela atividade ser exercida à distância por trabalhadores *itinerantes* ou *nómadas*, permanentemente conectados à empresa através da via telemática. Esta modalidade é proporcionada pela difusão de novas formas de comunicação, como telemóveis, *smartphones*, *tablets*, portáteis, perdendo o trabalho a referência a um local físico.

---

[44] Neste sentido veja-se Glória Rebelo, *Teletrabalho e Privacidade – Contributos e Desafios para o Direito do Trabalho*, Editora RH, Lisboa, 2004, pp. 39-40, assim como Esperanza Sierra Benítez, *op.* cit., pp. 76 e ss., e David Wicks, "Sucessfully increasing technological control trough minimizing workplace resistance: understanding the willingness to telework", *in Management Decision*, nº 40, 2002, p. 673.

[45] Ver para mais desenvolvimentos Vittorio di Martino e Linda Wirth, "Telework: A new way of working and living", *in International Labour Review*, vol. 129, Nº 5, 1990, pp. 530 e ss..

A organização do teletrabalho dentro destas diversas modalidades origina várias formas de comunicação informática ou telemática entre o teletrabalhador e o empregador, podendo ser uma comunicação mais ou menos ativa. Socorrendo-nos da divisão feita por REGINA REDINHA[46], o teletrabalho pode efetuar-se *offline*, isto é, sem que exista comunicação informática entre quem trabalha e quem recolhe o resultado do trabalho. O teletrabalhador, com base em instruções e diretrizes prévias, executa a atividade determinada e, finda a mesma, coloca-a à disposição do beneficiário da prestação.

No teletrabalho *one way* a conexão consubstancia-se num fluxo de dados ou informações do computador periférico para o central sem que haja possibilidade de retorno. Trata-se de uma ligação unilateral, de sentido único.

Por último, a mais completa das ligações é a ligação *online*, que verdadeiramente, caracteriza o teletrabalho. Aqui existe uma ligação informática e constante entre o teletrabalhador e beneficiário da sua atividade. O computador do teletrabalhador está ligado a uma rede de comunicações eletrónica (*intranet*), que permite um diálogo interativo, constante e em tempo real, não só com o computador matricial, mas com todos os terminais da rede, permitindo trabalho em grupo realizado por via telemática ou através de teleconferência.

2.3. Regime legal

A figura do teletrabalho subordinado foi introduzida no nosso ordenamento jurídico pelo CT de 2003[47], tendo por base o Acordo-Quadro de 16 de Julho de 2002 sobre esta matéria. A consagração legal de um regime jurídico de teletrabalho revestiu o carácter de novidade mesmo quando comparada com os restantes ordenamentos jurídico da União Europeia, uma vez que o teletrabalho subordinado não é regulado na maioria dos países[48]. Atualmente, este regime consta dos artigos 165º a 171º do CT, estando inserido na secção relativa a modalidades de contrato de trabalho, considerando-se um contrato de trabalho especial.

A definição do teletrabalho encontra-se no art. 165º do CT que estabelece que "considera-se teletrabalho a prestação laboral realizada com

---

[46] *Op.* cit., pp. 98 e ss..
[47] Arts. 233º a 243º.
[48] Veja-se MARIA DO ROSÁRIO PALMA RAMALHO, *Tratado de Direito do ...*, cit., p. 293.

subordinação jurídica, habitualmente fora da empresa, e através do recurso a tecnologias de informação e de comunicação". Este contrato de teletrabalho é um contrato de trabalho especial, tratando-se de um negócio jurídico obrigacional, de direito privado, bilateral ou plurilateral, em regime de subordinação jurídica[49]. Da noção apresentada nota-se como é necessário o requisito da *habitualidade* da prestação ser realizada fora da empresa, o que significa que não se pode considerar como teletrabalhador aquele que, ocasionalmente, realiza a sua prestação fora da empresa ainda que com uma ligação telemática ou informática.

Por outro lado, pode constatar-se a existência de dois elementos que caracterizam o teletrabalho: o elemento geográfico ou topográfico, pois o trabalho é realizado à distância, e o elemento tecnológico ou instrumental, na medida em que exige o recurso a tecnologias de informação e comunicação[50].

O contrato de teletrabalho, que resulta sempre de um acordo, a não ser nas situações de teletrabalho relacionado com casos de violência doméstica, deve ser reduzido a escrito e conter as indicações previstas no art. 166º, nº 4. Contudo, e diferentemente do que acontecia no CT de 2003, os vícios de forma do acordo do teletrabalho, nomeadamente a falta de redução a escrito, têm apenas um valor *ad probationem* nos termos do art. 166º, nº 6. Concorda-se com esta alteração do legislador pois a consequência legal anteriormente estabelecida para a falta de forma seria negar a existência de trabalho subordinado quando, dada a desigualdade existente entre as partes numa relação jurídica de trabalho, a maior parte das vezes não seria o trabalhador o responsável pela falta da redução a escrito ou pela falta da menção ao regime do teletrabalho[51].

O teletrabalho tanto pode ser exercido por um trabalhador externo contratado especialmente para essa modalidade, como por um trabalha-

---

[49] Sobre a subordinação jurídica veja-se, entre outros, GLÓRIA REBELO, *op.* cit., p. 85, e PATRÍCIA PINTO RODRIGUES, "O teletrabalho: enquadramento jus-laboral", *in Estudos de Direito do Trabalho*, (org. MONTEIRO FERNANDES), Coimbra Editora, Coimbra, pp.102 e ss..

[50] Neste sentido LEAL AMADO, *Contrato de Trabalho*, 4ª edição, Coimbra Editora, Coimbra, 2014, p. 161.

[51] Neste sentido JÚLIO GOMES, *Direito do...*, cit., pp. 745-746. O autor criticava a situação alertando para o facto de se o trabalhador passasse a ser considerado como um trabalhador subordinado e não um teletrabalhador, seriam afastados vários direitos próprios dos teletrabalhadores.

dor interno, através da passagem do regime geral para o regime de teletrabalho. Porém, esta hipótese de mobilidade só pode ser feita através de acordo das partes, não podendo o empregador, unilateralmente, através do seu poder diretivo, realizar esta transferência. Por outro lado, este acordo está sujeito a um prazo nos termos do art. 167º, nº 1, cujo período inicial não pode ser superior a três anos, ou outro se for estabelecido em instrumento de regulamentação coletiva de trabalho. Este acordo, nos termos do nº 2 do art. 167º, pode ser denunciado por qualquer das partes nos primeiros 30 dias da sua execução. No final do prazo estabelecido, o trabalhador retoma a prestação de trabalho, nos termos do nº 3 do art. 167º.

O legislador estabeleceu ainda regras relativas à execução do contrato de teletrabalho e a algumas especificidades deste regime relacionadas, sobretudo, com a situação jurídica do teletrabalhador.

Consagrou-se no art. 169º o direito à igualdade de tratamento entre trabalhadores e teletrabalhadores, quer relativamente às condições de trabalho, quer relativamente à matéria de segurança e saúde no trabalho e reparação de danos emergentes de acidente de trabalho ou de doença profissional, assim como no que concerne aos limites do período normal de trabalho.

Na verdade, é importante assegurar estes direitos, sobretudo quando a conexão do teletrabalhador à rede do empregador é *online*, podendo estar sujeito a uma verdadeira *trela eletrónica*[52]. Porém, esta teledisponiblidade poderá existir mesmo se os trabalhadores não se encontrarem numa modalidade de teletrabalho pois as empresas exigem muitas vezes que os trabalhadores estejam constantemente *on-line*, defendendo-se que os trabalhadores têm direito ao repouso e à desconexão, sob pena de uma das primeiras conquistas do Direito do trabalho – a limitação dos tempos de trabalho – deixar de existir.

E não pode deixar de ter-se em atenção, tal aliás como foi apontado por JEAN-EMMANUEL RAY[53], que estamos, nesta temática, perante "uma guerra de tempos". As horas de trabalho ditas oficiais[54] não têm qualquer significado quando o trabalhador não tem direito ao descanso

---

[52] JEAN-EMMANUEL RAY, *apud* JÚLIO GOMES, *Direito do...*, cit., p. 737, nota nº 1829.
[53] "La guerre des temps: le NET? Never Enough Time", *in DS*, nº 1, 2006, p. 3.
[54] Sujeitas a alguma flexibilidade legalmente prevista.

legalmente previsto por ter de estar constantemente *on line* e por não poder *desconectar-se* e usufruir do necessário restabelecimento do equilíbrio físico, psicológico e social.

E se até há algum tempo atrás poder-se-ia defender que estes trabalhadores, *Net-Addicts*, também usufruíam de um tempo pessoal no local de trabalho, podendo ocorrer um certo equilíbrio entre vida pessoal no escritório e vida profissional em casa, hoje em dia isso já não é defensável nos mesmos termos. Atualmente, a vida profissional absorveu grande parte da vida pessoal e, secundando Jean-Emmanuel Ray[55], a subordinação jurídica, um dos elementos da existência de um contrato de trabalho, segundo o art. 11º do CT, tornou-se, na verdade, um critério permanente da vida do trabalhador.

O CT consagra, ainda, no art. 169º, nº 2, o direito a formação específica do teletrabalhador. Assim, sem prejuízo do direito a formação profissional, como qualquer outro trabalhador, nos termos dos arts. 130º e ss., o teletrabalhador tem direito a "formação adequada sobre a utilização de tecnologias de informação e de comunicação inerentes ao exercício da respetiva atividade". A questão que se coloca perante este dever, na esteira de Júlio Gomes[56], é se não deveria ser proporcionada idêntica formação profissional ao supervisor ou mesmo à comissão de trabalhadores para uma mais fácil compreensão das especificidades inerentes à atividade exercida pelo teletrabalhador.

Um dos grandes problemas ou desvantagens apontadas ao teletrabalho é o do isolamento a que o teletrabalhador fica confinado[57], originando muitas vezes o desaparecimento da solidariedade entre trabalhadores e uma diminuição da dimensão coletiva do trabalho. O legislador nacional tentou acautelar os perigos deste isolamento, tanto relativamente ao contacto com os restantes colegas, como no que respeita à

---

[55] "D'un droit des travailleurs aux droits de la personne au travail", *in DS*, nº 1, 2010, p. 11.

[56] Última *op.* cit., p. 750.

[57] Porém, não pode deixar de atender-se que o teletrabalho pode oferecer uma possibilidade de inclusão e integração no mercado de trabalho de alguns trabalhadores, como acontece no caso dos trabalhadores portadores de deficiência, na medida em que pode ultrapassar ou eliminar obstáculos e problemas relacionados com condições de saúde, segurança, fadiga e *stress,* necessidade de assistência pessoal, inacessibilidade de transportes ou barreiras arquitetónicas. Cf., para mais desenvolvimentos, Teresa Coelho Moreira, "A discriminação dos trabalhadores em razão da deficiência", *in Igualdade e Não Discriminação – Estudos de Direito do Trabalho*, Almedina, Coimbra, 2013, pp. 165 e ss..

falta de inserção na estrutura organizativa da empresa e, por isso, consagrou a possibilidade de reversão da situação, através da possibilidade de o trabalhador regressar ao regime comum, mediante acordo escrito com o empregador, nos termos do art. 166º, nº 5, assim como através da consagração do dever de *sociabilidade informática*[58] pelo empregador que deve proporcionar ao teletrabalhador "contactos regulares com a empresa e os demais trabalhadores" no art. 169º, nº 3, assim como a participação e representação coletivas do teletrabalhador consagradas no art. 171º[59].

O CT consagra, ainda, no art. 170º, o direito à privacidade do teletrabalhador, sobretudo na modalidade de teletrabalho no domicílio. Para assegurar este direito à privacidade o CT estabelece limites ao direito do empregador se deslocar ao domicílio do teletrabalhador consagrando que "a visita ao local de trabalho só deve ter por objeto o controlo da atividade laboral, bem como dos instrumentos de trabalho e apenas pode ser efetuada entre as 9 e as 19 horas, com a assistência do trabalhador ou de pessoa por ele designada", nos termos do art. 170º, nº 2.

Tendo em atenção a redação deste artigo torna-se interessante compará-la quer com a cláusula 8 do Acordo-Quadro Europeu, quer com o art. 4º, nºs 2 e 3, da Lei nº 101/2009, relativamente ao trabalho no domicílio[60].

A cláusula 8 do Acordo-Quadro estabelece que se o teletrabalho for realizado no domicílio, o acesso realizado pelo empregador ao mesmo está sujeito a aviso prévio e ao seu acordo prévio[61], ainda que, como nota JÚLIO GOMES[62], o sentido deste acordo prévio não seja claro. Contudo, pode notar-se que o CT não faz qualquer alusão a esta necessidade. E, se analisarmos o art. 4º, nº 3, da Lei do Trabalho no Domicílio, que estabelece o direito à privacidade do trabalhador no domicílio, vemos que o beneficiário da atividade deve avisar este da visita ao local de

---

[58] LEAL AMADO, *op.* cit., p. 163.

[59] PEDRO ROMANO MARTINEZ, *Direito do Trabalho*, 6ª edição, Almedina, Coimbra, 2013, p. 635.

[60] Secundamos as indicações de JÚLIO GOMES, *Direito do...*, cit., pp. 750-751, pois, apesar de ter analisado esta questão à luz do CT de 2003, o CT de 2009, com atualização em 2012, em nada alterou a redação dada a este preceito.

[61] "If the teleworker is working at home, such access is subject to prior notification and his/her agreement".

[62] Última *op.* cit., p. 751.

trabalho, com a antecedência mínima de 24 horas, sendo que a visita só pode ser efetuada, tal como consagrado no art. 4º, nº 2, entre as 9 e as 19 horas em dia normal de trabalho. Porém, não existe idêntico preceito relativamente ao teletrabalhador, estranhando-se porque não se faz referência a este aviso nem à limitação a dias normais de trabalho, parecendo-nos, claramente, que o empregador não pode deslocar-se ao local de trabalho, domicílio do trabalhador, em dias de descanso deste.

Não pode esquecer-se, ainda, que outro dos problemas que esta prestação de trabalho pode ocasionar é em relação à segurança e saúde no trabalho, sobretudo devido a dois fatores. O primeiro será o elemento espacial, relacionado com o facto de a prestação laboral ser realizada fora do local da empresa, o que dificulta ao empregador a identificação dos riscos existentes, a adoção de medidas preventivas oportunas e a verificação do cumprimento das regras por parte do teletrabalhador. O segundo fator será o elemento instrumental associado ao recurso às tecnologias de informação e de comunicação já que estas podem gerar riscos novos por vezes difíceis de identificar e de combater[63].

No âmbito do CT de 2003, o legislador consagrava especificamente deveres no âmbito da segurança e da saúde no local de trabalho. O atual CT, apesar de não conferir um especial tratamento a estes deveres, não deixa de os consagrar no art. 169º, nº 1, relativamente ao princípio geral de igualdade.

3. Conclusões

O teletrabalho assume variadas formas e modalidades. As características fundamentais deste regime de trabalho envolvem o uso de telecomunicações e tecnologias avançadas da informação e a realização do trabalho a partir de um outro ponto que não o tradicional local de trabalho.

Este tipo de trabalho apresenta inúmeras vantagens, assim como algumas desvantagens, podendo constituir uma possibilidade de trabalho em zonas isoladas ou periféricas, incentivando o crescimento económico de determinadas áreas geográficas, especialmente localizadas

---

[63] Cf. ESCUDERO RODRIGUEZ, "Teletrabajo", *in Descentralización produtctiva y nuevas formas organizativas del trabajo*, MTAS, Madrid, 2000, p. 769, e XAVIER SOLÀ I MONELS, "El deber empresarial de protección en los supuestos de teletrabajo: contenido e alcance", *in Nuevas tecnologias de la información y la comunicación y Derecho del Trabajo*, (coord. ALARCÓN CARACUEL e ESTEBAN LEGARRETA), Editorial Bomarzo, Alicante, 2004, pp. 211-212.

longe dos centros urbanos, assim como a inclusão de pessoas portadores de deficiência, acarretando a possibilidade para alguns trabalhadores de uma melhor conciliação entre a vida profissional e a vida familiar e diminuição de custos para os empregadores. Contudo, pode originar um maior isolamento do trabalhador, jornadas de trabalho praticamente infindáveis e, para o empregador, uma menor diminuição do seu poder de controlo e vigilância.

Devido à natureza do seu trabalho, os teletrabalhadores estão frequentemente confrontados com problemas associados às condições de trabalho diferentes daqueles que os trabalhadores denominados *típicos* enfrentam como, por exemplo, discriminação em relação ao tempo de trabalho, não obstante o controlo possível da prática do trabalho suplementar, às normas aplicáveis ao local de trabalho ou ao acesso à formação, associados a problemas de isolamento social e diluição das fronteiras entre o trabalho e a vida privada. A legislação nacional, nos artigos 165º a 171º do atual CT, pretendeu atenuar alguns dos perigos apontados.

Vila Nova de Gaia, Maio de 2014

COMENTÁRIOS A JURISPRUDÊNCIA

A admissibilidade probatória dos ilícitos disciplinares de trabalhadores detetados através de sistemas de videovigilância – Comentário ao acórdão do Tribunal da Relação de Lisboa de 16 de Novembro de 2011*

Sumário do acórdão[1]:

"Tendo-se apurado que o visionamento das imagens captadas pelas câmaras de videovigilância, autorizadas pela CNPD, serviu apenas para a entidade empregadora confirmar a actuação ilícita do trabalhador que foi atentatória da finalidade de protecção de pessoas e bens, e não para o controle do seu desempenho profissional, é lícito o seu tratamento como meio de prova no âmbito do processo disciplinar e judicial".

1. O aresto em análise reveste-se de importância porque, mais uma vez[2], um Tribunal nacional analisou a (in)admissibilidade como prova das gravações obtidas através de meios audiovisuais para fins disciplinares.

---

* Publicado *in Questões Laborais*, nº 40, 2012.

[1] O acórdão, cuja relatora foi a Desembargadora Paula Sá Fernandes, pode ser visto em texto integral em www.dgsi.pt. Aliás, as referências jurisprudenciais que se mencionam no texto sem indicação da fonte encontram-se neste *site*.

[2] Existem várias decisões jurisprudenciais sobre esta matéria referidas, aliás, neste acórdão da Relação de Lisboa, umas aceitando a prova por videovigilância e outras em sentido contrário. A nível jurisprudencial aceitou-se a prova em processo disciplinar das gravações realizadas por um sistema de controlo audiovisual, como aconteceu no acórdão do STJ, de 9

de Novembro de 1994, onde o Tribunal decidiu serem "válidas as gravações vídeo feitas pela dona de casino, na sua propriedade em que explora a indústria de jogo de fortuna e azar, com a finalidade de detecção de eventuais anomalias no acesso a máquinas ou fichas de jogo", acrescentando que "nestes casos, a utilização das gravações como meio de prova contra a actuação dos seus trabalhadores não se pode considerar intromissão ou devassamento da vida privada de outrem".

No mesmo sentido pode ver-se a decisão da Relação do Porto, de 20 de Setembro de 1999, onde se sustentou que "A lei do jogo não proíbe que as imagens gravadas nas salas de jogo sejam usadas como meio de prova em acção emergente de contrato de trabalho, quando nela se discutam comportamentos imputados ao trabalhador que exercia funções no Bar de uma sala de jogo". Neste caso, o recorrente invocou que a *cassete* de vídeo não poderia ser admitida como prova atendendo ao disposto no art. 52º, nº 4, da Lei do Jogo, e argumentando que o equipamento de vigilância e controlo "apenas pode ser utilizado para a fiscalização dos intervenientes do jogo e da actividade relacionada com o jogo". Contudo, o Tribunal entendeu que as salas de jogo sendo dotadas obrigatoriamente de equipamento eletrónico de vigilância e controlo, como medida de protecção e segurança das pessoas e bens e as "gravações de imagem e som feitas através do equipamento de vigilância e controlo previsto neste artigo destinam-se exclusivamente à fiscalização das salas de jogos, sendo proibida a sua utilização para fins diferentes e obrigatória a sua destruição pela concessionária no prazo de 30 dias, salvo quando, por conterem matéria de investigação ou susceptível de o ser, se devem manter por mais tempo, circunstância em que serão imediatamente entregues ao serviço de inspecção [...]", obrigam a fiscalizar tudo o que se passa nas salas de jogos e não apenas o que se passa nas mesas de jogos.

Mais recentemente, parece que o entendimento jurisprudencial tem vindo a mudar, podendo ver-se os acórdãos da Relação de Lisboa de 18 de Maio de 2005 e de 3 de Maio de 2006, onde se defendeu que a "licitude da videovigilância afere-se pela sua conformidade ao fim que a autorizou". Nesta última decisão entendeu-se que o fim visado pela videovigilância instalada numa farmácia era a de <u>exclusivamente</u> prevenir ou reagir a casos de furto, vandalismo ou outros referentes à segurança do estabelecimento, relacionados com o público e, ainda assim, com o necessário aviso a todos os que se encontravam no estabelecimento, só assim se tornando legítima. Mas não era esta a situação em apreço já que se pretendia que a cassete de vídeo entregue e que continha imagens de um trabalhador ao balcão da farmácia, pudesse servir como prova dos factos imputados a esse trabalhador que conduziram ao seu despedimento. O tribunal entendeu que a mesma não tinha sido licitamente obtida, para o fim a que foi junto aos autos, entendendo que "constitui, de resto, entendimento pacífico que a videovigilância não só não pode ser utilizada como forma de controlar o exercício da actividade profissional do trabalhador, como não pode, por maioria de razão, ser utilizada como meio de prova em procedimento disciplinar".

No mesmo sentido pode ver-se, ainda, o acórdão deste Tribunal de 19 de Novembro de 2008, *in CJ*, tomo V, p. 159, onde se entendeu que a captação de imagens por videovigilância não só não pode ser utilizada como forma de controlar o exercício da atividade profissional do trabalhador, como não pode ser utilizada em sede de procedimento disciplinar, não sendo admissível em processo laboral e como meio de prova a utilização de imagens captadas

2. A instalação e o uso de sistemas audiovisuais podem conduzir à colisão com vários direitos de personalidade dos trabalhadores. Tem-se entendido, desta forma, que a utilização de instrumentos de captação de imagem e de som compromete a personalidade do trabalhador na relação de trabalho e vários dos seus direitos fundamentais com especial relevo nessa relação, como é o caso, *inter alia*, da liberdade de expressão e do direito à imagem, do direito à reserva sobre a intimidade da vida privada ou, em geral, do direito à autodeterminação informativa, no sentido de poder cercear determinadas liberdades e opções no seio da empresa.

Na verdade, não se pode deixar de ter em atenção a defesa da dignidade e da própria liberdade dos trabalhadores na medida em que, através deste tipo de controlo e de vigilância, eles não se sentem livres, ainda que estejam conscientes da sua existência, sabendo que os dados recolhidos poderão ser utilizados e memorizados com o auxílio de computadores, mesmo com uma grande distância temporal. Distância esta que altera a realidade contextual e pode dar lugar, inclusive, a descontextualizações através de uma perpétua disposição de dados nas mãos do empregador que poderá fazer o seu uso arbitrário.

Preconiza-se, desta forma, que o controlo através da vídeo e da áudio-vigilância, enquanto capaz de recolher e armazenar a imagem e o som, sendo um meio eficaz de recolha de dados pessoais, só o poderá ser desde que respeite os princípios relativos a esta recolha e tratamento[3].

---

por sistema de videovigilância, envolvendo o desempenho do trabalhador ou os atos disciplinarmente ilícitos por ele praticados nesse mesmo desempenho.

Cf., ainda, neste mesmo sentido da inadmissibilidade, o acórdão deste tribunal de 9 de dezembro de 2008, *in PDT*, nº 82, p. 123, assim como, da Relação do Porto, os acórdãos de 26 de junho de 2008 e de 9 de maio de 2011.

Confrontar, ainda, em sentido contrário, o acórdão do Tribunal da Relação de Évora de 9 de novembro de 2010.

Ver, ainda, sobre esta problemática, Teresa Coelho Moreira, *A Privacidade dos Trabalhadores e as Novas Tecnologias de Informação e Comunicação: contributo para um estudo dos limites do poder de controlo electrónico do empregador*, Almedina, Coimbra, 2010, pp. 489 e ss., "Limites à instalação de sistemas de videovigilância – Comentário ao acórdão do STA, de 24 de Fevereiro de 2010", *in Revista do Ministério Público*, nº 123, 2010, e "Os ilícitos disciplinares dos trabalhadores detectados através de sistemas de videovigilância e a sua admissibilidade como prova – comentário aos acórdãos da Relação de Évora, de 9 de Novembro de 2010, e da Relação do Porto, de 9 de Maio de 2011", *in Estudos de Direito do Trabalho*, Almedina, Coimbra, 2011, pp. 271 e ss..

[3] É interessante notar que a CNPD no seu parecer nº 70/2011, de 5 de dezembro de 2011, ainda que não no âmbito do Direito do trabalho, entendeu, por unanimidade, como

Defende-se, assim, que para a apreciação jurídica e a valoração da aceitação das medidas de controlo deste tipo, não pode aceitar-se somente uma dimensão negativa do direito à reserva sobre a intimidade da vida privada na medida em que há outros direitos em causa, principalmente o direito à autodeterminação informativa, que se encontram compreendidos no âmbito do direito à privacidade[4], não podendo deixar de atender-se que, quer as imagens, quer os sons gravados, são dados pessoais, nos termos do art. 3º, alínea a) da LPDP.

Torna-se necessário, desta forma, efetuar um juízo prévio acerca da legitimidade do interesse do empregador e também um controlo *a posteriori* sobre o conteúdo do filmado e sua conservação, assim como o tratamento e a identificação dos seus responsáveis, sendo, ainda, necessário ter em atenção todos os direitos que assistem aos trabalhadores enquanto titulares dos dados pessoais objeto de tratamento, nomeadamente o direito de acesso e de retificação, assim como o de cancelamento de dados inexatos ou incorretos.

Relativamente ao caso *sub judice,* não nos parece que o direito em causa seja o direito à reserva sobre a intimidade da vida privada, tal como foi preconizado no acórdão, ao estabelecer que a captação e o visionamento das imagens em causa pode constituir uma intromissão na vida privada do trabalhador, configurando uma violação deste direito

---

inconstitucional, o projeto de proposta de lei de 9 de novembro de 2011 que visa a alteração da Lei nº 1/2005, de 10 de janeiro, por considerar que: "este diploma diminui as garantias constitucionais face ao tratamento abusivo de dados pessoais ao transferir para o Governo uma competência constitucionalmente atribuída a uma entidade independente e ao fazer desaparecer a expressa necessidade de se instalar videovigilância apenas em locais onde exista razoável risco da ocorrência de crimes. A CNPD considera que, num Estado de Direito democrático, a regra não pode ser a vigilância permanente dos cidadãos". Contudo, a 13 de Janeiro de 2012, foi aprovada a proposta de Lei nº 34/XII, que procedeu à 3ª alteração da Lei nº 1/2005, de 10 de janeiro.

[4] Veja-se a Deliberação nº 61/2004, da CNPD, relativa aos *Princípios sobre Tratamento de Videovigilância,* disponível em <u>www.cnpd.pt</u>, pp. 1-2, onde se entende que os sistemas de videovigilância envolvem a restrição de inúmeros direitos, liberdades e garantias, como o direito à imagem, à liberdade de movimentos, direito à reserva da vida privada, e direito à autodeterminação informativa, cabendo à Lei, nos termos do art. 18º, nº 2, da CRP, estabelecer em que medida estes aparelhos e sistemas poderão ser utilizados e, especialmente, assegurar que numa situação de conflito entre direitos fundamentais, as restrições se limitem "ao necessário para salvaguardar outros direitos ou interesses fundamentais".

fundamental. Ao contrário, parece-nos que o direito a atender, mais uma vez, é o da autodeterminação informativa, previsto constitucionalmente no art. 35º da CRP. E, desta forma, a prova só pode ser aceite, ao que cremos, se tiverem sido respeitados todos os princípios que devem ser observados em matéria de proteção de dados.

3. No caso em apreço resultou provado que, através da autorização nº 721/2007, da CNPD, foi autorizada a recolha de imagens através da instalação de câmaras de videovigilância em diversas zonas das instalações do empregador, com a finalidade da proteção de pessoas e bens. Esta autorização foi conferida na medida em que se entendeu que se tratava de um local de movimento de pessoas onde podia ocorrer furto de produtos, valores e agressões. Por outro lado, pretendia-se com este tratamento autorizado assegurar a prevenção e dissuasão da prática de atos ilícitos.

Ficou provado, ainda, que a infração disciplinar imputada ao trabalhador consistiu em desvios de bens da propriedade da entidade empregadora. O ilícito imputado àquele – desvio de paletes propriedade do empregador com que o trabalhador lidava diariamente na sua atividade profissional de abril a agosto de 2009 – foi decidido que configurava um ilícito de natureza disciplinar laboral por violação do dever de lealdade – ao abrigo da f) do nº 1 do artº 128 do CT, mas, também, de natureza penal – passível de integrar um crime contra o património.

4. Relativamente à finalidade autorizada pela CNPD, ela respeita o previsto no art. 20º, nº 2 do CT, embora não possa deixar de atender-se que os trabalhadores só podem estar sujeitos a um controlo permanente e contínuo por razões de segurança de pessoas e de bens ou da especial natureza da atividade em causa e, mesmo assim, só em situações excecionais, dado o seu carácter extremamente intrusivo e que provoca, ou pode provocar, uma ansiedade constante que pode chegar a provocar problemas de saúde, quer físicos, quer psicológicos. Pretende-se evitar, desta forma, que o empregador possa realizar um controlo penetrante e total[5].

---

[5] Na própria autorização a CNPD salienta a proibição de utilização das gravações para controlar o desempenho profissional dos trabalhadores, limitando a sua instalação a determinados locais.

ESTUDOS DE DIREITO DE TRABALHO

Um dos primeiros motivos que poderá motivar o controlo lícito do empregador será o do respeito pela segurança de pessoas e bens. Torna-se inquestionável que o empregador deve ter a possibilidade de salvaguardar o seu património e o de terceiros, assim como o dos seus trabalhadores, perante eventuais agressões ou atentados, impedindo ou verificando a sua realização com os instrumentos que a técnica coloca à sua disposição, e, no caso concreto, através da videovigilância. Consideramos, contudo, que têm de ocorrer situações de razoável risco para a segurança ou um perigo concreto e não apenas uma finalidade genérica, preventiva ou de segurança.

Concorda-se, desta forma, com o decidido pelo STJ, no acórdão de 8 de Fevereiro de 2006[6], referido também neste aresto da Relação de Lisboa. Naquele caso, o STJ, após ter salientado que a finalidade para a qual foi autorizada pela CNPD a captação da imagem e do som era a da proteção dos bens do empregador, procedeu a uma análise sobre o conceito de "segurança de pessoas e bens", entendendo que não se provaram factos bastantes para se concluir com clareza suficiente que a situação em apreço podia ser integrada naquele conceito e considerou que se verificava uma "incidência directa e necessariamente constrangedora sobre o campo de ação dos trabalhadores", entendendo que neste caso esta medida configurava uma "típica medida de polícia", que apenas poderia ser aplicada pelas autoridades policiais"[7]. Decidiu, ainda, que

---

[6] In *www.dgsi.pt*.

[7] Neste caso o Tribunal entendeu que a "proteção da segurança das pessoas e bens, enquanto finalidade específica da recolha e tratamento de dados pessoais, tem em vista a prevenção da prática de crimes, o que pressupõe, pela natureza das coisas, que a utilização de videovigilância com esse objectivo deva reportar-se a locais onde exista um razoável risco de ocorrência de delitos contra as pessoas ou contra o património. E isso tanto é válido para a utilização de câmaras de vídeo pelas forças policiais relativamente a espaços públicos [...] como para a vigilância em instalações ou estabelecimentos privados", sendo o "risco potenciado essencialmente pela circunstância de se tratar de locais abertos ao público, e decorre da eventualidade de esses locais serem frequentados por pessoas anónimas sem possibilidade de qualquer prévio controlo de identificação". Porém, da decisão em causa, como bem realçou o STJ, este não era o caso na medida em que "a vigilância incidia sobre os trabalhadores e, portanto, sobre as pessoas que têm acesso autorizado às instalações da empresa e que poderão ser facilmente identificadas pelos seus colegas de trabalho, superiores hierárquicos ou gerentes". Como destaca o Tribunal, não se trata de uma vigilância genérica de natureza essencialmente preventiva mas de uma "vigilância individualmente dirigida que

a utilização destes sistemas de videovigilância extravasava o quadro de atuação legítima do empregador[8].

Preconiza-se, desta forma, que a legitimidade do tratamento de dados pessoais tem de ser avaliada em função dos instrumentos de trabalho ou das matérias ou produtos e do risco razoável para a segurança ou do perigo certo e real de alteração dessa segurança. Os sistemas de vigilância através destes meios, tal como as operações de videovigilância em locais públicos, terão de cumprir os requisitos estabelecidos no artº 8º da CEDH, e estar relacionados com a existência de riscos concretos e delitos específicos, sempre respeitando o princípio da proporcionalidade.

A videovigilância por razões de segurança ou proteção de pessoas e bens, na medida em que implica o tratamento de dados pessoais através da imagem e do som captados, supondo uma restrição aos direitos fundamentais, principalmente à autodeterminação informativa dos trabalhadores, tem de ser entendida num sentido bastante restrito e limitado aos casos em que exista uma necessidade real de segurança, atendendo à qualidade intrínseca dos bens que devem ser protegidos e das tarefas em concreto.

Porém, no caso em apreço, e como decidiu o Tribunal, a questão em causa não estava relacionada com a autorização da CNPD, que o próprio trabalhador não contestou, mas apenas a de saber se as gravações captadas por este meio de vigilância podiam ser utilizadas como meio de prova no processo disciplinar e no processo judicial.

5. Esta questão está relacionada com o tratamento posterior pelo empregador das imagens obtidas através de sistemas audiovisuais. Este tratamento fica sujeito ao princípio da compatibilidade com a finalidade prevista inicialmente. É o que decorre do art. 5º, nº 1, alínea b), da LPDP, que estabelece que "os dados pessoais devem ser recolhidos

---

elege todos e cada um dos trabalhadores como potenciais suspeitos de prática de infracções criminais".

[8] Cf. Viriato Reis, "Ilicitude da Videovigilância no local de trabalho. Segurança de pessoas e bens. Direito à reserva da intimidade da vida privada e direito à imagem dos trabalhadores", *in RMP*, nº 106, 2006, pp. 181-182.

para finalidades determinadas, explícitas e legítimas, não podendo ser posteriormente tratados de forma incompatível com essas finalidades". Este princípio estabelece a proibição de o empregador aproveitar-se deste tipo de dados para um uso diferente da finalidade originária para a qual foram aceites e impõe uma grande limitação ao poder de controlo eletrónico do empregador na medida em que ele não pode fazer um uso livre da informação recolhida.

Este princípio ocorre porque o uso multifuncional de dados aumenta não só o risco da multiplicação ilimitada dos efeitos prejudiciais causados pelos dados inexatos ou incompletos, mas também a sua descontextualização e, portanto, a possibilidade de distorção da informação. Esta descontextualização pode ser evitada através da fixação de limites à elaboração de dados pessoais e impondo que estes dados, de acordo com o respeito pelo princípio da finalidade, sejam utilizados em estrita conformidade com o contexto originário de referência.

Desta forma, preconiza-se que a única hipótese de excluir o perigo de descontextualização reside na inibição do uso de dados pessoais para fins diversos e incompatíveis em relação aos fins originários.

Defende-se, assim, por regra, que o princípio da compatibilidade gera a impossibilidade de aplicar aos trabalhadores sanções disciplinares com base em incumprimentos contratuais ocasionalmente captados mediante sistemas de videovigilância instalados para cumprir alguma das finalidades previstas no art. 20º, nº 2, do CT.

6. Porém, é nosso entendimento que, em determinadas circunstâncias, pode ser lícita a utilização de dados com fins disciplinares quando o que se descobre acidentalmente são factos particularmente gravosos e que constituem ilícitos penais de relevo. Parece, assim, que o princípio da finalidade, tal como defende Goñi Sein[9], "não deve amparar a impunidade dos que nele se refugiam para cometer ilícitos, nem lesar o direito do empregador a proteger-se do prejuízo ou da responsabilidade que poderá derivar das ações ilícitas dos seus trabalhadores" como seria o caso, *inter alia*, de agressões, roubos e furtos.

---

[9] *La Videovigilancia Empresarial y la Protección de Datos Personales*, Thomson Civitas, Navarra, 2007, p. 179.

Na verdade, tendemos a crer que a interpretação mais correta da dupla proibição prevista no art. 20º do CT[10] será a de entender que não só é absolutamente proibida a utilização das gravações obtidas para controlar a atividade do trabalhador e a sua diligência na realização da mesma, como também o seu posterior aproveitamento para um procedimento disciplinar. Parece-nos que se visa proibir a utilização para fins disciplinares das imagens que mostrem que o trabalhador não está a cumprir os seus deveres laborais como é o caso, *inter alia*, da gravação que mostra que o trabalhador está a dormir em vez de trabalhar.

Porém, entende-se que já não será totalmente vedada a utilização das mesmas se o que se visualizou, ainda que durante a atividade laboral, integrar um ilícito penal de relevo, isto é, uma infração grave. Na verdade, o controlo realizado através destes meios incidirá, ainda que indiretamente, por vezes, na atividade laboral dos trabalhadores e não cremos que a solução mais equilibrada seja a de defender que nunca se podem utilizar as gravações para fins disciplinares contra os trabalhadores quando eles pratiquem, e apenas nestes casos, ilícitos penais de relevo. E, embora reconhecendo que o controlo realizado através destes meios incidirá, ainda que indiretamente, por vezes, na atividade laboral dos trabalhadores, não nos parece a solução mais equilibrada defender que nunca se podem utilizar as gravações para fins disciplinares contra os trabalhadores quando eles pratiquem, e apenas nestes casos, ilícitos penais que configurem infrações disciplinares graves. E apesar de se admitir que é um tema extremamente controverso e delicado, sendo muito difícil aferir quando se estão a utilizar as gravações de forma lícita ou como um meio de controlar o desempenho profissional do trabalhador, o que é totalmente vedado pelo art. 20º, nº 1 do CT, considera-se que esta é a melhor solução, embora só casuisticamente é que se consiga avaliar quando se poderão entender como admissíveis para fins disciplinares determinadas gravações. Somos de opinião que não admitir esta possibilidade em situações excecionais pode traduzir-se numa total anulação dos poderes directivo e sobretudo disciplinar do empregador.

Assim, concorda-se com o decidido pelo Tribunal quando estabelece que: "afigura-se-nos lícito o visionamento das imagens captadas com atuação do trabalhador, que tinha conhecimento da videovigilância, por se destinar ao apuramento de uma infração disciplinar que põe em causa

---

[10] Absoluta no nº 1 e relativa no nº 2.

a propriedade de bens da entidade empregadora, recolhidos no âmbito de uma videovigilância autorizada e instituída com a finalidade genérica de proteção e segurança das pessoa e bens, atento ao principio da proporcionalidade entre os interesses da entidade empregadora, no caso, a preservação dos seus bens, e o direito do trabalhador a que o seu desempenho profissional não possa ser captado por imagens de controlo a distância, dado que foi a sua própria atuação que pôs em causa a segurança dos bens da entidade empregadora, com os quais o autor lidava diariamente, tendo a sua conduta sido atentatória das finalidades que a instalação da videovigilância visava defender", visto que no caso estava em causa simultaneamente um ilícito disciplinar e um ilícito penal.

7. Contudo, tendo em atenção que este processamento de dados com fins disciplinares constitui uma quebra do princípio da finalidade, só pode ocorrer em situações excecionais, até porque quando a Lei exige a compatibilidade com a finalidade declarada não só está a impor um critério restritivo que visa alcançar o objetivo de controlo pretendido, como também está a criar uma "razoável expectativa" de privacidade nos trabalhadores no sentido de que a intromissão consentida no seu âmbito reservado através de imagens e de sons vai limitar-se à estrita satisfação dos interesses invocados e de que tudo o que não estiver orientado para esse fim está protegido por essa reserva. Se fosse possível essa utilização para fins diferentes fora dos casos excecionais estaria a ocorrer uma compressão deste direito e uma instrumentalização da informação adquirida que consubstanciaria, em última instância, um ato lesivo da dignidade do trabalhador.

8. Entende-se, desta forma, que as gravações só podem ser aceites em casos verdadeiramente excecionais, funcionando apenas como *ultima ratio* e na estrita medida em que estejam em causa infrações particularmente graves que constituam ilícitos penais de relevo e com respeito por todos os princípios essenciais do direito à autodeterminação informativa e em que a imagem não seja a única prova[11]. Se isto não acontecer a prova não poderá ser admitida.

[11] A imagem não pode ser a única prova pois o art. 13º da LPDP, estabelece a proibição de decisões individuais automatizadas, isto é, baseadas exclusivamente com base num tratamento automatizado de dados.

E no caso em apreço, como se pode ler, "as imagens da videovigilância foram utilizadas dentro de certos limites, pois não são o único meio de prova utilizado no processo disciplinar, existe prova testemunhal e documental, e não consta do processo disciplinar o seu visionamento, mas, apenas, que ele foi efectuado pelas testemunhas ouvidas, assim como não foram visionadas em audiência de julgamento".

9. Contudo, concordando, e contrariando alguma jurisprudência mais recente, com a decisão do Tribunal aceitando que, em certos casos, quando estejam em causa ilícitos penais de relevo, como, *inter alia*, roubo, furto e agressões, se podem utilizar, para finalidades disciplinares, as imagens, não podemos defender o entendimento, preconizado no Acórdão, segundo o qual a interpretação que deve ser feita do art. 20º do CT compreende que a ideia de segurança de pessoas e bens implica uma atuação "contra aqueles que, pelas funções que desempenham, mais poderão atentar contra as finalidades que a instalação visa defender". Parece-nos que partir deste pressuposto é entender que todos os trabalhadores poderão vir a atentar contra a segurança de pessoas e bens e que a finalidade da instalação, que é a da proteção de pessoas e de bens, parte da premissa que todos os trabalhadores são potenciais criminosos. Por estas razões, este argumento não parece ser de aceitar, não merecendo, pois, o nosso acolhimento.

10. Preconiza-se que bem andou o Tribunal ao decidir aceitar as imagens da videovigilância como prova em processo disciplinar e judicial, na medida em que estas serviram apenas para confirmar a atuação ilícita do trabalhador, embora mais uma vez sublinhemos o carácter excecional da aceitação das mesmas.

Vila Nova de Gaia, Janeiro de 2012

Resolução do contrato de trabalho e videovigilância: anotação ao acórdão do Tribunal da Relação do Porto de 4 de Março de 2013, e ao acórdão do Tribunal da Relação de Lisboa de 25 de Janeiro de 2012

SUMÁRIO DO ACÓRDÃO DO TRIBUNAL DA RELAÇÃO DO PORTO DE 4 DE MARÇO DE 2013[1]:

"I – Constitui justa causa de resolução do contrato, pelo trabalhador, a implementação de um sistema de videovigilância, por parte da R., sem observância de qualquer dos requisitos legais, nomeadamente, informação prévia dos trabalhadores, na forma legal e autorização da CNPD.

II – Apesar de as provas obtidas pelo sistema de videovigilância não poderem ser consideradas em sede disciplinar, por ilícitas, tal não impede que a trabalhadora invoque tal matéria se decidir resolver o contrato, com invocação de justa causa pois, em qualquer dos casos, estamos sempre perante o mesmo comportamento ilícito da R., não tendo a A. produzido qualquer prova.

III – A circunstância de os trabalhadores terem presenciado a instalação de um sistema de videovigilância nos escritórios da Ré não significa que esta tenha cumprido o dever de informação previsto pelo art. 20º nº 3 do CT/2009."

---

[1] O acórdão, cujo Relator foi o Desembargador Ferreira da Costa, pode ser visto em texto integral em www.dgsi.pt. Aliás, as referências jurisprudenciais que se mencionam no texto, sem indicação da fonte, encontram-se neste *site*.

ESTUDOS DE DIREITO DE TRABALHO

Sumário do acórdão do Tribunal da Relação de Lisboa de 25 de Janeiro de 2012[2]:

"I – Em processo laboral não é admissível reconvenção se a respectiva causa de pedir é distinta da causa de pedir da acção e, ainda que tenha com esta uma qualquer conexão, essa conexão não seja por acessoriedade, complementaridade ou dependência.

II – É de qualificar como relação de trabalho aquela que consiste na prestação duradoura de actividade profissional, remunerada (ainda que em função do número de actos praticados), integrada na estrutura organizativa de uma empresa, se o modo, o tempo e o lugar da prestação não são autodeterminados mas heterodeterminados pelo credor da prestação, que para o efeito proporcionou formação profissional ao prestador de trabalho.

III – É de considerar abusivo, por exceder manifestamente os limites impostos pela boa fé, invocar a falta de pagamento de férias, subsídio de férias e de Natal para resolver o contrato, ao fim de vários anos de execução do mesmo – em cujo âmbito nunca essas prestações haviam sido prestadas – sem que se mostre que alguma vez tivessem sido reclamadas tais prestações ou que tivesse sido suscitada entre as partes discussão sobre a natureza do contrato, ainda que, *a posteriori*, venha a ser judicialmente reconhecida a natureza laboral deste.

IV – Configura justa causa de resolução do contrato pelo trabalhador a ofensa na dignidade deste que consiste na instalação de uma câmara de videovigilância no respectivo gabinete, sem que particulares exigências relativas à actividade exercida o justifiquem."

1. Os acórdãos em análise assumem relevância inequívoca pelo facto de relacionarem as condições de licitude da instalação dos aparelhos de videovigilância com a justa causa de resolução de um contrato de trabalho pelo trabalhador se não forem respeitados esses mesmos princípios.

2. No caso decidido pelo Tribunal da Relação do Porto, e no que releva mais para este trabalho, tratava-se de uma trabalhadora que exercia funções de escriturária principal e cujo empregador procedeu à instalação no escritório de um sistema de videovigilância. A traba-

---

[2] O acórdão, cuja Relatora foi a Desembargadora Maria João Romba, pode ser visto em texto integral em www.dgsi.pt.

lhadora, assim como os restantes colegas, presenciaram a instalação deste sistema.

Através desse sistema, e durante vários meses, o empregador captou imagens, procedendo à respetiva gravação, de atividades exercidas pela trabalhadora, nomeadamente encontros amorosos, com relacionamento sexual, com um outro trabalhador da empresa, dentro e fora do horário de trabalho daquela. Atendendo a estes factos a entidade empregadora intentou-lhe um procedimento disciplinar com vista ao seu despedimento com justa causa nos termos dos artigos 351º e ss. do CT.

Porém, a trabalhadora, na mesma data, resolveu o contrato de trabalho nos termos dos artigos 394º e ss. do CT considerando que o procedimento do empregador tinha violado gravemente as suas garantias legais, ofendendo a sua integridade moral, liberdade, dignidade e honra.

3. No caso decidido pelo Tribunal da Relação de Lisboa tratava-se de uma trabalhadora, psicóloga, que trabalhava numa clínica médica e cuja atividade consistia em "receber e conversar com os clientes da Clínica quando pela primeira vez ali se deslocavam, indagar nomeadamente sobre as suas rotinas e motivações, tentar averiguar a origem do problema e tratamentos já efetuados noutras clínicas, e informá-los sobre os tratamentos disponíveis", explicando-lhes depois os procedimentos da consulta médica que se seguia e para os quais os encaminhava. A entidade empregadora pretendeu instalar câmaras de filmar em vários locais da clínica, como a zona da receção, corredores e salas de espera, mas que incluiu também o gabinete da trabalhadora, sem que a ela tivesse sido dado conhecimento.

3. Nos casos em apreço tem de atender-se a vários princípios que devem estar presentes para uma correta instalação deste tipo de aparelhos de vigilância.

Em primeiro lugar, há que atender ao momento prévio à adoção de dispositivos de controlo, altura em que o trabalhador tem direito a saber em que medida os seus direitos fundamentais vão ser afetados pelas medidas de controlo adotadas pelo empregador e, desta forma, tomar a decisão que entender mais conveniente aos seus interesses. E outro momento, posterior à instalação destes sistemas, em que, partindo-se da premissa da informação necessária ao trabalhador e da licitude e da

ESTUDOS DE DIREITO DE TRABALHO

legitimidade destes sistemas, se trata de preservar o direito a controlar o uso e o fluxo de informação obtida[3].

Entende-se, ainda, que quando se está perante a adoção deste tipo de sistemas tem de exigir-se uma especial avaliação das situações que a justificam a nível de tratamento de dados. Assim, a adoção, a medida de recolha, o armazenamento e o tratamento de dados dependerão, em boa medida, da importância da finalidade pretendida e da possibilidade de utilização de outros meios menos gravosos para a consecução do mesmo fim.

4. No que concerne à fase de eleição do sistema audiovisual, há vários princípios que assumem particular relevância. Em primeiro lugar, há que considerar o princípio da finalidade legítima que exige a adoção de um fim legítimo que justifique a instalação destes sistemas de controlo. Em segundo lugar, refere-se o princípio da proporcionalidade, que implica a possibilidade de recurso a estes sistemas apenas em casos de *ultima ratio*. E, por último, o princípio da transparência informativa que visa garantir ao trabalhador o poder de disposição dos seus próprios dados pessoais de imagem e de som[4][5].

5. Nos casos *sub iudice* relevam os três princípios.

---

[3] Este momento não será tratado pois não reveste relevo para a análise do acórdão. Para maiores desenvolvimentos veja-se Teresa Coelho Moreira, *A Privacidade dos Trabalhadores e as Novas Tecnologias de Informação e Comunicação: contributo para um estudo dos limites do poder de controlo electrónico do empregador*, Almedina, Coimbra, 2010, pp. 489 e ss., "Limites à instalação de sistemas de videovigilância – Comentário ao acórdão do STA, de 24 de Fevereiro de 2010", e "Os ilícitos disciplinares dos trabalhadores detectados através de sistemas de videovigilância e a sua admissibilidade como prova – comentário aos acórdãos da Relação de Évora, de 9 de Novembro de 2010, e da Relação do Porto, de 9 de Maio de 2011", *in Estudos de Direito do Trabalho*, reimp., Almedina, Coimbra, 2016. Cf., ainda, Teresa Coelho Moreira e António Moreira, "*Every breath you take, every move you make*: a privacidade dos trabalhadores e o controlo através de meios audiovisuais", *in PDT*, nº 87, 2011, pp. 13 e ss..

[4] Segue-se, de perto, a divisão operada por Goñi Sein, *La Videovigilancia Empresarial y la Protección de Datos Personales*, Thomson Civitas, Navarra, 2007, p. 106.

[5] Como referem Gomes Canotilho e Vital Moreira, *Constituição da República Portuguesa Anotada*, 4ª edição, Coimbra Editora, Coimbra, 2007, p. 552, em comentário ao art. 35º da CRP, trata-se da "limitação da recolha, que deve ser feita por meios lícitos – conhecimento da pessoa a que respeitam ou autorização legal – restringir-se aos dados necessários para as finalidades especificadas (princípios da *necessidade, da adequação* e *da proporcionalidade*).

O princípio da finalidade significa que os dados de carácter pessoal apenas podem ser recolhidos quando existam motivos determinados, explícitos e legítimos.

Este princípio constitui o princípio verdadeiramente cardinal da proteção de dados, sendo os demais princípios função deste na medida em que os dados devem ser adequados, pertinentes e não excessivos em relação à finalidade pretendida; devem ser exatos, completos e atualizados em função da finalidade; e só devem ser conservados pelo tempo que a finalidade exige.

A possibilidade de instalação de sistemas audiovisuais no local de trabalho implica o tratamento de dados pessoais dos trabalhadores e, por isso, tem de respeitar a necessidade de cumprimento do princípio da finalidade legítima. Assim, tem de existir um fim determinado, explícito e legítimo que justifique a restrição que sofrem os trabalhadores nos seus direitos fundamentais. Entende-se que só poderão adotar-se sistemas de controlo audiovisuais quando existirem razões objetivas que justifiquem o recurso a tais sistemas, impondo-se, assim, um critério restritivo no que concerne às possibilidades de disposição dos aparelhos de registo das imagens e dos sons.

O princípio da proporcionalidade, comportando um triplo juízo prévio, significa que, quando aplicado à videovigilância, o empregador deve aferir da adequação do recurso à finalidade por si pretendida; deve analisar, ainda, a necessidade ou a indispensabilidade do recurso à videovigilância; e em terceiro e último lugar, deve aferir da proporcionalidade dos sacrifícios que supõe.

Deverá atender, ainda, ao princípio da intromissão mínima[6], o que significa que o empregador, na decisão de instalação de sistemas audiovisuais, deve escolher o sistema de gravação que implique a menor captação possível em relação ao fim legítimo que justificou a sua adoção. Torna-se, assim, necessário aferir dos "efeitos potenciais sobre a liberdade e o comportamento dos cidadãos"[7], realizando-se uma reflexão sobre o grau de intromissão na privacidade que a medida em concreto implica.

---

[6] Este princípio significa a necessidade de que a limitação dos direitos fundamentais do trabalhador por parte do empregador seja feita no mínimo possível, isto é, que as atuações limitadoras sejam as menos lesivas para estes direitos dos trabalhadores e que sejam as estritamente necessárias.

[7] Deliberação nº 61/2004 da Comissão Nacional de Proteção de Dados.

ESTUDOS DE DIREITO DE TRABALHO

Tem ainda de analisar-se o tipo de atividade em causa. Assim, o controlo através destes meios tem de ser indispensável, o que origina a exclusão da instalação geral e indiscriminada em toda a empresa e em qualquer lugar, como a gravação sem quaisquer limites temporais. Desta forma, a vigilância contínua só será possível onde as exigências do processo produtivo ou da segurança das pessoas e bens assim o exijam. Tem, pois, de se reduzir o campo visual em função da finalidade desejada ou das zonas em que este tipo de controlo é efetivamente necessário, procedendo à recolha das imagens na esfera estritamente necessária à finalidade prosseguida, dispensando grandes planos ou detalhes não relevantes em função dos objetivos que o empregador pretende atingir.

O princípio da transparência, consistindo no conhecimento da vigilância e do controlo exercido pelo empregador, é essencial para o correto tratamento de dados pessoais das pessoas, em geral, e dos trabalhadores, em especial.

A legitimidade das atividades de controlo por videovigilância está relacionada com a informação prévia que deve ser dada aos trabalhadores e também aos seus representantes, e que configura o princípio da transparência, consagrado nos arts. 10º e 11º da Diretiva 95/46/CE[8] e 10º da Lei de Proteção de Dados Pessoais. Estes artigos estabelecem a conexão entre a atividade de controlo do empregador e o princípio da informação prévia, consagrando, como princípio geral, a obrigação dos responsáveis do tratamento ou dos seus representantes de comunicar à pessoa titular dos dados que se pretende recolher, pelos menos a informação atinente aos fins da recolha, os destinatários da informação, o carácter obrigatório ou facultativo da resposta, as consequências da recusa e a possibilidade de exercer o acesso à retificação, cancelamento e oposição, para além da identificação do responsável, sendo de plena aplicação aos empregadores, tanto quando obtêm dados diretamente dos trabalhadores, como quando recorrem a meios indiretos para realizar essa recolha.

No contexto laboral preconiza-se que devem ser dadas informações a todos os trabalhadores e a outras pessoas que eventualmente se

---

[8] Ter em atenção que o Regulamento de Proteção de Dados Pessoais aprovado no dia 15 de Dezembro de 2015 e que terá ainda de ser ratificado pelo Parlamento Europeu e pelo Conselho.

encontrem nas instalações, incluindo a identidade do responsável pelo tratamento e a finalidade da vigilância, assim como quaisquer outras informações necessárias para garantir o tratamento leal relativamente à pessoa em causa[9].

A obrigação de informação prévia dos trabalhadores deriva da sua própria configuração como uma garantia instrumental que protege o controlo e a vigilância e a própria disposição dos dados pessoais do trabalhador, salvaguardando-se a liberdade e a autodeterminação do trabalhador. Evita-se, desta maneira, o tratamento, recolha e uso ilegítimos dos dados pessoais dos trabalhadores. Somente quando ao trabalhador sejam facultadas todas as informações sobre o tratamento de dados pessoais, ou somente quando se lhes dê a informação sobre os dados pessoais recolhidos pelo empregador, quando não tenham sido recolhidos diretamente pelo interessado, poderão analisar-se as repercussões do exercício da atividade de vigilância no que concerne ao devido respeito pela privacidade dos trabalhadores. Só desta forma, após um processo transparente, é que o trabalhador está apto para exercer um controlo sobre os seus próprios dados, de acordo com o previsto na Lei de Proteção de Dados Pessoais e, também, nos arts. 20º, nº 3, e 21º do CT.

O trabalhador tem direito a ser informado sobre o tratamento de dados pessoais, não só em virtude da Diretiva 95/46/CE e da Lei de Proteção de Dados Pessoais, mas também dos artigos referidos do CT, como ainda, parece-nos, do próprio dever previsto no art. 106º, nº 1, do CT de prestação de informação ao trabalhador acerca de aspetos relevantes do contrato, o que envolve claramente os instrumentos de controlo audiovisual utilizados.

Tendo em atenção a obrigatoriedade do princípio da transparência e da informação quer aos trabalhadores, quer aos seus representantes, depreende-se não ser admissível o controlo oculto ou secreto sobre os trabalhadores através de meios audiovisuais por violar o princípio da boa-fé empresarial que tem consagração expressa no CT nos arts. 102º e 126º.

A instalação de um sistema deste tipo por parte do empregador, de forma oculta, constitui, ainda, uma violação ilegítima do direito à auto-

---

[9] No caso de as gravações serem examinadas pela administração da empresa, o período de gravação e a altura em que a gravação será transmitida às autoridades legais.

ESTUDOS DE DIREITO DE TRABALHO

determinação informativa, concretizando, talvez, o atentado mais grave nesta matéria de proteção de dados na medida em que tem consequências extremamente intrusivas para os trabalhadores.

7. Parece-nos que, perante estes factos, e atendendo aos princípios da finalidade, da proporcionalidade e da transparência que têm de estar presentes, a instalação destes aparelhos foi claramente ilícita e culposa, tal como bem entenderam os Tribunais nos dois casos.

No caso do Tribunal da Relação do Porto, a instalação viola quanto a nós, e em primeiro lugar, o princípio da transparência nos termos defendidos anteriormente, pois, mesmo que os trabalhadores tenham presenciado a instalação deste sistema por parte do empregador não significa que este tenha cumprido o dever de informação previsto no art$^{\circ}$ 20°, n$^{\circ}$ 3 do CT. Na verdade, este dever inclui a informação acerca da finalidade das gravações, do seu âmbito, em termos de som e imagem, bem como a afixação da informação necessária referida na norma, para além da definição do tempo de conservação dos registos efetuados, o que o empregador não provou ter realizado. Por outro lado, a entidade empregadora não provou que obteve a autorização da Comissão Nacional de Proteção de Dados que era indispensável pois só esta poderia verificar em concreto o cumprimento, ou não, dos princípios da finalidade, da proporcionalidade e da transparência.

Assim, como bem decidiu o Tribunal da Relação do Porto, "instalado o sistema de videovigilância e inobservados os descritos deveres, é claro que o comportamento da R. é ilícito e, portanto, censurável".

Em segundo lugar, a instalação viola o princípio da finalidade e da proporcionalidade pois, mesmo que tivesse sido dado conhecimento prévio à trabalhadora, estes princípios não teriam sido respeitados. Não se sabe quais seriam as finalidades para a instalação deste sistema e se estariam em causa "particulares exigências inerentes à atividade" ou razões de segurança de pessoas e bens que justificassem a necessidade de instalação deste tipo de meios no escritório do empregador.

E, embora consideremos que o comportamento que é imputado à trabalhadora é censurável, violando os deveres de lealdade, urbanidade e respeito, pois manteve relacionamentos amorosos de cariz sexual com um outro trabalhador da empresa e que foram visualizados pelo empregador, como bem decidiu o Tribunal da Relação, constituindo as gravações efetuadas através do sistema de videovigilância invasão da vida íntima da trabalhadora que violam os seus direitos de personalidade, por sua natureza absolutos, o desvalor da conduta da entidade empregadora "supera de largo o da A., pois estamos perante bens jurídicos qualitativamente diversos". De resto, também como adverte o Tribunal, "tendo as provas sido obtidas por meios ilícitos, sempre inquinaria, de igual sorte, todo e qualquer comportamento que a R. pudesse adotar com base nelas".

Contudo, o mesmo já não se pode defender da utilização por parte da trabalhadora das mesmas pois, e mais uma vez concordando com o Tribunal da Relação do Porto, aquela não produziu qualquer prova, pois o que a trabalhadora sabe das gravações era apenas aquilo que o empregador lhe tinha transmitido.

8. Bem esteve quanto a nós o Tribunal quando decidiu que a instalação deste tipo de meios, da responsabilidade da empresa, foi ilícita, considerando que "tendo a A. alegado na carta de resolução do contrato, as gravações de que foi alvo, sendo elas ilícitas, atentos os fundamentos invocados, ilícito é também o comportamento da R. Cremos que, mostrando-se violados direitos fundamentais da A., que persistem ou podem persistir, pois não há notícia da destruição dos registos das imagens e som operados pelo sistema", se tornou pratica e imediatamente impossível a manutenção do contrato de trabalho por parte da trabalhadora, sendo considerado como justa causa de resolução do contrato de trabalho e com direito à indemnização prevista no atual art. 396º do CT.

9. No caso decidido pelo Tribunal da Relação de Lisboa a entidade empregadora reconheceu que mandou instalar um sistema de videovigilância na zona de receção, corredores e salas de espera da Clínica e que avisou previamente os colaboradores e, "com surpresa no dia 22/2/2008 verificou que no gabinete usado pela trabalhadora, por detrás de uma grelha de ar condicionado e sem estar ligado a qualquer sistema, portanto, não podendo recolher imagens, estava uma pequena câmara de filmar", sem que tivesse sido dado previamente conhecimento a esta.

Parece-nos que, perante estes factos a instalação destes aparelhos foi claramente ilícita e culposa, tal como bem entendeu o Tribunal.

A instalação viola quanto a nós, e em primeiro lugar, o princípio da transparência nos termos defendidos anteriormente, na medida em que a trabalhadora não sabia da sua instalação no seu gabinete.

Em segundo lugar, a instalação violou, tal como no caso decidido pelo Tribunal da Relação do Porto, o princípio da finalidade e da proporcionalidade pois, ainda que tivesse sido dado conhecimento prévio à trabalhadora, estes princípios não teriam sido respeitados. Não estão em causa "particulares exigências inerentes à atividade" nem razões de segurança de pessoas e bens que justificassem a necessidade de instalação deste tipo de meios no gabinete da trabalhadora, principalmente se atendermos à atividade que efetuava.

10. Concorda-se, assim, com a decisão do Tribunal quando considerou que a instalação deste tipo de meios, da responsabilidade da empresa, foi "claramente ilícita e culposa", considerando que se tratou "claramente de um ato hostil contra a trabalhadora, que fere a sua liberdade e dignidade, gerando nela, naturalmente, um sentimento de desconforto no trabalho que põe seriamente em causa a confiança necessária à manutenção da relação, tornando-lhe inexigível a permanência na empresa", sendo considerado como justa causa de resolução do contrato de trabalho e com direito à indemnização prevista no atual art. 396º do CT[10].

Vila Nova de Gaia, Maio de 2013

---

[10] "Nas circunstâncias entendemos que a ofensa na dignidade da A. que decorre da instalação no respectivo gabinete de uma videocâmara, associada à atitude hostil da Directora da R. referida no ponto 20 é suficientemente gravosa para tornar inexigível à A. a continuação da actividade ao serviço da R., constituindo justa causa de resolução do contrato, conferindo-lhe pois o direito a uma indemnização nos termos previstos no art. 443º".

Controlo do *Messenger* dos trabalhadores: anotação ao acórdão do Tribunal da Relação de Lisboa de 7 de Março de 2012*

SUMÁRIO DO ACÓRDÃO[1]:

"I – A norma constante do artigo 659º, número 2, do Código de Processo Civil é restritiva no que à matéria do exame crítico das provas se refere, pois limita o mesmo aquelas provas de que o juiz, na altura da elaboração da sentença, cumpra conhecer.

II – O exame crítico previsto no transcrito artigo 659º, número 2, do Código de Processo Civil é posterior e complementar daquele que se acha estatuído no número 2 do artigo 653º, tendo, em regra, uma projecção nos autos e na decisão do litígio, em termos fácticos e jurídicos, muito menor do que a estatuída nesse segundo preceito legal.

III – Face à inexistência de qualquer regulamentação prévia para a utilização pessoal e profissional da Internet por parte dos trabalhadores da Ré verifica-se o acesso e conhecimento indevidos e ilícitos por parte da empresa ao conteúdo de conversas de teor estritamente pessoal da Apelada com três amigas e o marido/namorado, numa situação que se pode equiparar, de alguma maneira, à audição de vários telefonemas particulares (no fundo, uma espécie de «escutas» ilegais) ou à leitura de cartas dessa mesma

---

* Publicado *in Prontuário de Direito do Trabalho*, nºs 91/92, 2014.

[1] O acórdão, cujo Relator foi o Desembargador José Eduardo Sapateiro, pode ser visto em texto integral em www.dgsi.pt. Aliás, as referências jurisprudenciais que se mencionam no texto, sem indicação da fonte, encontram-se neste *site*.

índole, sem que, quer o remetente, como o destinatário, tenham dado o seu consentimento prévio a tal "visionamento" escrito das ditas conversas (artigos 15º e 21º e 16º e 22º dos Código do Trabalho de 2003 e 2009).

IV – O facto das referidas conversas/mensagens electrónicas se acharem guardadas no servidor central da Ré, a ela pertencente, não lhes retira, por um lado, a sua natureza pessoal e confidencial.

V – As pessoas, normalmente, quando estão em círculos privados e fechados, em que sabem que só são escutadas pelo destinatário ou destinatários presentes e relativamente aos quais existe um mínimo de confiança no relacionamento que se estabelece – como parece ser o caso dos autos –, falam à vontade, dizem disparates, queixam-se, exageram, troçam de terceiros, dizem mal deles, qualificando-os, muitas vezes, de forma pouco civilizada, "confessam-se", afirmam coisas da boca para fora, no calor da conversa ou discussão, e tudo isso porque contam com a discrição dos seus interlocutores para a confidencialidade de algumas das coisas referidas e a compreensão e o inevitável "desconto" para as demais.

VI – Uma das inúmeras vertentes em que se desdobra o direito fundamental e constitucional da liberdade de expressão e opinião é aquela que normalmente se define como uma conversa privada entre familiares e/ou amigos, num ambiente restrito e reservado, tendo a Autora, bem como as suas amigas e companheiro, se limitado a exercê-lo, por estarem convictos de que mais ninguém tinha acesso e conhecimento, em tempo real ou diferido, do teor das mesmas.

VII – Tendo tais conversas essa natureza e não havendo indícios de que delas derivaram prejuízos de índole interna ou externa para a Ré, tendo sido desenvolvidas por uma trabalhadora com 8 anos de antiguidade e com um passado disciplinar imaculado, tal conduta, ainda que prolongada no tempo, não se reveste de uma gravidade e consequências tais que, só por si e em si, de um ponto de vista objectivo, desapaixonado, jurídico, implique uma quebra irremediável e sem retorno da relação de confiança que o vínculo laboral pressupõe entre empregado e empregador, impondo, nessa medida, a este último, o despedimento com justa causa, por ser a única medida reactiva de cariz disciplinar que se revela proporcional, adequada e eficaz à infracção concreta e em concreto praticada pelo trabalhador arguido."

1. O acórdão em anotação revela bastante interesse porque se trata da análise pela primeira vez, a nível dos Tribunais Superiores, da utilização do serviço de mensagens instantâneas – *Messenger* – no local de trabalho para fins pessoais e da possível (in)admissibilidade do conteúdo destas para fins disciplinares, principalmente para aferir da existência de justa causa de despedimento.

Até agora os Tribunais nacionais tinham-se debruçado sobre a (in) admissibilidade do conteúdo do *e-mail* pessoal ser utilizado para fins disciplinares, nomeadamente para aferir da existência de justa causa de despedimento, como aconteceu nos acórdãos do STJ, de 05 de Julho de 2007, do Tribunal da Relação de Lisboa, de 5 de Junho de 2008, e do Tribunal da Relação do Porto de 8 de Fevereiro de 2010, assim como no acórdão do Tribunal da Relação de Lisboa, de 30 de Junho de 2011[2][3].

Esta decisão parece-nos muito positiva pois analisou a (i)licitude da prova das mensagens instantâneas na medida em que se baseou não só na tutela do direito à confidencialidade de mensagens e de acesso à informação do art. 22º do CT mas também do direito à liberdade de expressão do art. 14º do mesmo diploma legal.

2. No caso *sub iudice* a trabalhadora tinha trocado várias mensagens instantâneas via *MSN*, isto é, conversas em tempo real e por escrito, com amigas e o companheiro, onde se faziam afirmações e confessavam-se factos que, para o empregador, eram suscetíveis de fundar um despedimento com justa causa. E, como foi mencionado pelo Tribunal, estas conversas tinham um duplo papel pois constituíam o cerne do procedimento disciplinar contra a trabalhadora e, por outro lado, traduziam-se no suporte documental e probatório do mesmo, tendo sido retiradas por outro trabalhador do servidor central onde estavam armazenadas.

3. Parece-nos, em primeiro lugar, que se deve atender à natureza do *Messenger* e à sua proteção jurídica.

Como bem realçou o Tribunal, este serviço constitui uma forma de comunicação que, de certa forma, "reúne o melhor dos tradicionais meios de comunicação, a saber: é silencioso como na comunicação por missiva; é em tempo real de conversação como o telefone; permite o

---

[2] Todas as decisões podem ser consultadas em www.dgsi.pt.

[3] *Vide* Teresa Coelho Moreira, "Controlo do correio electrónico dos trabalhadores: comentário ao acórdão do Tribunal da Relação do Porto, de 8 de Fevereiro de 2010", *in Estudos de Direito do Trabalho*, Almedina, Coimbra, 2011.

envio de grandes suportes documentais como no fax e ainda oferece ao utilizador a segurança de privacidade ao exigir palavras-chave como acesso a esta via de comunicação. É uma das chamadas Comunicações Unificadas, que consistem no processo no qual todos os meios e dispositivos de comunicação e mídia estão integrados permitindo que os usuários se comuniquem em tempo real com qualquer pessoa em qualquer lugar", considerando que "em face do exposto, dúvidas inexistem de que este programa integra um dispositivo de comunicação, cujo conteúdo informativo é idêntico ao de uma conversa telefónica, uma carta, etc.".

Como dispositivo de comunicação está protegido, desde logo, constitucionalmente pelo art. 34º, sendo que se trata de um direito inviolável, existindo uma proibição de ingerência nos meios de comunicação. A garantia prevista legalmente é bastante ampla porque se proíbe toda a intromissão, abrangendo tanto a liberdade de envio e de receção de correspondência, como a proibição de retenção ou de apreensão, e, ainda, a interferência telefónica ou através de outra forma. Tudo isto implica o direito que ninguém as viole ou as devasse, no sentido de que a tomada de conhecimento não autorizada do conteúdo da correspondência é, em si própria, ilícita. A lei vai mais além e proíbe a sua divulgação, estabelecendo o direito de que os terceiros que a elas tenham acesso as não divulguem.

Por outro lado, e para além da proteção penal[4], está protegido a nível laboral no art. 22º do CT. Este, no nº 1, estabelece o direito à confidencialidade das mensagens de natureza pessoal dos trabalhadores através de vários meios de comunicação. Este artigo estabelece assim, para além da reserva, a própria confidencialidade no sentido de que o trabalhador tem não só o direito de controlar ou impedir o acesso às suas mensagens, mas também o direito de controlar ou impedir a sua divulgação.

4. Defende-se, em primeiro lugar, que o empregador não pode invocar os seus legítimos poderes de organização, direção e controlo para limitar o exercício do direito constitucional previsto no art. 34º e, também, no art. 22º do CT.

---

[4] Entre outras obras, ver-se a propósito desta proteção penal Rita Castanheira Neves, *As ingerências nas comunicações electrónicas m processo penal – Natureza e respectivo regime jurídico do correio electrónico enquanto meio de obtenção de prova*, Coimbra Editora, Coimbra, 2011.

Entende-se, assim, que a titularidade do meio utilizado não justifica, por si mesma, o acesso às comunicações eletrónicas realizadas através da empresa. O contrato de trabalho não transforma o empregador num interlocutor da mensagem ou num terceiro qualificado para transgredir o sigilo das comunicações. O empregador é um terceiro e o acesso deste ao conteúdo de mensagens instantâneas enviados ou recebidos pelo trabalhador pode vulnerar o sigilo das comunicações[5].

Assim, concorda-se inteiramente com o Tribunal quando não aceitou o argumento aduzido pelo empregador para justificar o acesso e conhecimento das mensagens. O empregador pretendia legitimar este acesso e conhecimento baseado na titularidade do servidor central onde as mensagens estavam armazenadas. Mas, como realçou o Tribunal, o facto de as mensagens estarem armazenadas neste servidor, não retira a natureza pessoal nem confidencial das mesmas[6] e não legitima a ingerência por parte do empregador.

---

[5] Defende-se, assim, a ideia de que a titularidade dos meios de comunicação não elimina o direito ao segredo e às garantias constitucionais. Aliás, isto foi referido pelo acórdão do STJ, de 5 de Julho de 2007, disponível em www.dgsi.pt, e quanto a nós muito bem, ainda que relativamente ao controlo do *e-mail*, no ponto IV do sumário se diga que – "não é pelo facto de os meios informáticos pertencerem ao empregador que afasta a natureza privada da mensagem e legitima este a aceder ao seu conteúdo". Esta decisão do Supremo parece-nos muito positiva pois colocou nos devidos termos a questão do controlo eletrónico do empregador na medida em que se baseou na tutela do direito ao sigilo da correspondência. No mesmo sentido pode ver-se o acórdão da Relação do Porto de 8 de Fevereiro de 2010, *in www.dgsi.pt*.

[6] Pode ler-se no Acórdão que "Também não nos parece válido o argumento jurídico desenvolvido pela Ré no sentido dos referidos acesso e conhecimento serem permitidos pela circunstância das referidas conversas/mensagens se acharem guardadas no servidor central da empresa, a ela pertencente, pois, por um lado, não perderam a sua natureza de pessoais e confidenciais por esse facto e, por outro, face a tal justificação, não se vê porque a entidade empregadora, em função da simples propriedade sobre o computador profissional distribuído à Autora, não poderia proceder da mesma forma, para o caso desse registo estar conservado no disco rígido daquele. Essa tese, levada a um extremo, conduziria a resultados absurdos, franqueando à administração da Apelante ou aos funcionários em que delegasse tais tarefas, a possibilidade de, querendo, abrir as carteiras e fiscalizar o conteúdo das malas ou dos telemóveis dos trabalhadores pelo singelo facto de estarem guardados dentro de gavetas ou armários colocados dentro das suas instalações e de todo o mobiliário e demais equipamento existente na empresa lhe pertencer ou lhe estar afecto por um título jurídico legítimo, o mesmo se podendo dizer com referência às viaturas particulares estacionadas no seu parque ou garagem, caso existam."

5. Considera-se ainda relevante para a decisão do Tribunal o facto da entidade empregadora não ter regras estabelecidas sobre a utilização destes meios.

Em primeiro lugar, defende-se ser essencial que os empregadores estabeleçam regras sobre esta matéria, dando cumprimento desta forma ao princípio da transparência. Na verdade, o empregador terá, previamente à adoção de qualquer medida de controlo, que respeitar o princípio da transparência que consiste no conhecimento da vigilância e do controlo exercido pelo empregador, sendo essencial para o correto tratamento de dados pessoais das pessoas, em geral, e dos trabalhadores, em especial. Desta forma, o direito do titular dos dados a receber toda a informação relativa a si mesmo, constitui um dos princípios geralmente aceites como parte essencial e integrante do direito à autodeterminação informativa.

Desta forma, os trabalhadores têm de ser informados de como, quando e de que forma, este controlo é realizado e de como poderão utilizar estes novos meios de comunicação, nomeadamente para fins privados, devendo separar corretamente a sua utilização. Os empregadores têm de informar com clareza os trabalhadores sobre os limites ao uso destas novas tecnologias, limites que devem ser razoáveis e não excessivos em relação à finalidade pretendida.

Entende-se que a forma mais apropriada para concretizar este dever de transparência é a elaboração de "cartas de boa conduta" sobre a utilização deste tipo de instrumentos de comunicação, integrando, eventualmente, o regulamento interno.

No caso em apreço, o empregador não conseguiu fazer prova de que tinha regras sobre a utilização destes meios e verificou-se, como bem decidiu o Tribunal, "o acesso e conhecimento indevidos e ilícitos por parte da empresa ao conteúdo de conversas de teor estritamente pessoal" da trabalhadora com as três amigas e o companheiro, numa situação "que se pode equiparar, de alguma maneira, à audição de vários telefonemas particulares (no fundo, uma espécie de «escutas» ilegais) ou à leitura de cartas dessa mesma índole, sem que, quer o remetente, como o destinatário, tenham dado o seu consentimento prévio a tal "visionamento" escrito das ditas conversas".

6. Entende-se, desta forma, que nestes casos de inexistência de políticas sobre a utilização destes meios permitindo uma utilização indiscriminada, perante suspeitas razoáveis de incumprimentos contratuais por parte do trabalhador, o empregador não poderá controlar o conteúdo sem uma prévia autorização judicial, nos termos do art. 34º da CRP. E defende-se o mesmo ainda que existam regras e o trabalhador as tenha violado, utilizando-as para fins pessoais, na medida em que a propriedade dos meios não retira a titularidade do direito e a infração cometida pelo trabalhador é, quando muito, uma infração disciplinar[7].

Porém, o empregador, apesar de não poder controlar o conteúdo das mensagens pessoais, poderá, contudo, controlar alguns dados externos para tentar visualizar se os trabalhadores estão a utilizar corretamente ou não os seus meios de comunicação.

Note-se que, atendendo ao princípio da proporcionalidade, o conhecimento de certos dados externos configura uma menor intensidade da ingerência no direito fundamental ao sigilo das comunicações. Por outro lado, parece que há que tutelar de certa forma os interesses do empregador e, por isso, se não se permitisse o controlo destes dados ele ficaria sem qualquer possibilidade de controlo.

Parece, ainda, que na defesa desta opinião pode acrescer outro argumento considerando o teor da Diretiva 2002/58/CE. De facto, não pode deixar de referir-se o art. 6º, nº 2, quando estabelece que "podem ser tratados dados de tráfego necessários para efeitos de faturação dos assinantes e de pagamento de interligações", assim como o art. 6º, nº 2, alínea b), da Lei nº 41/2004, de 18 de Agosto que transpôs esta Diretiva. Podem ver-se ainda os considerandos nºs 26, 27 e 29 da mesma Diretiva, a enquadrarem a hipótese de, em certas circunstâncias, poderem ser tratados determinados dados de tráfego.

A questão que se coloca é a de saber que tipo de dados externos e de tráfego o empregador poderá conhecer.

O empregador tem ao seu dispor, sem chegar a vulnerar um direito fundamental como é o do sigilo das comunicações, meios jurídicos sufi-

---

[7] Veja-se, neste sentido, GUILHERME DRAY, *op.* cit., pp. 88-89, escrevendo que "o incumprimento das regras de utilização fixadas nos termos do nº 2 consubstancia uma infracção disciplinar, mas não legitima a violação, pelo empregador, do direito à confidencialidade a que se refere o nº 1", assim como MENEZES LEITÃO, *op.* cit., p. 135. Também Mª DO ROSÁRIO PALMA RAMALHO, "O telemóvel e o trabalho algumas questões jurídicas", *in Estudos em Honra do Professor Doutor José de Oliveira Ascensão, volume II*, (coord. MENEZES CORDEIRO, PEDRO PAIS DE VASCONCELOS e PAULA COSTA E SILVA), Almedina, Coimbra, 2008, pp. 1588-1589, ainda que em relação ao telemóvel, defende o mesmo.

cientes para controlar e sancionar o comportamento indevido do trabalhador, utilizando para isso meios que não vulnerem os seus direitos fundamentais.

Desta forma podem controlar-se, dentro do seu legítimo poder de controlo, questões adjacentes a este tipo de comunicação como, *inter alia*, o custo da ferramenta de trabalho, o tempo gasto pelos trabalhadores na utilização da mesma e o acesso à rede informática, tentando aferir das horas por forma a, como bem realçou o Tribunal, constatar que tal tinha acontecido dentro do horário de trabalho. O controlo destas circunstâncias, sendo possível, permite ao empregador, em função da aplicação do princípio da boa fé, ou melhor, da sua não transgressão, fazer cessar ou não a relação de trabalho com base numa utilização inadequada ou abusiva das ferramentas de trabalho da empresa.

7. Entende-se, assim, que o empregador fica limitado no seu poder de controlo eletrónico, ficando inibido de aceder ao conteúdo das mensagens instantâneas pessoais[8].

E este era o caso das mensagens referidas no acórdão, tal como o Tribunal sublinhou várias vezes.

Concorda-se com o referido no acórdão, quando transcreve o decidido pelo STJ, em aresto de 5 de Julho de 2007, defendendo que "não são apenas as comunicações relativas à vida familiar, afectiva, sexual, saúde, convicções políticas e religiosas do trabalhador, e mencionadas no artº 16º, nº 2 do CT, que revestem a natureza da comunicações de natureza pessoal, nos termos e para os efeitos do artº 21º" [9]. Como aí se referiu, a definição de natureza particular da mensagem obtém-se por contraposição à natureza profissional da comunicação, relevando, para tal, antes de mais, a vontade dos intervenientes da comunicação, ao postularem, de forma expressa ou implícita, a natureza profissional ou privada das mensagens que trocam, assim como "A falta da referência prévia, expressa e formal da "pessoalidade" da mensagem não afasta a tutela prevista no art. 21º, nº 1, do CT. Não tendo o empregador regu-

---

[8] Veja-se, para mais desenvolvimentos, Teresa Coelho Moreira, *A Privacidade dos Trabalhadores e as Novas Tecnologias de Informação e Comunicação: contributo para um estudo dos limites do poder de controlo electrónico do empregador*, Almedina, Coimbra, 2010, pp. 782 e ss..

[9] Atual art. 22º.

lado a utilização do correio eletrónico para fins pessoais, conforme possibilita o nº 2 do art. 21º do CT, o envio da referida mensagem não integra infração disciplinar"[10].

8. Bem andou, quanto a nós, o Tribunal ao decidir não aceitar como prova as mensagens trocadas via *Messenger* pela trabalhadora e que revestiam natureza pessoal.

Vila Nova de Gaia, Junho de 2012

---

[10] Atual art. 22º.

Até que o Facebook nos separe:
Análise dos acórdãos do Tribunal da Relação do Porto de 8 de Setembro de 2014 e do Tribunal da Relação de Lisboa de 24 de Setembro de 2014*

SUMÁRIO DO ACÓRDÃO DO TRIBUNAL DA RELAÇÃO DO PORTO[1]:

"I – As redes sociais fizeram surgir novos espaços que não se reconduzem facilmente às tradicionais esferas que se alargam progressivamente à volta do irredutível núcleo íntimo de privacidade do indivíduo, o que adensa as dificuldades em traçar os contornos da privacidade que merece a tutela da confidencialidade, pelo que se torna necessária, para a caracterização de cada situação, uma cuidada apreciação casuística.

II – Em tal apreciação, é de fundamental relevância a ponderação dos diversos factores em presença – designadamente o tipo de serviço utilizado, a matéria sobre que incidem as publicações, a parametrização da conta, os membros da rede social e suas características, o número de membros e outros factores que se perfilem como pertinentes em cada caso a analisar –, de molde a poder concluir-se se na situação *sub judice* havia uma legítima expectativa de que o círculo estabelecido era privado e fechado.

---

* A publicar em número próximo do *Prontuário de Direito do Trabalho*.

[1] O acórdão, cuja Relatora foi a Desembargadora Maria José Costa Pinto, pode ser visto em texto integral em www.dgsi.pt. Aliás, as referências jurisprudenciais que se mencionam no texto, sem indicação da fonte, encontram-se neste *site*.

III – Tal ocorre se se descortina a existência de um laço estreito entre os membros da rede social que não era expectável que fosse quebrado, contando aqueles membros com a discrição dos seus interlocutores para a confidencialidade dos posts publicados e estando convictos de que mais ninguém terá acesso e conhecimento, em tempo real ou diferido, ao seu teor.

IV – Não havendo essa expectativa de privacidade, e estando o trabalhador ciente de que publicações com eventuais implicações de natureza profissional, designadamente porque difamatórias para o empregador, colegas de trabalho ou superiores hierárquicos, podem extravasar as fronteiras de um "grupo" criado na rede social facebook, não lhe assiste o direito de invocar o carácter privado do grupo e a natureza "pessoal" das publicações, não beneficiando da tutela da confidencialidade prevista no artigo 22º do Código do Trabalho."

Sumário do acórdão do Tribunal da Relação de Lisboa[2]:

"**I.** No conceito de "amigos" do Facebook cabem não só os amigos mais próximos, como também outros amigos, simples conhecidos ou até pessoas que não se conhece pessoalmente, apenas se estabelecendo alguma afinidade de interesses no âmbito da comunicação na rede social que leva a aceitá-los como "amigos".

II. Através de um amigo a publicação de um conteúdo pode tornar-se acessível aos amigos deste, além de poder ser copiado para papel e exportado para outros sítios na internet ou para correios electrónicos privados e de se manter online por um período indeterminado de tempo.

III. O recorrente não podia deixar de levar em conta todos estes factores e, logo, não poderia, nem é credível que o tenha suposto, ter uma expectativa minimamente razoável de reserva na divulgação do conteúdo. Daí não surpreender, antes sendo o desfecho normal e previsível da conduta do A., que o resultado tenha sido o que se provou, sendo forçoso concluir que a divulgação do conteúdo em causa, apesar de disponibilizada a "amigos", deve ser considerada como pública.

IV. Se alguma dúvida houvesse, bastaria atentar na parte final do mesmo, de onde resulta claro que o A. deixou um verdadeiro apelo à divulgação (partilha) do comunicado para além dos seus amigos, ao rematar o texto escrevendo "PARTILHEM AMIGOS", expressão tem um sentido equivalente ao que num outro contexto teria dizer-se "divulguem amigos".

---

[2] O acórdão, cujo Relator foi o Desembargador Jerónimo Freitas, pode ser visto em texto integral em www.dgsi.pt.

V. É entendimento pacífico da jurisprudência que a tutela legal e constitucional da confidencialidade da mensagem pessoal veda ao empregador a possibilidade de procurar obter provas para instruir processo disciplinar através do acesso às mensagens pessoais. As provas obtidas em violação daquele direito do trabalhador são nulas e, logo, insusceptíveis de serem atendidas.

VI. Mas como se concluiu, o trabalhador, por sua livre iniciativa, ao proceder aquela publicação, não só quis deixar ao livre arbítrio dos seus "amigos" de Facebook procederem conforme lhes aprouvesse na divulgação do conteúdo que publicou, como inclusive tinha em vista que através deles houvesse uma divulgação mais ampla, nomeadamente, aos "amigos" dos seus "amigos". Por conseguinte, não podia ter qualquer expectativa de privacidade, já que deliberadamente nem a procurou preservar, antes apelando a que os seus amigos partilhassem o conteúdo (post) que publicou.

VII. Nesse quadro, tanto mais que o conteúdo publicado é expressivo na ofensiva e difamação da sua entidade empregadora e do presidente do conselho de administração, o trabalhador não podia ignorar a possibilidade séria e previsível de que o conteúdo publicado (post), chegasse ao conhecimento de um leque alargado de trabalhadores, ou mesmo de superiores hierárquicos, ou até à sua entidade empregadora. E, assim aconteceu: a publicação do conteúdo foi efectuada a 1 de Maio de 2013 e no dia imediatamente seguinte, a 2 de Maio, já tinha extravasado os "amigos" do Facebook e chegado ao conhecimento de outros trabalhadores e da entidade empregadora.

VIII. Assim, está claramente afastado o carácter privado do grupo e a natureza "privada" ou "pessoal" das publicações e, logo, aquele conteúdo (post) e o seu autor não beneficiam da tutela da confidencialidade prevista no artigo 22º do Código do Trabalho.

IX. O exercício do direito à liberdade de expressão e de opinião, consagrado no artº 14º do CT/09, deve conter-se dentro de determinados limites, nomeadamente, respeitando os "direitos de personalidade do trabalhador e do empregador, incluindo as pessoas singulares que o representam, e do normal funcionamento da empresa".

X. O A. podia livremente exerce-lo, inclusive no Facebook e reportando-se à situação e manifestando o seu desagrado, ainda que com uma linguagem "mais vigorosa", como refere. Porém, esse maior vigor na linguagem, ou mesmo o estilo "panfletário" a que também alude, não podem dar cobertura à violação dos direitos da entidade empregadora e dos seus representantes. O exercício do direito de opinião não fica diminuído por isso. Dito por outras palavras, não é necessário recorrer à ofensa grosseira e pessoal, bem como à difamação para afirmar e reclamar um direito".

1. Os acórdãos em análise assumem relevância inequívoca pelo facto de serem os primeiros a nível dos Tribunais Superiores a debruçarem-se sobre a possibilidade de utilizar em procedimento disciplinar contra o trabalhador o conteúdo colocado por este em redes sociais[3].

---

[3] Há que notar que em Direito comparado existem várias decisões sobre esta temática. Assim, no ordenamento jurídico francês, o *Conseil de Prud'hommes de Boulogne*-Billancourt, decidiu em 19 de Novembro de 2010, que o despedimento de 3 trabalhadores por comentários colocados no mural do *Facebook* que colocavam em causa a imagem da empresa era lícito, tendo sido colocada a questão fundamental de saber se o que se coloca no mural da rede social teria natureza pública ou privada. O Tribunal entendeu que "ao escolher dentro dos parâmetros da privacidade da conta estabelecer que não só os amigos mas também os amigos dos amigos teriam acesso, permitindo desta forma um acesso aberto, nomeadamente aos colegas de trabalho e mesmo aos antigos trabalhadores da empresa, o acesso à página do *Facebook* ultrapassa as fronteiras da esfera privada", decidindo, desta forma, que o conteúdo colocado teria natureza pública" e que "a página *Facebook* que mencionava propósitos incriminadores constituía um modo de prova lícito para o despedimento". Em 15 de Novembro de 2011, a *Cour d'appel de Rouen* decidiu que, no caso de uma trabalhadora que tinha injuriado o seu empregador na rede social *Facebook*, tendo trocado com mais cinco trabalhadores da empresa críticas ao seu empregador. Na verdade, como o empregador, a quem incumbe o ónus da prova dos factos que basearam o despedimento, não conseguiu provar quais os parâmetros que a trabalhadora tinha definido para a privacidade da sua conta, nem conseguiu precisar como teria obtido as páginas que apresentou em Tribunal e que justificaram o despedimento da trabalhadora, não permitiu chegar à conclusão se elas seriam visíveis ou não por todos, que não poderia ser considerado um despedimento lícito pois "nenhum elemento permite afirmar que a conta *Facebook* parametrizada pela trabalhadora ou pelas outras pessoas que com ela trocaram comentários, autoriza a partilha de informação com os *amigos dos seus amigos* ou qualquer outra forma de partilha com pessoas indeterminadas, de tal forma que faça perder o carácter de correspondência privada". Do que se pode inferir deste julgamento é que o Tribunal entendeu que os factos seriam constitutivos de uma eventual justa causa de despedimento se o empregador tivesse conseguido provar que os parâmetros da conta *Facebook* da trabalhadora saíam do quadro da correspondência privada. Em 22 de Maio de 2012, o *Conseil de Prud'hommes de Lens* entendeu que o despedimento de uma trabalhadora enfermeira que colocou comentários sobre o seu empregador era desprovido de "uma causa real e séria". Mas, contrariamente à decisão da *Cour d'appel de Rouen*, não apenas por uma razão de forma, mas também de fundo. No caso em apreço, o Tribunal entendeu que "as comunicações feitas através do *site Facebook* são de natureza privada, assim como que em nenhum caso os comentários são injuriosos para o empregador". A trabalhadora afirmou que os seus comentários eram apenas visíveis para os seus contactos no *Facebook* a que nenhum dos seus colegas de trabalho tinha acesso. Mais recentemente, em 14 de Maio de 2013, a *Cour d'appel de Rouen* decidiu pela licitude do despedimento de um trabalhador que no mural da sua conta *Facebook* insultou o empregador. O Tribunal aceitou o despedimento porque o trabalhador reconheceu ter escrito no seu mural "*J'en ai en a marre de travailler avec des faux-culs »* e, também, porque o perfil do trabalhador era público, o que permitia que não só

2. No caso do Acórdão do Tribunal da Relação do Porto, e no que releva mais para este trabalho, tratava-se de um trabalhador, delegado sindical, que trabalhava numa sociedade comercial dedicada à prestação de serviços de segurança e que desempenhava as funções inerentes à categoria profissional de vigilante.

O trabalhador publicou vários *posts* num grupo criado na rede social *Facebook* denominado "Trabalhadores da C...", do qual ele era o administrador. Este grupo era constituído por, pelo menos, 140 membros, tendo como denominador comum o facto de serem ou terem sido trabalhadores de C. O acesso a este grupo só era possível mediante pedido dirigido aos administradores do mesmo, pelo que não se encontrava acessível ao público em geral.

Os *posts* colocados pelo trabalhador incidiam sobre temas relativos à organização e vida interna da empresa tendo um deles, inclusive, um pré-aviso de greve e alguns foram inseridos dentro do horário de trabalho do trabalhador. Num deles, por exemplo, o trabalhador colocou uma imagem de três palhaços, querendo retratar os seus superiores.

---

os amigos como qualquer pessoa acedesse ao que *postava online*. Também no ordenamento jurídico francês, a 13 de Maio de 2014, a *Cour d'appel de Rennes* condenou uma ex-trabalhadora de uma empresa de concorrência desleal e difamação pois ficou provado que esta, ainda durante o decurso do seu contrato de trabalho e depois da cessação do mesmo, criou um *site* onde concorria diretamente com o seu empregador e utilizava a rede social *Twitter* para o difamar. Porém, não pode esquecer-se que, contrariamente ao *Facebook*, o *Twitter* não permite que o utilizador limite quem vê o que coloca *online* e tem sempre por limite apenas 140 caracteres. Veja-se, aliás, sobre o Twitter, PATY WISE, "Tweet, Tweet, You're Fired", *in Employment & Labor Relations Law*, vol. 7, número 4, 2009, pp. 7 e ss..

Não deixa de ser interessante, ainda, um caso decidido pela *Cour d'appel de Poitiers*, a 16 de Janeiro de 2013, pois o Tribunal aceitou que as mensagens colocadas pelo empregador na sua conta *Facebook* pudessem ser utilizadas como prova da existência de um contrato de trabalho. No caso concreto o empregador alegava que a forma como tinham sido obtidas as mensagens era ilícita mas o Tribunal deu como provado que qualquer pessoa podia aceder ao conteúdo das mesmas não tendo assim qualquer carácter privado. Esta é uma decisão que demonstra, mais uma vez, o enorme impacto das redes sociais nas relações de trabalho.

Também no ordenamento jurídico italiano se colocou a questão da utilização como prova em procedimentos disciplinares dos *posts* do *Facebook* dos trabalhadores e, numa decisão recente, o Tribunal de Milão, a 1 de Agosto deste ano, considerou como admissíveis em processo judicial, 3 fotografias que o trabalhador tinha colocado no seu mural e que injuriavam o empregador pois podia ler-se ""*come si lavora alla* DATORE DI LAVORO *di m...*"". O Tribunal aceitou como prova pois o perfil do trabalhador era público podendo qualquer pessoa visualizá-las.

O trabalhador veio a ser despedido no dia 25 de Janeiro de 2013, embora já anteriormente, em 2012, lhe tivesse sido instaurado um procedimento disciplinar fundamentado na múltipla prática de divulgação de comentários no *Facebook*.

No caso do Acórdão do Tribunal da Relação de Lisboa tratava-se, igualmente, do despedimento de um trabalhador, também delegado e dirigente sindical do Sindicato dos Trabalhadores da Hotelaria, Turismo, Alimentação, Serviços e Similares da RAM, que trabalhava para um grupo hoteleiro do Funchal e que publicou na sua página pessoal do *Facebook* vários *posts* em que insultava o presidente do conselho de administração da sua entidade empregadora, apelidando-o, entre outros, de "grande mentiroso, pinóquio e aldrabão, trapaceiro", como resposta a uma situação em que a entidade empregadora começou a atrasar o pagamento de retribuições, como o subsídio de Natal de 2012, só a tendo vindo a regularizar em Maio de 2013[4].

3. Em ambas as decisões, como bem notam os Tribunais, é essencial aferir da admissibilidade ou não da valoração dos *posts* publicados pelo trabalhador no grupo por ele criado, ou numa página pessoal, isto é, aferir se há ou não a expectativa de privacidade que justifique a tutela legal. E a grande dificuldade é, como também bem realçam, a determinação do grau de reserva dos textos, das fotografias, dos *links* e outros *uploads* que são inseridos nestas redes sociais, até porque, o empregador não pode controlar os perfis pessoais que os trabalhadores têm nas redes sociais[5], sendo certo que estas transformaram a maneira como as pessoas comunicam entre si.

4. As redes sociais *online* são, atualmente, um fenómeno em e crescimento enorme e constituem um meio muitas vezes utilizado pelas pessoas para se conectarem, comunicarem e partilharem informação pessoal. E se, inicialmente, começaram por ser meios recreativos para as gerações mais novas, hoje em dia atraem pessoas de todas as idades, e Portugal não é exceção. Assim, nas origens as redes sociais tinham por

---

[4] Contudo, como pode ler-se no acórdão, p. 24, dos factos provados "não pode sequer extrair-se quais os montantes em concreto, embora tudo indicie que se tratavam de partes da retribuição".

[5] Neste mesmo sentido veja-se a Deliberação nº 1638/2013 da CNPD, de 16 de Julho de 2013.

público quase somente os denominados *digital natives*, que representam uma geração que cresceu já após o surgimento da *Internet*, hoje também os conhecidos por *digital immigrants* estão a aderir cada vez mais à utilização das redes sociais.

Na verdade, as redes sociais, apesar de terem surgido inicialmente como um meio de comunicação interpessoal e de entretenimento associado ao lazer e à comunicação com amigos, amigos dos amigos e, até, desconhecidos, tornaram-se um meio cada vez mais usado pelas empresas em termos profissionais. Atualmente, o número de empresas que tem criado um perfil nas redes sociais, dada a sua fácil acessibilidade e o carácter maciço com que as pessoas aderiram às mesmas, é cada vez maior.

Por outro lado, as redes sociais possibilitam que quem é responsável pelo recrutamento, analise os currículos e as informações pessoais e profissionais dos candidatos, podendo, inclusive, conhecer os seus dados pessoais sensíveis, como a raça, a orientação sexual, assim como a idade, o género, a etnia, entre vários outros. E esta investigação pode ser feita de forma muito simples, com base em pesquisas de dados que, aparentemente, são inócuos, como os *likes*[6] *que se colocam nas redes sociais online* relativamente a pessoas, marcas, locais ou acontecimentos. Através desta pesquisa simples, rápida, gratuita e à distância de um simples *click*, as empresas podem, tecnicamente, *filtrar* os candidatos por grupos, excluindo alguns, automaticamente, do processo de seleção, sem realizar, formalmente, qualquer processo de recrutamento.

Deve ainda considerar-se que a informação pessoal que um candidato tem *online*, combinada com dados que descrevem as suas ações e as interações com outras pessoas, pode criar um perfil bastante completo dos seus

---

[6] Relativamente a este *like* da rede social *Facebook*, o Tribunal de recurso norte-americano decidiu no dia 18 de setembro de 2013 que estava protegido pelo direito à liberdade de expressão e, consequentemente, pela 1ª Emenda da Constituição norte-americana. A *American Civil Liberties Union* e o próprio *Facebook* tinham recorrido para o *Federal Appeals Court* no intuito de obter esta confirmação, após o *U.S. District Court of Eastern Virginia* ter decidido contra eles no caso *Bland vs. Roberts*. Neste caso, 5 trabalhadores que trabalhavam para o *Sheriff* B. J. Roberts foram despedidos após terem clicado em *like* na candidatura do seu opositor. *Vide* TANYA MARCUM e SANDRA PERRY, "When a Public Employer Doesn't Like What is Employeees "Like": Social Media and The First Amendment", *in Labor Law Journal*, 2014, pp. 5 e ss.., e DAVID SCHER, "Notes On, As You 'Like' it: Ascribing Legal Significance to Social Media", *in Labor Law Journal*, 2014, pp. 104 e ss..

ESTUDOS DE DIREITO DE TRABALHO

interesses e atividades, sendo que os dados pessoais publicados nos sítios de redes sociais podem ser utilizados por terceiros para uma grande variedade de fins, inclusive com objetivos comerciais, podendo apresentar riscos graves[7], como o roubo de identidade[8], prejuízos financeiros, perda de oportunidades de negócios ou de emprego e danos físicos[9].

5. No caso do Tribunal da Relação do Porto o trabalhador criou um grupo na rede social *Facebook* onde colocou vários *posts* relacionados com assuntos da empresa, divulgando, como se pode ler no acórdão, "textos, fotografias", assim como outras expressões "desabonatórias ou difamatórias do empregador, colegas de trabalho e superiores hierárquicos".

O mesmo se passou no acórdão do Tribunal da Relação de Lisboa, ainda que o trabalhador não tenha criado um grupo, tendo publicado os *posts* na sua conta pessoal, e alegou que vedou ao máximo o acesso ao que colocava *online* pois tinha-a restringido apenas ao grupo de amigos.

Contudo, conforme se pode ler no acórdão do Tribunal da Relação de Lisboa[10], dos factos provados não se consegue precisar em que termos o trabalhador quis partilhar o conteúdo que publicava na sua rede social, nem qual era o perfil de privacidade que tinha definido ou até selecionado para aqueles *posts* específicos.

Na realidade, na contestação ao articulado inicial, motivador do despedimento, o trabalhador não contra-alegou nem provou a quem tinha facultado o conteúdo, só o tendo feito nas alegações de recurso.

Na verdade, os trabalhadores quando decidem colocar fotografias, publicar vídeos, comentar ideias, pensamentos, gostos, experiências, opiniões ou críticas, quando decidem colocar um *gosto* ou um *não gosto* num determinado assunto, quando criam grupos de interesses, estão

---

[7] Alertando para alguns perigos ÖRGÜR KÜLCÜ e TÜRKAY HENKOGLU, "Privacy on Social Networks; an analysis of Facebook", *in International Journal of Information Management*, vol. 34, 2004, pp. 761 e ss..

[8] Veja-se o caso *Mathieu S. vs. Twitter Inc.*, do Tribunal de *Grande Instance de Paris, Ordonnance de référé*, de 4 de abril de 2013, sobre usurpação de identidade.

[9] *Vide*, para mais desenvolvimentos, TERESA COELHO MOREIRA, "A privacidade dos trabalhadores e a utilização de redes sociais *online*: algumas questões, " *in Questões Laborais*, nº 41, 2013.

[10] P. 13.

não só a atuar sobre o seu perfil mas, muitas vezes, dependendo do conteúdo que divulgar *online*, a afetar a imagem e a reputação da empresa, de outros trabalhadores e, até, de clientes.

A rede social pode exercer, ainda, uma espécie de função "catártica"[11] relativamente a conflitos existentes na empresa, embora por vezes possa existir violação de alguns deveres dos trabalhadores elencados no art. 128º do CT, principalmente no nº 1, alínea f), relativo ao dever de lealdade.

O problema prende-se com a ténue fronteira que existe entre o direito à liberdade de expressão do trabalhador, com consagração constitucional e laboral, nos artigos 37º da CRP e 14º do CT, respetivamente, e o direito ao bom nome e a uma reputação positiva que as empresas pretendem.

Na verdade, o direito à liberdade de expressão pode manifestar-se relativamente a questões conexas com o trabalho, mas existem limites ao exercício deste direito relacionados quer com os direitos de personalidade da contraparte, isto é, do empregador, quer, também, com o normal funcionamento da empresa.

As redes sociais *online* não são um *diário íntimo* mas também não constituem um *álbum de fotografias* exposto publicamente. Estas analogias, embora úteis para explicar as funcionalidades das redes sociais a um leigo nas matérias, oferecem uma visão demasiado simplista perante todas as funcionalidades destas redes. Na verdade, elas têm um carácter misto e é difícil subsumi-las a uma única categoria.

O empregador pode, efetivamente, sofrer muitos danos, principalmente se o trabalhador está perfeitamente identificado e se o acesso ao seu perfil não está restringido. Nestes casos, há que atender ao caso concreto para valorar se o trabalhador se excedeu no exercício do seu direito de informação ou de liberdade de expressão. Contudo, qualquer resposta que se pretenda dar não pode ser apriorística, pois tudo depende, quanto a nós, de vários fatores: a parametrização da conta efetuada pelo trabalhador e, independentemente do primeiro, qual o tipo de serviço ou funcionalidade da rede social *online* que o trabalhador utiliza, assim como o número de amigos e a qualidade destes, tal como aponta também o Tribunal da Relação do Porto.

---

[11] Mª Regina Redinha, "Redes Sociais: Incidência Laboral", *in PDT*, nº 87, p. 43.

No que concerne à parametrização da conta, se o trabalhador escolheu restringir o acesso da mesma apenas aos amigos entende-se que existe um grau acrescido de privacidade e que os dados que poderão ser partilhados e devem ser qualificados como integrantes do conceito de esfera privada. Na verdade, é o utilizador que define o nível de privacidade e a publicidade da sua rede social embora, por defeito, muitas vezes o carácter de múltipla informação seja público, colocando-se aqui o problema de saber se efetivamente o utilizador está devidamente esclarecido quanto à definição da privacidade da sua conta quando muitas delas surgem com a maior visibilidade possível.

Preconiza-se, desta forma, que, perante a questão de saber se o conteúdo que se coloca nas páginas pessoais das redes sociais é privado ou público, a resposta terá de passar pela adoção de um critério personalizável, na medida em que o critério será distinto consoante as definições do utilizador e a configuração da publicidade do conteúdo publicado e divulgado, sendo que, num eventual procedimento disciplinar contra o trabalhador, o ónus da prova recai sobre o empregador. Significa isto que se um conteúdo é definido como privado, isto é, apenas visível para os *amigos*, caberá, em princípio, dentro do conceito de esfera privada. Contrariamente, um conteúdo que é marcado como público, isto é, visível *online* para todos, não poderá ser inserido nesta esfera privada, e antes, ser considerado público, não tendo, desta forma, a expectativa de privacidade do perfil que é configurado para ser privado.

Reconhece-se que a solução não é isenta de críticas, principalmente perante um novo conceito de amigos *online* que poderá abranger amigos mais próximos, conhecidos e, por vezes, para quem não faz a verificação das identidades e aceita todas as pessoas que lhe fazem pedidos de *amizade*, desconhecidos. E este fator parece-nos mais um argumento para justificar a análise casuística de situações.

E, por isso mesmo, é que no caso julgado pelo Tribunal da Relação de Lisboa, apesar de o trabalhador ter colocado o *post* na sua conta pessoal de *Facebook* e ter alegado, mas não ter sido dado como provado, que só estava disponível para os amigos, concordamos com a decisão de aceitar a natureza pública e não privada do que colocou *online*.

Na verdade, conforme o Tribunal decidiu, apesar do *post* ter sido escrito na página pessoal do trabalhador, no final do mesmo o trabalhador quis, manifestamente, que ele se tornasse público, ao escrever "PAR-

TILHEM AMIGOS", significando que, claramente, saiu da esfera privada para a esfera pública. Parece-nos que, através desta redação, o trabalhador quis, claramente, realizar um apelo à divulgação do mesmo[12]. Por outro lado, nesse mesmo dia, um dos trabalhadores fez um *print screen* da publicação, imprimiu-a, gravou-a no seu computador e, depois, deu conhecimento da mesma à Administração[13].

Contudo, apesar de se concordar, conforme já se referiu, que o conteúdo publicado não pode ser considerado como pertencente à esfera privada, e ser considerado como público, não nos parece que seja a melhor solução defender, tal como o Tribunal da Relação de Lisboa fez, que os amigos do *Facebook* englobam não só "amigos mais próximos, como também outros amigos, simples conhecidos ou até pessoas que não se conhece pessoalmente, apenas se estabelecendo alguma afinidade de interesses no âmbito da comunicação na rede social que leva a aceitá-los como "amigos".

Se, efetivamente, se aceita que, com o *Facebook*, pode existir um novo conceito de amigos, dependendo do utilizador em causa e de quem aceita como amigos, também existirão situações que os utilizadores não aceitarão todas as pessoas como amigas e, muito menos, pessoas que não conheçam. Acresce que, apesar de reconhecermos que essa situação não será a mais comum, nem a que corresponde à finalidade da utilização de uma rede social, defendemos ser preferível uma análise individualizada das situações sob pena de, em nenhum caso poder ser considerado como privado o que o trabalhador escrever no seu mural pessoal exatamente porque será acessível a todos os amigos. Na verdade, não pode deixar de atender-se que, nas configurações, o utilizador pode parametrizar, *post* a *post*, quem quer que visualize o que colocou no seu mural. E, por outro lado, o utilizador pode ter um número de amigos que cor-

---

[12] O que realmente aconteceu, como se pode ler no acórdão, pois o comentário foi visualizado imediatamente no mesmo dia por vários trabalhadores que motivaram comentários no seio das respetivas unidades hoteleiras.

[13] Esta situação também chama a atenção para um outro aspeto relacionada com o facto de, ao realizar-se este *print screen*, o empregador só ir ter acesso a este conteúdo que, por vezes, pode estar relacionado com outros publicados anteriormente.

Na verdade, muitas vezes o estilo que é utilizado assemelha-se mais a uma conversa, adotando-se um estilo oral, embora seja feita por escrito. Ora, quando o escrito virtual se torna real, a interpretação que poderá ser feita a nível jurisprudencial ou, antes mesmo, a nível disciplinar, só havendo acesso a parte dessa comunicação, não é clara.

responda ao conceito de verdadeiros amigos, na aceção também referida pelo Tribunal da Relação de Lisboa, aludindo ao facto de incluírem pessoas com quem existe a expectativa de sigilo de uma conversa.

Um outro fator relevante está relacionado com o tipo de serviço ou funcionalidade utilizado, como o *instant messaging*[14] ou os *chats* privados, ou, até, serviços de *e-mail*.

No caso de se tratar de mensagens pessoais existe a proteção pelo direito ao sigilo das comunicações, nos termos constitucionais e também do art. 22º do CT, sendo, assim, invioláveis. O empregador não pode controlar o conteúdo destas mensagens nem mesmo em situações excecionais em que há suspeitas de abuso. Qualquer ato de interceção da comunicação contida nesta parte da caixa postal constituirá uma violação dos preceitos referidos anteriormente, sendo que a prova obtida será considerada nula nos termos do art. 32º, nº 8, da CRP[15].

Assim, parece-nos que no caso das comunicações privadas, em que existe troca de mensagens e consulta da informação, terá de aplicar-se o art. 22º do CT que estabelece o princípio da confidencialidade das mensagens e de acesso à informação. E esta proteção aplica-se independentemente da parametrização da conta na medida em que se trata de instrumentos de comunicação privada[16]. O empregador não pode aceder ao conteúdo destas mensagens privadas do trabalhador, transmitidas através da rede social, se não fizer parte dos destinatários[17].

---

[14] Relativamente aos *instant messaging*, pode ver-se Teresa Coelho Moreira, "Controlo do *Messenger* dos trabalhadores: anotação ao acórdão do Tribunal da Relação de Lisboa de 7 de Março de 2012", *in Prontuário de Direito do Trabalho*, nºs 91/92, 2014.

[15] Veja-se, no mesmo sentido, o decidido pelos acórdãos do STJ, de 5 de Julho de 2007, do Tribunal da Relação de Lisboa, de 5 de Junho de 2008, e do Tribunal da Relação do Porto, de 8 de Fevereiro de 2010, assim como no acórdão do Tribunal da Relação de Lisboa, de 30 de Junho de 2011.

[16] Ver o defendido pelo Acórdão do Tribunal da Relação de Lisboa, em comentário, p. 21, ao referir-se que os princípios relacionados com mensagens privadas trocadas nas redes sociais têm cobertura idêntica aos *e-mails*.

[17] Conforme também defendeu a CNPD na Deliberação nº 1638/2013, p. 6, fica vedado ao empregador qualquer controlo do conteúdo da área privativa do trabalhador enquanto utilizador de contas de correio eletrónico, de redes sociais ou de quaisquer outras contas às quais o trabalhador aderiu a título pessoal, "ainda que a elas aceda através do computador da empresa".

Diferente é o caso de informações relativas a instrumentos de comunicação públicos, como por exemplo os *chat rooms* abertos ou perante perfis de intervenção pública, parecendo-nos que, atendendo ao direito à privacidade dos trabalhadores, que engloba o direito à autodeterminação informativa, terá de atender-se aos limites ao poder de controlo e vigilância do empregador e conciliar com os direitos dos trabalhadores, principalmente com o seu direito à liberdade de expressão.

Consideramos, ainda, que o perfil dos terceiros que têm o estatuto de amigos pode indiciar um aspeto mais público ou privado do perfil. Imagine-se que grande parte dos amigos são jornalistas. Este fator pode indiciar uma natureza mais pública, assim como quando o número de amigos que acedem ao conteúdo do que consta da rede social é muito grande, podendo incluir não só verdadeiros amigos mas também desconhecidos do utilizador.

Entende-se, ainda, que os próprios conhecimentos tecnológicos do utilizador devem ser tidos em atenção na medida em que, por defeito, muitas destas redes sociais *online* colocam o conteúdo como de acesso público.

Porém, consideramos, mais uma vez, que o índice mais importante que permite qualificar o perfil de uma pessoa como privado e os documentos que lá constam como pessoais, reside, sobretudo, no nível de controlo que o utilizador determina perante as pessoas que ao mesmo poderão aceder. Não se tratará de um simples cálculo matemático, ou seja, de uma mera avaliação qualitativa e quantitativa dos *amigos* autorizados a visitar a página em causa, mas determinar se o titular da conta abandonou, no todo ou em parte, o controlo sobre quem pode consultar a sua página.

Assim, entendemos que quem permite que não só os amigos mas também os amigos dos amigos e o público em geral consultem o seu perfil, perde o direito de invocar o seu aspeto privado, pois se se pode controlar a lista dos *amigos*, já se torna muito difícil, para não dizer impossível, controlar a lista dos amigos dos amigos, que poderá chegar, no limite, quase que ao infinito. E o mesmo nos parece, quando o número dos *amigos* é muito grande, consoante aconteceu nos casos em apreço[18].

---

[18] Segue-se de perto o que por nós já foi defendido em "A privacidade...", cit.

6. Deve ter-se ainda em atenção que, no caso julgado pelo Tribunal da Relação do Porto, não estava em causa um perfil pessoal mas antes um grupo tal, como, aliás, salientou o Tribunal, sendo que um grupo "representa um local de discussão acerca de determinado assunto entre pessoas com interesses comuns", grupo este que tinha cariz profissional já que não só todas as matérias nele tratadas estavam relacionadas com a vida profissional do trabalhador como também os seus membros eram ou tinham sido trabalhadores da empresa "C.". Aliás, o próprio trabalhador tinha reconhecido, em primeira instância, que nos vários *posts* que publicou no grupo se tinha pronunciado sobre aspetos relacionados com a empresa para a qual trabalhava.

Neste caso, a questão essencial será então aferir se as publicações efetuadas podem estar protegidas pela proteção do art. 22º do CT relativo à confidencialidade de mensagens e de acesso à informação, gozando de uma expectativa de privacidade que leva a que o empregador não possa aceder nem utilizar como prova as mesmas em procedimento disciplinar instaurado ao trabalhador ou se, pelo contrário, se se trata de uma comunicação *aberta*, de livre acesso. Isto é, como bem andou o Tribunal, fundamental é aferir se "havia um laço estreito entre os membros do grupo que não era expectável que fosse quebrado, contando aqueles membros com a discrição dos seus interlocutores para a confidencialidade dos *posts* publicados" ou se, pelo contrário, não há essa expectativa de privacidade.

7. Parece-nos, desde logo, que a resposta não é simples, nem apriorística, tendo de se ter em atenção, na esteira do decidido pelo Tribunal, que só casuisticamente é que poderá encontrar-se a resposta, devendo analisar-se os vários fatores acima referidos.

Assim, no que concerne à parametrização da conta, tratava-se de um grupo fechado a que só acediam utilizadores após terem solicitado autorização ao administrador do grupo, ou seja, ao trabalhador. Deste modo, esta parametrização indiciaria uma maior expectativa de privacidade e a impossibilidade de utilização do conteúdo do grupo por parte do empregador.

Contudo, como bem realça o Tribunal, há outros fatores a ter em atenção. Assim, apesar de se tratar de um grupo fechado, terá de se analisar quem, real ou potencialmente, tinha acesso ao mesmo. Ora, no caso em apreço, o grupo era constituído por, pelo menos, 140 trabalhadores. Todos os membros eram trabalhadores ou tinham sido trabalhadores da empresa, podendo aceder ao grupo, através de pedido ao administrador, qualquer pessoa que preenchesse estes critérios. Assim, não parece que possa reconduzir-se este grupo a um conjunto de pessoas que têm uma elevada expectativa de privacidade que mereça ser tutelada juridicamente pois não se nos afigura que existisse um laço de confiança entre os seus membros que pudesse levar a presumir que o que escreviam iria ficar circunscrito aos mesmos.

Aliás, tal como chama a atenção o Tribunal, e parece-nos um elemento importante a ter em consideração para aferir do carácter privado ou não do grupo, do próprio conteúdo que o trabalhador colocava *online* depreende-se que o mesmo não confiava em todos os membros do grupo, e que o empregador tomou conhecimento do que estava a decorrer pois num dos comentários que o trabalhador colocou no grupo dirigiu-se-lhe diretamente.

8. Assim, quanto a nós, bem esteve o Tribunal da Relação do Porto quando decidiu que o grupo criado pelo trabalhador não tinha carácter privado e não profissional.

Também andou bem o Tribunal da Relação de Lisboa quando decidiu que o trabalhador "não tinha qualquer expectativa de privacidade, já que deliberadamente nem a procurou preservar, antes apelando a que os seus amigos partilhassem o conteúdo (*post*) que publicou", estando claramente afastado o carácter privado das publicações.

9. Outra questão relacionada com a admissibilidade probatória dos *posts* colocados na rede social é a de aferir se o trabalhador extravasou o seu direito à liberdade de expressão, principalmente atendendo a que se tratavam de delegados sindicais. Será que a liberdade de expressão dos sindicalistas, à semelhança dos jornalistas, merecerá maior proteção e tolerância, de forma a que não fique a liberdade sindical esvaziada de conteúdo?

O direito à liberdade de expressão tem consagração constitucional, assim como laboral, nos artigos 37º da CRP e 14º do CT, assim como no art. 10º da CEDH. Contudo, apesar de legalmente consagrado, este direito, como qualquer direito, tem limites, devendo as críticas conter-se dentro de limites razoáveis.

Nos casos *sub iudice*, atendendo à natureza dos *posts* publicados, apesar de, parece-nos, alguns ainda se situarem, pelo menos no caso decidido pelo Tribunal da Relação do Porto, no exercício lícito do direito à liberdade de expressão, principalmente pelo facto de o trabalhador ser um delegado sindical[19], outros extravasavam, claramente, o seu direito de crítica, principalmente quando insulta outros colegas e retrata os superiores hierárquicos como palhaços, ou, como no caso do acórdão do Tribunal da Relação de Lisboa, quando chama ao Presidente do Conselho de Administração "grande mentiroso, Pinóquio, aldrabão, trapaceiro" ou escreve, *inter alia*, "Acordem, abram os seus olhos, os membros desta administração não se preocupam senão com o seu umbigo", "não sabem gerir um hotel vão gerir uma tasca, cambada de incompetentes".

Atendendo a todos estes factos também nos parece que estiveram bem estes Tribunais Superiores ao considerarem que os factos, nos dois casos, constituíam justa causa de despedimento ao abrigo do art. 351º do CT[20]. Na verdade, o desenho e alguns textos constituíam, pelo seu tom e gravidade, ataques pessoais desnecessários, parece-nos, para a defesa dos interesses dos trabalhadores, tendo sido ultrapassados os limites aceitáveis do direito de crítica.

---

[19] O próprio TEDH já se debruçou várias vezes sobre a liberdade de expressão e, no caso *Aguillera Jimenez e outros C. Espanha*, de 8 de Dezembro de 2009 estavam em causa sindicalistas. Nesta decisão, o Tribunal decidiu que a liberdade de expressão, consagrada no art. 10º, nº 1, da CEDH, constitui um dos "fundamentos essenciais de uma sociedade democrática, uma das condições do seu progresso e do desenvolvimento de cada um". Entendeu, ainda, que sem prejuízo do disposto no nº 2 deste artigo, este direito abrange não só as ideias que são consideradas como inofensivas ou que geram indiferença mas também "as que chocam, ofendem, ou inquietam o Estado ou um sector da população", na medida em que o pluralismo, a tolerância e "o espírito de abertura" são essenciais para que possamos estar numa "sociedade democrática". As eventuais exceções a este direito têm de ser interpretadas muito restritamente e sempre atendendo à existência de uma "necessidade social imperiosa". Decidiu, ainda, que os membros de um sindicato "podem e devem fazer valer perante os empregadores as suas reivindicações para tentar melhorar a situação dos trabalhadores no seio da empresa. Se as suas ideias, propostas e ações podem ser acolhidas favoravelmente, elas podem também chocar, ferir ou inquietar. Um sindicato que não pode exprimir livremente as suas ideias dentro deste quadro seria automaticamente esvaziado do seu objetivo e do seu conteúdo".

[20] Embora no caso do acórdão do Tribunal da Relação do Porto estivessem em causa também outros fatores não relacionados com os *posts* escritos no grupo.

E o mesmo se defende para o decidido pelo Tribunal da Relação de Lisboa. Na verdade, como bem realça este Tribunal, para além de o trabalhador não ter utilizado qualquer veículo de comunicação associado ao sindicato do qual era delegado, deve esclarecer-se que, mesmo no âmbito da atividade sindical, há limites ao conteúdo dos comunicados, panfletos ou outros instrumentos de comunicação que se decida utilizar. Assim, há limites ao tipo de linguagem utilizada, não podendo ser violados os direitos de outrem, nomeadamente o dever de respeito, com as concretizações dos direitos à honra e ao bom nome dos visados. Concorda-se com o decidido pelo Tribunal quando escreve[21] que o trabalhador podia livremente usar a sua liberdade de expressão, incluindo utilizar a rede social *Facebook*, e "reportando-se à situação e manifestando o seu desagrado, ainda que com uma linguagem "mais vigorosa". Contudo, esse maior vigor na linguagem não pode "dar cobertura à violação dos direitos da entidade empregadora e dos seus representantes. O exercício do direito de opinião não fica diminuído por isso".

Assim, aplaudem-se as decisões dos Tribunais que, ao decidirem como decidiram consideraram estarem preenchidos os requisitos de existência de justa causa de despedimento, nos termos previstos no art. 351º do CT.

Vila Nova de Gaia, Janeiro de 2015

[21] P. 25.

Limites ao poder de controlo eletrónico do empregador: comentário à decisão do TEDH, de 12 de Janeiro de 2016 – *Bărbulescu v. Romania*

1. O acórdão em análise reveste-se de relevo porque o TEDH teve de debruçar-se sobre a (in)admissibilidade do conteúdo das mensagens pessoais, enviadas através de uma conta no *Yahoo Messenger* criada para efeitos profissionais, poderem ser utilizadas para fins disciplinares, nomeadamente para aferir da existência de justa causa de despedimento.

Convém, contudo, ter em atenção que não se trata de uma sentença definitiva pois, nos termos do art. 43º da CEDH[1], dela ainda poderá recorrer-se para o Tribunal Pleno, se estiver em causa, nos termos do nº 2, uma matéria ou " uma questão grave quanto à interpretação ou à aplicação da Convenção ou dos seus protocolos ou ainda se levantar uma questão grave de carácter geral".

---

[1] "1. Num prazo de três meses a contar da data da sentença proferida por uma secção, qualquer parte no assunto poderá, em casos excecionais, solicitar a devolução do assunto ao tribunal pleno.

2. Um coletivo composto por cinco juízes do tribunal pleno aceitará a petição, se o assunto levantar uma questão grave quanto à interpretação ou à aplicação da Convenção ou dos seus protocolos ou ainda se levantar uma questão grave de carácter geral.

3. Se o coletivo aceitar a petição, o tribunal pleno pronunciar-se- á sobre o assunto por meio de sentença."

Na nossa opinião esta decisão enquadra-se nesta exceção pois debruça-se sobre a questão dos limites ao poder de controlo eletrónico do empregador e a utilização das novas tecnologias de informação e comunicação na relação de trabalho.

Na verdade, a inserção destas tecnologias na relação de trabalho originou um novo tipo de controlo, o controlo eletrónico do trabalhador, controlo este des-verticalizado, objetivo, incorporado na máquina e sistema com o qual interage, tornando-se um controlo à distância, em tempo real, com uma enorme capacidade de armazenamento, capaz de memorizar, cruzar e reelaborar detalhadamente muitos dos comportamentos dos trabalhadores.

Esta forma de controlo e vigilância pode aumentar desmesuradamente a capacidade de controlo do empregador na medida em que pode ser quase total, mastodôntica, omnímoda. Está-se, assim, perante um tipo de controlo desumanizante, muito mais penetrante e incisivo que os tradicionais meios de controlo não eletrónicos, na medida em que permite uma vigilância total e completa da atividade do trabalhador. Com a introdução destas novas formas de controlo assiste-se a um aumento do desequilíbrio entre as partes por propiciar que a subordinação do trabalhador atinja patamares impensáveis, com a regressão que isso comporta perante um controlo contínuo e permanente, permitindo ao empregador uma maior concentração de poder. E a tecnologia é a primeira responsável por este aumento de controlo já que não se utilizam apenas as formas tradicionais mas, sobretudo, outros sistemas mais avançados relacionados com o computador e com a *Internet*.

Por outro lado, existe uma outra característica das NTIC que aumenta, e muito, a possibilidade de controlo e que é o seu carácter ambivalente na medida em que estas tecnologias se empregam, simultaneamente, como instrumento para desempenhar a atividade produtiva e como mecanismo de controlo da prestação de trabalho executada pelo trabalhador. Opera-se, desta forma, uma perfeita concentração numa mesma máquina da atividade produtiva e de controlo, de tal forma que enquanto o computador é utilizado para fins produtivos pelo trabalhador, está ao mesmo tempo a proporcionar uma enorme quantidade de dados aos empregadores, contribuindo para aumentar a esfera de exercício do seu poder, e originando também uma participação direta do trabalhador na atividade de controlo. O trabalhador torna-se, simultaneamente, sujeito ativo e passivo de uma máquina, de tal forma que é possível realizar um controlo bidirecional[2].

Também é importante atender que o TEDH só tem competência para decidir sobre a violação ou não da CEDH[3] por parte de um Estado, não podendo pronunciar-se sobre o comportamento em concreto do empregador que originou o recurso pelo trabalhador ao Tribunal, *in casu*, na Roménia.

O TEDH é o órgão de garantia da CEDH e tem como objetivo assegurar a proteção dos direitos nela reconhecidos, ao mesmo tempo que faculta a sua adequada interpretação. Este Tribunal, com sede em Estrasburgo, tem afirmado em várias ocasiões que as suas sentenças não decidem apenas os casos apresentados mas, de forma mais geral, esclarece, protege e desenvolve, as normas estabelecidas na CEDH. Este Tribunal institui um sistema de controlo de tipo jurisdicional baseado essencialmente no exame das questões que suscitam a interpretação e aplicação tanto da CEDH como dos Protocolos Adicionais.

2. A decisão do TEDH debruça-se sobre o despedimento de um trabalhador com base numa utilização incorreta e para fins pessoais de uma conta *Yahoo Messenger* que ele tinha criado, por ordens do empregador, para fins exclusivamente profissionais.

O despedimento ocorreu em Agosto de 2007, tendo o trabalhador sido acusado de ter violado as regras internas da empresa que proibiam a utilização para fins pessoais dos meios tecnológicos utilizados pelos trabalhadores[4]. Previamente o trabalhador tinha sido advertido pelo empregador que as comunicações que tinha realizado durante o período de 5 a 13 de Julho de 2007 tinham sido controladas, tendo sido detetada a sua utilização para fins pessoais[5]. O trabalhador negou

---

[2] Para maiores desenvolvimentos veja-se TERESA COELHO MOREIRA, "As novas tecnologias de informação e comunicação e o poder de controlo electrónico do empregador", *in Estudos de Direito do Trabalho*, reimp., Almedina, Coimbra, 2016, pp. 11 e ss..

[3] No caso o art. 8º.

[4] Parágrafo 8 da decisão "On 1 August 2007 the employer terminated the applicant's employment contract for breach of the company's internal regulations which stated, *inter alia*: "It is strictly forbidden to disturb order and discipline within the company's premises and especially ... to use computers, photocopiers, telephones, telex and fax machines for personal purposes."

5 Parágrafo 7.

ESTUDOS DE DIREITO DE TRABALHO

a acusação tendo sido confrontado com 45 páginas de transcrição das comunicações realizadas através da aplicação *Yahoo Messenger*, incluindo algumas trocadas com a sua noiva e com o seu irmão e que estavam relacionadas com a sua vida pessoal, nomeadamente com o estado de saúde e a vida sexual[6]. Contudo, as transcrições mostradas pelo empregador incluíam ainda cinco mensagens que o trabalhador tinha trocado com a sua noiva através de uma conta pessoal que tinha também no *Yahoo*. Na verdade, o empregador acedeu à conta tendo conhecimento que algumas das comunicações tinham sido reencaminhadas para uma outra conta intitulada *Andra loves you*, assim como a comunicações realizadas entre o trabalhador e o irmão que tinha uma conta denominada *meistermixyo* e que continha informação sobre um acidente de viação que este tinha sofrido[7].

O trabalhador recorreu aos tribunais nacionais solicitando a declaração de nulidade do despedimento com base na violação da Constituição da Roménia, assim como do Código Penal, pois considerava que tinha sido violado o seu direito ao sigilo de correspondência.

O tribunal de primeira instância não lhe deu razão, o que o levou a recorrer ao tribunal de recurso, alegando a violação do art. 8º da CEDH[8]. Mais uma vez, o Tribunal de Apelação de Bucareste não decidiu a favor do trabalhador invocando a Diretiva 95/46/CE relativa à proteção de dados pessoais, considerando que a conduta do empregador tinha sido razoável e que a vigilância da conta *Messenger* tinha sido

---

[6] Parágrafo 30.

[7] Vejam-se parágrafos 11 da Decisão e 19 do voto de vencido do juiz PINTO DE ALBUQUERQUE.

[8] O art. 8º da *Convenção Europeia* reconhece a toda a pessoa "o direito ao respeito pela sua vida privada e familiar, do seu domicílio e da sua correspondência" e, de forma a garantir este direito, o TEDH tem vindo a delimitar o respetivo conceito. Este direito pertence à categoria dos direitos personalíssimos ou de personalidade que estão ligados à própria existência da pessoa. Visa-se com ele assegurar um âmbito próprio e reservado face a ingerências de terceiros por forma a garantir um determinado nível de qualidade de vida e, também, assegurar o desenvolvimento da própria personalidade. Para atingir este desiderato, o art. 8º consagra vários bens jurídicos que têm por objetivo garantir essa esfera de privacidade de cada indivíduo, que está permanentemente patente na jurisprudência deste Tribunal, assinalando que a garantia oferecida pelo art. 8º visa principalmente a tutela do desenvolvimento, sem ingerências externas, da personalidade de cada indivíduo nas relações com os seus semelhantes, podendo ter um espaço próprio, livre, para desenvolvimento e realização da sua personalidade. Desta forma, a noção de vida privada abarca uma ampla gama de elementos e de manifestações da personalidade individual, sendo uma noção muito aberta.

o único meio de averiguar se o trabalhador tinha violado os seus deve-res laborais[9].

O TEDH analisou a legislação nacional aplicável, no caso os artigos 26º da Constituição da Roménia, que consagra o direito à proteção da vida íntima, privada e familiar, e 28º que estabelece o direito à privaci-dade das comunicações. Teve ainda em atenção o art. 195º do Código Penal, sobre interceção das comunicações, assim como a legislação labo-ral relevante e a lei que transpôs a Diretiva 95/46/CE.

Debruçou-se, ainda, sobre alguns instrumentos jurídicos internacio-nais, como a Convenção do Conselho da Europa, de 28 de Janeiro de 1981, a Convenção nº 108[10], a Diretiva 95/46/CE e alguns documentos do Grupo de Trabalho do art. 29º .

---

[9] Parágrafo 12 "In a final decision of 17 June 2008, the Bucharest Court of Appeal ("the Court of Appeal") dismissed his appeal and upheld the judgment rendered by the County Court. Relying on EU Directive 95/46/EC, the Court of Appeal ruled that the employer's conduct had been reasonable and that the monitoring of the applicant's communications had been the only method of establishing if there had been a disciplinary breach. With regard to his procedural rights, the Court of Appeal dismissed the applicant's arguments, stating that the evidence already before it was sufficient. The Court of Appeal's decision reads, in its relevant parts: "In view of the fact that the employer has the right and the obligation to ensure the functioning of the company and, to this end, [the right] to check the manner in which its employees complete their professional tasks, and of the fact that [the employer] holds the disciplinary power of which it can legitimately dispose and which [entitled it] to monitor and to transcribe the communications on Yahoo Messenger that the employee denied having had for personal purposes, after having been, together with his other colleagues, warned against using the company's resources for personal purposes, it cannot be held that the violation of his correspondence (*violarea secretului corespondenţei*) was not the only manner to achieve this legitimate aim and that the proper balance between the need to protect his private life and the right of the employer to supervise the functioning of its business was not struck."

[10] A Convenção é o primeiro documento internacional destinado a garantir o direito à liber-dade informática ou direito à autodeterminação informacional e ficou estabelecido como o marco genérico de proteção da pessoa perante possíveis intromissões na sua privacidade, ou lesão de outros direitos de personalidade, através da informática. Esta Convenção surgiu para responder à necessidade de aumentar a proteção dos direitos das pessoas em relação ao uso da informática, sobretudo no que concerne à noção de vida privada prevista no art. 8º da Convenção Europeia. Também se tornava necessário compatibilizar esta tutela jurídica com a liberdade de circulação de informação e, por último, considerava-se essencial estabelecer um mínimo denominador comum entre as legislações dos futuros estados signatários que permitisse facilitar o fluxo internacional de dados.

Contudo, não deixa de estranhar-se que na decisão[11] não haja qualquer referência à Recomendação CM/Rec(2015)5, de 1 de Abril, do Comité de Ministros do Conselho da Europa sobre o tratamento de dados de natureza pessoal no contexto do emprego já que, na Parte II, denominada *formas particulares de tratamento*, trata no ponto 14 da utilização da Internet e das comunicações eletrónicas no local de trabalho, estabelecendo no ponto 14.4. que "o conteúdo, o envio ou o recebimento de comunicações eletrónicas pessoais no local de trabalho não pode ser controlado em qualquer circunstância".

Também se estranha que o TEDH não tenha analisado com maior profundidade o Direito da União Europeia[12], nomeadamente a Diretiva 95/46/CE e o futuro Regulamento Geral de Proteção de Dados Pessoais[13], na medida em que a Roménia transpôs esta Diretiva e faz parte da União Europeia e alguns dos dados pessoais em causa são qualificados como dados sensíveis não podendo, em princípio, ser alvo de tratamento a não ser em determinadas circunstâncias[14]. Apesar de serem jurisdições diferentes, certo é que eventuais interferências com o direito à privacidade devem estar em conformidade com a lei[15]. Parece assim que, no mínimo, o TEDH deveria ter realizado uma análise para saber se a legislação nacional e a interpretação do Tribunal da Roménia estavam em consonância com o Direito aplicável da União Europeia, nomeadamente

---

[11] Porém, no voto de vencido, já é feita esta referência no parágrafo 6.

[12] Contrariamente à análise que é feita pelo juiz Pinto de Albuquerque no seu voto de vencido, que inclusive analisa, nos parágrafos 5 e 7, vários documentos do Grupo de Trabalho do art. 29º e a jurisprudência do TJUE.

[13] No dia 15 de dezembro de 2015 foi aprovado o texto final deste Regulamento. Este Regulamento Geral deverá entrar em vigor, em princípio, em 2018.

[14] Veja-se artigo 8º da Diretiva 95/46/CE cuja epígrafe é "Tratamento de certas categorias específicas de dados" e cujo nº 1 estabelece que "Os Estados-membros proibirão o tratamento de dados pessoais que revelem a origem racial ou étnica, as opiniões políticas, as convicções religiosas ou filosóficas, a filiação sindical, bem como o tratamento de dados relativos à saúde e à vida sexual.". Contudo, o nº 2 consagra algumas possibilidades. No caso em apreço eventualmente poderia invocar-se a alínea b) "O tratamento for necessário para o cumprimento das obrigações e dos direitos do responsável pelo tratamento no domínio da legislação do trabalho, desde que o mesmo seja autorizado por legislação nacional que estabeleça garantias adequadas" mas não se sabe se estes critérios foram respeitados.

[15] "In accordance with the law".

atendendo às recentes decisões do TJUE nos casos *Digital Rights*[16], *Google Spain*[17] e *Schrems*[18][19].

[16] Processos C-293/12 e C-594/12, de 8 de Abril de 2014, onde se decidiu que "A Diretiva 2006/24/CE do Parlamento Europeu e do Conselho, de 15 de março de 2006, relativa à conservação de dados gerados ou tratados no contexto da oferta de serviços de comunicações eletrónicas publicamente disponíveis ou de redes públicas de comunicações, e que altera a Diretiva 2002/58/CE, é inválida".
Esta Diretiva implicou uma profunda mudança nos princípios básicos de proteção de dados pessoais na medida em que, em determinadas circunstâncias, os prestadores de serviços de comunicações eletrónicas deveriam manter os dados que permitissem identificar a origem, o destino, a data, a hora e a duração de uma comunicação eletrónica, o tipo de comunicação realizada, o tipo de equipamento utilizado e a sua localização. Pretendia-se, assim, que estes dados estivessem disponíveis para finalidades de investigação e de deteção de crimes graves. Concederam-se, desta forma, aos Estados, amplas faculdades de controlo que foram muito criticadas pelas instâncias que velam pela proteção adequada dos dados pessoais. Esta Diretiva mudou princípios básicos de proteção das informações pessoais, havendo uma lógica completamente distinta em relação às diretivas anteriores, com uma mudança na forma de entender e regular a relação entre o cidadão e o Estado e na própria conceção dos direitos fundamentais da pessoa.
[17] Processo C-131/12, de 13 de Maio de 2014, onde o TJUE considerou que "1) O artigo 2º, alíneas b) e d), da Diretiva 95/46/CE do Parlamento Europeu e do Conselho, de 24 de outubro de 1995, relativa à proteção das pessoas singulares no que diz respeito ao tratamento de dados pessoais e à livre circulação desses dados, deve ser interpretado no sentido de que, por um lado, a atividade de um motor de busca que consiste em encontrar informações publicadas ou inseridas na Internet por terceiros, indexá-las automaticamente, armazená-las temporariamente e, por último, pô-las à disposição dos internautas por determinada ordem de preferência deve ser qualificada de «tratamento de dados pessoais», na aceção do artigo 2º, alínea b), quando essas informações contenham dados pessoais, e de que, por outro, o operador desse motor de busca deve ser considerado «responsável» pelo dito tratamento, na aceção do referido artigo 2º, alínea d); 2) O artigo 4º, nº 1, alínea a), da Diretiva 95/46 deve ser interpretado no sentido de que é efetuado um tratamento de dados pessoais no contexto das atividades de um estabelecimento do responsável por esse tratamento no território de um Estado-Membro, na aceção desta disposição, quando o operador de um motor de busca cria num Estado-Membro uma sucursal ou uma filial destinada a assegurar a promoção e a venda dos espaços publicitários propostos por esse motor de busca, cuja atividade é dirigida aos habitantes desse Estado-Membro; 3) Os artigos 12º, alínea b), e 14º, primeiro parágrafo, alínea a), da Diretiva 95/46 devem ser interpretados no sentido de que, para respeitar os direitos previstos nestas disposições e desde que as condições por elas previstas estejam efetivamente satisfeitas, o operador de um motor de busca é obrigado a suprimir da lista de resultados, exibida na sequência de uma pesquisa efetuada a partir do nome de uma pessoa, as ligações a outras páginas *web* publicadas por terceiros e que contenham informações sobre essa pessoa, também na hipótese de esse nome ou de essas informações não serem prévia ou simultaneamente apagadas dessas páginas *web*, isto, se for caso disso, mesmo

ESTUDOS DE DIREITO DE TRABALHO

3. A questão da utilização das novas tecnologias na relação de trabalho já tinha sido anteriormente tratada em decisões do TEDH, também referidas neste julgamento, mas que não foram atendidas pelo Tribunal por ter sido entendido que as situações eram diferentes[20].

quando a sua publicação nas referidas páginas seja, em si mesma, lícita; 4) Os artigos 12º, alínea b), e 14º, primeiro parágrafo, alínea a), da Diretiva 95/46 devem ser interpretados no sentido de que, no âmbito da apreciação das condições de aplicação destas disposições, importa designadamente examinar se a pessoa em causa tem o direito de que a informação em questão sobre a sua pessoa deixe de ser associada ao seu nome através de uma lista de resultados exibida na sequência de uma pesquisa efetuada a partir do seu nome, sem que, todavia, a constatação desse direito pressuponha que a inclusão dessa informação nessa lista causa prejuízo a essa pessoa. Na medida em que esta pode, tendo em conta os seus direitos fundamentais nos termos dos artigos 7º e 8º da Carta, requerer que a informação em questão deixe de estar à disposição do grande público devido à sua inclusão nessa lista de resultados, esses direitos prevalecem, em princípio, não só sobre o interesse económico do operador do motor de busca mas também sobre o interesse desse público em aceder à informação numa pesquisa sobre o nome dessa pessoa. No entanto, não será esse o caso se se afigurar que, por razões especiais como, por exemplo, o papel desempenhado por essa pessoa na vida pública, a ingerência nos seus direitos fundamentais é justificada pelo interesse preponderante do referido público em ter acesso à informação em questão, em virtude dessa inclusão".

[18] Processo C-362/14, de 6 de Outubro de 2015. Nesta decisão o Tribunal decidiu que "1) O artigo 25º, nº 6, da Diretiva 95/46/CE do Parlamento Europeu e do Conselho, de 24 de outubro de 1995, relativa à proteção das pessoas singulares no que diz respeito ao tratamento de dados pessoais e à livre circulação desses dados, conforme alterada pelo Regulamento (CE) nº 1882/2003 do Parlamento Europeu e do Conselho, de 29 de setembro de 2003, lido à luz dos artigos 7º, 8º e 47º da Carta dos Direitos Fundamentais da União Europeia, deve ser interpretado no sentido de que uma decisão adotada ao abrigo desta disposição, como a Decisão 2000/520/CE da Comissão, de 26 de julho de 2000, nos termos da Diretiva 95/46 relativa ao nível de proteção assegurado pelos princípios de «porto seguro» e pelas respetivas questões mais frequentes (FAQ), emitidos pelo Department of Commerce dos Estados Unidos da América, através da qual a Comissão Europeia constata que um país terceiro assegura um nível de proteção adequado, não obsta a que uma autoridade de controlo de um Estado-Membro, na aceção do artigo 28º desta diretiva, conforme alterada, examine o pedido de uma pessoa relativo à proteção dos seus direitos e liberdades em relação ao tratamento de dados pessoais que lhe dizem respeito que foram transferidos de um Estado-Membro para esse país terceiro, quando essa pessoa alega que o direito e as práticas em vigor neste último não asseguram um nível de proteção adequado; 2) A Decisão 2000/520 é inválida", considerando assim que o acordo *Safe Harbour* seria também inválido.

[19] Sobre este acórdão veja-se DOMINGOS SOARES FARINHO, "(Un)Safe Harbour: Comentário à decisão do TJUE C-362/14 e suas consequências legais", *in Forum de Proteção de Dados*, nº 2, 2016, pp. 108 e ss..

[20] Opinião contrária tem o juiz PINTO DE ALBUQUERQUE no seu voto de vencido, parágrafo 5.

No processo *Halford v. Reino Unido*, o Tribunal considerou que a inter-ceção de chamadas telefónicas do trabalhador num local de trabalho constituía uma violação do art. 8º da CEDH, não deixando de ser interes-sante que a demandante, *Alison Halford*, tivesse recebido dois telefones, um dos quais se destinava a uso privado, não tendo sido impostas restri-ções quanto ao seu uso e nem qualquer orientação quanto à sua utilização.

No caso tratava-se de uma polícia[21] de *Merseyside* que tinha no seu escritório dois telefones. Tendo interposto uma ação de discrimina-ção com base no sexo por não ter obtido uma promoção, foi-lhe asse-gurado que poderia utilizar os telefones para apresentar a sua queixa. *Alison Halford* alegou que os seus telefonemas tinham sido intercetados, defendendo que essa conduta constituía uma violação do art. 8º da Con-venção. O Estado contra-alegou que as chamadas telefónicas feitas pela demandante a partir do seu local de trabalho estavam fora do âmbito de proteção deste artigo dado que ela não podia ter qualquer expectativa razoável de privacidade em relação às mesmas. Na audiência judicial, os advogados do Estado exprimiram a opinião de que, em princípio, um empregador pode monitorizar as chamadas feitas pelos seus trabalha-dores nos telefones por si fornecidos sem o conhecimento prévio do tra-balhador[22].

Porém, o Tribunal decidiu que "de acordo com a sua jurisprudência, é evidente que as chamadas telefónicas feitas a partir de instalações pro-fissionais, tal como as que são feitas a partir de casa, poderão ser abrangi-das pelas noções de "vida privada" e de "correspondência", na aceção do nº 1 do art. 8º". O tribunal entendeu, ainda, que "nada prova que *A. Hal-ford*, na qualidade de utilizadora do sistema de telecomunicações interno, tivesse sido avisada de que as chamadas efetuadas nesse sistema eram suscetíveis de interceção. O tribunal considera que ela poderia, razoavel-mente, esperar que essas chamadas tivessem um carácter privado".

Critica-se a decisão neste ponto, isto é, no sentido de considerar que um aviso à trabalhadora de que as suas chamadas poderiam ser moni-torizadas comportaria, consideravelmente, a possibilidade de diminui-ção das suas legítimas expectativas de privacidade, parecendo-nos que

---

[21] *Assistent Chief.*

[22] Como refere GILLIAN MORRIS, "Fundamental Rights: Exclusion by Agreement?", *in ILJ*, vol. 30, nº 1, 2001, pp. 61-62, o Tribunal não respondeu a esta questão, embora indiretamente pareça rejeitá-la.

o argumento da trabalhadora crucial para a decisão é o facto de não ter sido avisada. Somos de opinião que, desta forma, se esvazia significativamente a proteção conferida às comunicações dos trabalhadores pois bastará tão só avisá-los, sem saber sequer através de que meio, para que já não tenham direito à privacidade nas suas comunicações, o que não se afigura de todo aceitável. Não cremos que a limitação a direitos fundamentais dos trabalhadores possa atuar desta forma[23], quase se nos afigurando que existe aqui uma espécie de "lógica perversa" pois quanto maior for o número de trabalhadores sujeito a controlo eletrónico mais difícil parece poder ser invocada a "razoável expectativa de privacidade".

A 3 de Abril de 2007 o Tribunal decidiu, no caso *Copland v. Reino Unido*, que o telefone, o *e-mail* e a informação proveniente da *Internet* se inserem na noção de privacidade e de correspondência tutelada pelo art. 8º da CEDH.

A recorrente, *Lynette Copland*, assistente da presidência do *Carmathenshire College*, foi submetida a um controlo oculto do uso do telefone e da *Internet*, tendo o controlo compreendido a análise dos números dos telefones marcados, da data e da duração da conversa, assim como dos custos e da conexão à *Internet*.

O Tribunal decidiu que a noção de tratamento em conformidade com a lei[24] exclui a interferência arbitrária, como é o que acontece com todas as atividades levadas a cabo na ausência de uma regulamentação expressa sobre esta matéria[25], principalmente associada à potencialidade tecnológica de manipulação dos dados respeitantes à privacidade dos trabalhadores.

Numa importante consideração[26], o Tribunal chamou a atenção para a necessidade de adequação substancial aos princípios garantidos pela Convenção no art. 8º, sendo que a noção de "conformidade com a lei"

---

[23] No mesmo sentido veja-se JOHN CRAIG e HAZEL OLIVER, "The Right to Privacy in the Public Workplace: Should the Private Sector be Concerned?", *in ILJ*, vol. 27, 1998, p. 51. Também o Grupo de Proteção de Dados do art. 29º, no *Documento de trabalho sobre a vigilância das comunicações electrónicas no local de trabalho*, de 29 de Maio de 2002, p. 9, refere que o Grupo "não tem opinião de que o aviso antecipado do trabalhador seja suficiente para justificar qualquer violação dos direitos à proteção dos seus dados".

[24] *In accordance with the law.*

[25] À data dos factos – entre 1999 e 2000 – o Reino Unido não tinha qualquer regulamentação sobre a tutela da privacidade das comunicações na relação de trabalho.

[26] Nº 46º.

não se reduz à existência de uma lei nacional, exigindo também uma qualidade na regulamentação[27] que torne compatível a intervenção legislativa com os princípios jurídicos fundamentais[28] de tutela da privacidade. Não obstante, o Tribunal não deixou de referir que há casos em que é legítimo o controlo desses meios no local de trabalho, se visar o prosseguimento de um objetivo lícito e legítimo[29] e apenas em determinadas circunstâncias. Estas condições de legitimidade ficam subordinadas à pré-existência de uma legislação protetora contra a interferência injustificada na privacidade, à informação prévia aos trabalhadores quanto à possibilidade de controlo e à publicidade das sanções em caso de violação da política interna sobre o uso do *e-mail* e da *Internet* no local de trabalho.

A noção de correspondência inclui, desta forma, não só as cartas em suporte de papel, mas também outras formas de comunicação eletrónicas, tais como os telefonemas e, no caso que mais nos interessa, a *Internet* e o *e-mail*, recebidas no local de trabalho ou enviadas deste.

Os trabalhadores têm, assim, uma expectativa legítima de privacidade no local de trabalho, a qual não pode ser subestimada pelo facto de usarem equipamentos de comunicações ou quaisquer outras infraestruturas do empregador. Contudo, para o Tribunal, num entendimento que não se perfilha, a prestação de informações adequadas pelo empregador ao trabalhador poderá reduzir a sua legítima expectativa de privacidade. Por outro lado, a confidencialidade da correspondência abrange as comunicações no local de trabalho, englobando os *e-mails* e os ficheiros relacionados, assim como os anexos associados[30] [31].

4. No caso em apreço as questões que consideramos fundamentais são três.

Por um lado, a de saber se, independentemente de existir uma regra que proíba a utilização para fins pessoais do e-mail ou do *Messenger* pro-

---

[27] *Quality of that law.*

[28] *Rule of law.*

[29] *In certain situations in pursuit of a legitimate aim.*

[30] Segue-se o defendido pelo Grupo de Proteção de Dados do art. 29º, última *op.* cit., p. 9.

[31] Para mais desenvolvimentos *vide* Teresa Coelho Moreira, *A Privacidade dos Trabalhadores e as Novas Tecnologias de Informação e Comunicação: contributo para um estudo dos limites do poder de controlo electrónico do empregador*, Almedina, Coimbra, 2010, pp. 597 e ss..

ESTUDOS DE DIREITO DE TRABALHO

fissional e do seu conhecimento por parte dos trabalhadores, o empregador pode aceder ao conteúdo das comunicações eletrónicas quando tenha dúvidas sobre a sua correta utilização. Não existirão outras formas de atingir o mesmo objetivo sem a necessidade, imediata, de conhecimento do conteúdo?

Por outro lado, e relacionando um pouco com a primeira, será que o trabalhador efetivamente tinha conhecimento da política de proibição da utilização destes meios para fins não profissionais e do amplo controlo que dos mesmos era feito pelo empregador? Será que o empregador cumpriu o princípio da transparência, elemento fundamental para uma correta utilização do poder de controlo?

E, por último, será que esta proibição absoluta para fins pessoais cumpre o princípio da proporcionalidade?

5. Relativamente às duas primeiras questões, o TEDH entendeu que o empregador, dentro do seu poder de controlo, poderia verificar o conteúdo das comunicações profissionais do trabalhador e que este tinha conhecimento das mesmas.

Contudo, discorda-se da visão do Tribunal.

Em primeiro lugar, a titularidade do meio utilizado não justifica, por si mesma, o acesso às comunicações eletrónicas efetuadas através da empresa. O contrato de trabalho não transforma o empregador num interlocutor da mensagem ou num terceiro qualificado para transgredir o sigilo das comunicações[32].

---

[32] Pode ver-se a este propósito no ordenamento jurídico nacional, o acórdão do Tribunal da Relação de Lisboa de 7 de Março de 2012, cujo relator foi o juiz Desembargador Eduardo Sapateiro. Esta decisão é bastante interessante porque analisou-se pela primeira vez, ao nível dos Tribunais Superiores, a utilização do serviço de mensagens instantâneas – *Messenger* – no local de trabalho para fins pessoais e da possível (in)admissibilidade do conteúdo destas para fins disciplinares, principalmente para aferir da existência de justa causa de despedimento. O Tribunal não aceitou o argumento aduzido pelo empregador para justificar e legitimar o acesso e conhecimento das mensagens baseado na titularidade do servidor central onde as mesmas estavam armazenadas. Mas, como realçou o Tribunal, o facto de as mensagens estarem armazenadas neste servidor não retira a sua natureza pessoal nem confidencial e não legitima a ingerência por parte do empregador. Para mais desenvolvimentos sobre esta decisão veja-se, "Controlo do *Messenger* dos trabalhadores: anotação ao acórdão do Tribunal da Relação de Lisboa de 7 de Março de 2012", pp. 165 e ss..

Não pode esquecer-se, ainda, que o controlo exercido pelo empregador tem de respeitar sempre a dignidade da pessoa humana e, por isso mesmo, não é pelo facto de colocar à disposição do trabalhador uma conta de *mesenger* ou de correio eletrónico que pode, *ipso facto*, defender-se o poder de controlar arbitrariamente as comunicações realizadas através da mesma.

Mesmo partindo do pressuposto que se tratariam de comunicações profissionais, o empregador tem de respeitar vários princípios para a correta utilização do seu poder de controlo.

O empregador tem o direito de verificar e controlar, enquanto titular do poder de controlo e de vigilância, a atividade laboral dos trabalhadores e de apurar as faltas passíveis de justificar procedimentos disciplinares suscetíveis de levar à aplicação de sanções disciplinares, incluindo o despedimento. Mas este poder de controlo tem de conciliar-se, necessariamente, tanto com exigências de legalidade, de lealdade, de proporcionalidade e de boa-fé, como com a devida proteção da dignidade e da privacidade dos trabalhadores. Se o empregador tem o direito de controlar a prestação de trabalho realizada pelos trabalhadores, só o poderá fazer após assegurar a maior transparência possível no seu exercício, assim como a proporcionalidade do método utilizado e a adequabilidade do local do controlo. Desta forma, se é legítimo o poder de controlo do empregador, este não pode ser exercido segundo o seu livre arbítrio, sem respeito pelos procedimentos, sob pena de se tornar num poder coercitivo de todos os momentos da vida dos trabalhadores no local de trabalho e, mesmo, fora dele.

O poder de controlo exercido pelo empregador tem de cumprir vários requisitos para que os direitos fundamentais dos trabalhadores bem como as previsões legais sejam respeitadas. Deste modo, há que analisar em cada caso concreto se a medida de controlo respeita as exigências de proporcionalidade, de transparência e de boa-fé.

E, no caso concreto, temos muitas dúvidas que tal tenha ocorrido.

Assim, considera-se que, no caso de comunicações eletrónicas profissionais, o empregador pode controlar o seu conteúdo desde que respeite todos os requisitos para o exercício correto do seu poder de controlo, principalmente o requisito da proporcionalidade. Não pode deixar de sublinhar-se, no entanto, que o controlo exercido tem de ser o menos intrusivo possível, entendendo-se que existe um consentimento do trabalhador neste sentido, até porque envia e recebe mensagens de acordo com as ordens que recebe do empregador. Assim, o conteúdo das mensagens eletrónicas profissionais não pode considerar-se património exclusivo do trabalhador, pertencendo também à empresa.

Contudo, o empregador não pode controlar tudo e a todo o momento porque há que ter em atenção os princípios de proteção de dados pessoais, nomeadamente o princípio da finalidade e da compatibilidade com a finalidade declarada, e todos os princípios que devem ser seguidos em relação ao poder de controlo eletrónico do empregador, principalmente o princípio da proporcionalidade.

Assim, quando existe uma política clara e transparente acerca da utilização destes meios bem como o estabelecimento de limites proporcionais e de acordo com o princípio da boa-fé, respeitando-se assim os princípios da informação e da publicidade, deve considerar-se lícita a possibilidade de acesso do empregador às comunicações eletrónicas profissionais do trabalhador sem necessidade de autorização judicial.

No entanto, este tipo de controlo não pode ser permanente, devendo respeitar o princípio da proporcionalidade. Assim, em princípio, a abertura destas comunicações deve ser excecional, devendo ocorrer na presença do trabalhador, a não ser que este se encontre ausente por algum motivo e seja exatamente este a causa da sua visualização.

É, assim, necessária a presença de uma razão objetiva para o exercício do poder de controlo do empregador, não podendo realizar-se controlos arbitrários, indiscriminados ou exaustivos. Se tal ocorre, o controlo é ilícito porque viola os princípios que têm de estar presentes aquando da adoção de medidas de controlo: princípio da proporcionalidade, da transparência e da boa-fé.

Por outro lado, o empregador tem de respeitar o princípio da adequação, não tomando conhecimento superior ao necessário e recorrendo às técnicas menos intrusivas, de acordo com o princípio da proporcionalidade. Só se não for possível através destes meios menos intrusivos obter a satisfação do interesse relevante do empregador é que se legitima o recurso ao controlo do conteúdo[33].

---

[33] Veja-se TERESA COELHO MOREIRA, *A privacidade...* cit., pp. 782 e ss..

6. Procedendo-se à análise do caso *sub judice*, verifica-se que, em primeiro lugar, existem muitas dúvidas se o trabalhador efetivamente tinha conhecimento das regras de utilização dos meios informáticos e do controlo que dos mesmos era realizado pelo empregador. Na verdade, apesar de ter sido considerado como provado este facto, certo é que a única cópia do documento que relatava a possibilidade de ser efetuado o controlo por parte do empregador só por ele tinha sido assinada. Ora, atendendo à repartição das regras do ónus da prova, caberia ao Governo provar tal facto, e não o fez[34].

Defende-se que o princípio da boa-fé, que deve presidir ao exercício dos poderes de controlo do empregador, exige que a atividade de controlo seja conhecida pelos trabalhadores, podendo defender-se que o seu desconhecimento de que estão a ser controlados traduz a violação do princípio da boa-fé no exercício dos poderes do empregador, isto é, na execução do contrato de trabalho. Este dever de transparência tem sido relacionado com o dever de informar os trabalhadores quanto às condições de trabalho, e entre estas devem incluir-se as técnicas e os métodos de controlo que o empregador adota. Este conhecimento por parte do trabalhador deve abarcar, para além da existência dos meios de controlo, *inter alia*, a sua natureza, o tipo de controlo e o uso da informação. Defende-se, desta forma, a proibição do controlo oculto sob pena de violação do princípio da boa-fé.

Entende-se que o princípio da informação prévia dos trabalhadores, consagração do princípio da transparência, é essencial porque o controlo dos trabalhadores, ainda que fazendo parte dos poderes do empregador, é fundamental para a aferição da correta execução da prestação laboral, tendo de seguir um determinado procedimento que passa por este aviso prévio. Esta obrigação decorre do próprio princípio da lealdade, que deriva do princípio da boa-fé, e pode defender-se que constitui uma informação direta dos trabalhadores, informação esta que não se circunscreve à celebração do contrato de trabalho, sendo essencial na sua execução.

---

[34] *Vide* parágrafo 17 do voto de vencido do juiz Pinto de Alburquerque "Since the existence of prior notice was alleged by the Government and disputed by the applicant, the Government had the burden of providing evidence to that effect, which they did not. Moreover, the only copy of the notice 2316 available in the Court's file is not even signed by the employee".

ESTUDOS DE DIREITO DE TRABALHO

É fundamental que os empregadores estabeleçam regras sobre esta matéria, para dar cumprimento ao princípio da transparência. Na verdade, o empregador terá, previamente à adoção de qualquer medida de controlo, que respeitar o referido princípio consistindo este no conhecimento da vigilância e do controlo por ele exercido, devendo ser essencial para o correto tratamento de dados pessoais das pessoas, em geral, e dos trabalhadores, em especial. Desta forma, o direito do titular dos dados a receber toda a informação relativa a si mesmo, constitui um dos princípios geralmente aceites como parte essencial e integrante do direito à autodeterminação informativa.

Desta forma, os trabalhadores têm de ser informados de como, quando e de que forma, este controlo é realizado e de como poderão utilizar estes novos meios de comunicação, nomeadamente para fins privados, devendo separar corretamente a sua utilização. Os empregadores têm de informar com clareza os trabalhadores sobre os limites ao uso destas novas tecnologias, limites que devem ser razoáveis e não excessivos em relação à finalidade pretendida.

Entende-se que a forma mais apropriada para concretizar este dever de transparência é a elaboração de "cartas de boa conduta" sobre a utilização deste tipo de instrumentos de comunicação, integrando, eventualmente, o regulamento interno.

E, no caso em apreço, isto não sucedeu.

Por outro lado, como bem realça o juiz PINTO DE ALBUQUERQUE no seu voto de vencido, o empregador sabia que algumas das comunicações enviadas pelo trabalhador tinham natureza pessoal pois eram reenviadas para uma conta intitulada *Andra loves you*, o que claramente evidencia que não têm qualquer relação com a sua atividade profissional. E, ainda assim, o empregador acedeu ao conteúdo das mesmas, transcreveu-as e procedeu à sua divulgação. Não nos parece, assim, que o argumento utilizado pelo empregador de que acedeu às comunicações do trabalhador porque estava convencido que continham informações profissionais[35] possa ser aceite. Acresce que, existe mesmo uma contradição no

---

[35] Parágrafo 57 "In this context, the Court notes that both the County Court and the Court of Appeal attached particular importance to the fact that the employer had accessed the applicant's Yahoo Messenger account in the belief that it had contained professional messages, since the latter had initially claimed that he had used it in order to advise clients (see paragraphs 10 and 12 above). It follows that the employer acted within its disciplinary

pensamento do Tribunal, tal como é notado pelo juiz PINTO DE ALBU-QUERQUE[36], pois ao decidir que o empregador acedeu às comunicações eletrónicas porque estava convencido de que as mesmas comunicações eram profissionais e de que o seu conteúdo não era relevante[37], é contrária à decisão final pois, para os tribunais nacionais, o elemento essencial para justificar o despedimento foi a natureza privada, não profissional das comunicações.

Por outro lado, se compararmos o parágrafo 7 com o parágrafo 57 vemos outra contradição na medida em que o Tribunal defende que o empregador só decidiu controlar o conteúdo das comunicações após o trabalhador ter alegado que apenas tinha feito uma utilização profissional das mesmas. Porém, no parágrafo 7, quando se descreve a matéria de facto, vê-se que a acusação que é feita ao trabalhador de ter utilizado a conta *Messenger* para fins pessoais foi baseada no facto de se ter controlado previamente o mesmo. Isto é, como nota STEVE PEERS[38], o trabalhador foi colocado sob vigilância previamente, o que levanta a questão, que nos parece ter de ser respondida claramente de forma negativa, de saber se o facto de o empregador proibir absolutamente a utilização para fins pessoais dos instrumentos de trabalho, poderá legitimar que o empregador controle o trabalhador quando quiser e como quiser.

---

powers since, as the domestic courts found, it had accessed the Yahoo Messenger account on the assumption that the information in question had been related to professional activities and that such access had therefore been legitimate. The Court sees no reason to question these findings.

[36] Nota nº 55.

[37] Parágrafo 58 "As to the use of the transcript of the applicant's communications on Yahoo Messenger as evidence before the domestic courts, the Court does not find that the domestic courts attached particular weight to it or to the actual content of the applicant's communications in particular. The domestic courts relied on the transcript only to the extent that it proved the applicant's disciplinary breach, namely that he had used the company's computer for personal purposes during working hours. There is, indeed, no mention in their decisions of particular circumstances that the applicant communicated; the identity of the parties with whom he communicated is not revealed either. Therefore, the Court takes the view that the content of the communications was not a decisive element in the domestic courts' findings."

[38] *Is Workplace Privacy Dead? Comments on the Barbulescu judgment, in* http://eulawanalysis.blogspot. pt/2016/01/is-workplace-privacy-dead-comments-on.html (acedido pela última vez em Fevereiro de 2016).

Considera-se ainda que o empregador, respeitando o princípio da proporcionalidade, teria à sua disposição outras possibilidades de controlar o (in)correto uso destas novas tecnologias.

Não pode deixar de atender-se que o princípio da proporcionalidade constitui uma condição indispensável para a regularidade de qualquer medida de controlo que o empregador pretenda impor aos trabalhadores no local de trabalho.

A proporcionalidade permite, desta forma, que se estabeleça um justo equilíbrio entre os vários interesses e direitos em conflito, tendo sido entendida como um elemento essencial de todo o sistema judicial, significando que as limitações ao direito à privacidade dos trabalhadores só se justificam na medida em que se trate de dar respostas proporcionais a um fim legítimo pretendido pelo empregador. Assim, as razões para limitar o direito à privacidade dos trabalhadores através do exercício do poder de controlo têm de ter por base um direito ou necessidade do empregador em controlar a prestação do trabalhador e no direito ou necessidade de tratar os seus dados pessoais. Desta forma, toda a atuação do empregador deve estar relacionada com um fim lícito de natureza profissional.

O princípio da proporcionalidade está estreitamente relacionado com a ideia de imprescindibilidade, supondo que as medidas de controlo e de vigilância do empregador só serão legítimas nos casos em que sejam indispensáveis e quando não exista qualquer outra possibilidade menos restritiva dos direitos fundamentais do trabalhador para satisfazer o interesse legítimo do empregador, devendo ser apreciado casuisticamente, dependendo das funções por ele exercidas e da própria atividade da empresa. Desta forma, o critério adotado de tripla condição de juízo de idoneidade, de necessidade e de proporcionalidade em sentido estrito, assume uma importância muito relevante para a resolução de diversos conflitos, pois tendo vindo a ser utilizado para resolver o problema dos limites do poder de controlo do empregador.

Assim, parece-nos que melhor teria andado o Tribunal se tivesse abordado a possibilidade do empregador não controlar o conteúdo das comunicações, principalmente quando sabia que algumas delas eram de natureza privada, e tivesse aplicado corretamente o princípio da proporcionalidade, permitindo o controlo de certos dados externos.

O empregador, apesar de não poder controlar o conteúdo das mensagens pessoais, poderá, contudo, controlar alguns dados externos para tentar visualizar se os trabalhadores estão a utilizar corretamente ou não os seus meios de comunicação. Não se duvida de que o direito ao sigilo das comunicações também abrange estes dados, e que o próprio TEDH, no caso *Malone*[39] entendeu que o simples registo dos números telefónicos, considerando os telefonemas utilizados, constitui uma ingerência ilegítima na privacidade das pessoas, sobretudo do destinatário da chamada, na medida em que o direito ao segredo das comunicações abrange estes dados. Contudo, realizando uma interpretação menos restritiva do sigilo das comunicações e comparando-as com as de outro tipo, também cobertas pelo segredo, como é o caso do correio tradicional, pode ver-se que neste conhece-se quem é o destinatário de uma carta e quem é o remetente e nem o serviço de correios, nem o carteiro, ao conhecer esses dados estão a incorrer na violação do direito ao sigilo das comunicações.

Nota-se que, atendendo ao princípio da proporcionalidade, o conhecimento de certos dados externos configura uma ingerência menos intensa neste direito fundamental. Por outro lado, parece que há que tutelar de certa forma os interesses do empregador e, por isso, se não se permitisse o controlo destes dados ele ficaria sem qualquer possibilidade de controlo.

O empregador tem ao seu dispor, sem chegar a vulnerar um direito fundamental como é o do sigilo das comunicações, meios jurídicos suficientes para controlar e sancionar o comportamento indevido do trabalhador, utilizando para isso meios que não belisquem os seus direitos fundamentais.

Desta forma podem controlar-se, dentro do seu legítimo poder de controlo, questões adjacentes a este tipo de comunicação como, *inter alia*, o custo da ferramenta de trabalho, o tempo gasto pelos trabalhadores na sua utilização e o acesso à rede informática, tentando aferir o *quando* por forma a constatar se tal tinha acontecido dentro do horário de trabalho, ou os próprios destinatários das mensagens, por forma

---

[39] *Malone v. Reino Unido*, de 2 de Agosto de 1984. Neste caso o Tribunal reafirmou a inclusão das comunicações telefónicas no âmbito de proteção do art. 8º da CEDH, quer quando se refere à vida privada, quer na alusão à correspondência.

a constatar que não se tratava de mensagens profissionais. O controlo destas circunstâncias, sendo possível, permite ao empregador, respeitando o princípio da boa-fé, *rectius*, não o transgredindo, poder intervir, ou não, disciplinarmente contra o trabalhador com base na utilização inadequada ou abusiva dos equipamentos de trabalho da empresa.

7. Relativamente à terceira questão, isto é, a de saber se uma proibição absoluta para fins pessoais cumpre o princípio da proporcionalidade, a resposta parece-nos ter de ser negativa, concordando-se, mais uma vez, com a opinião do juiz PINTO DE ALBUQUERQUE.

Defende-se que o trabalhador tem o direito de utilizar estes instrumentos para fins pessoais. Parece que uma proibição total do uso pessoal da *Internet* é pouco prática, irrealista e contraproducente[40], não atendendo aos inúmeros benefícios que a sua utilização pode trazer para os trabalhadores no seu quotidiano[41]. Por outro lado, não pode deixar de ter-se em conta que as formas de comunicação entre os trabalhadores e/ou terceiros estão a mudar, e se o empregador não pode proibir conversas entre os trabalhadores, também não parece razoável proibir o envio ou a receção destas comunicações que, cada vez mais, têm vindo a substituir as tradicionais.

Numa economia cada vez mais informatizada e cada vez mais interdependente, são as ideias, as inovações e a inteligência que se tornam fatores-chave para o sucesso das empresas e, por isso, parece preferível permitir uma utilização comedida destes meios a uma proibição total que pode levar à desmotivação dos trabalhadores e até à quebra da sua produtividade.

---

[40] Para JEAN-EMMANUEL RAY, "Actualités des TIC – I. – Relations individuelles de travail", *in DS*, nº 11, 2008, p. 1079, "atualmente é dificilmente concebível que o empregador no regulamento interno proíba toda a conexão não profissional", o que não significa que não possa, através de determinados mecanismos técnicos, limitar a utilização de certos *sites*.

[41] Veja-se, no mesmo sentido, FRA, *Handbook on European Data Protection Law*, Luxemburgo, 2014, p. 171, onde se pode ler que "A common data protection problem in today's typical working environment is the legitimate extent of monitoring employees' electronic communications within the workplace. It is often claimed that this problem can easily be solved by prohibiting private use of communication facilities at work. Such a general prohibition could, however, be disproportionate and unrealistic", assim como CNPD, *Deliberação* nº 1638/2013, relativa aos *Princípios aplicáveis aos tratamentos de dados pessoais decorrentes do controlo da utilização para fins privados das tecnologias de comunicação no contexto laboral*, p. 7, considerando que uma proibição absoluta "não se afigura lógica nem realista".

A flexibilidade das relações laborais tem de ser aceite como uma *via de dois sentidos*: se o empregador pretende ter trabalhadores flexíveis, com horários também flexíveis, deverá aceitar a possibilidade de existir uma maior flexibilidade entre as fronteiras do pessoal e do profissional, a que acresce a possibilidade que lhes é conferida de acederem ao seu correio eletrónico no domicílio, diminuindo consequentemente as fronteiras entre uma utilização pessoal e profissional.

Não pode deixar de ter-se em atenção que os trabalhadores investem muito do seu tempo na relação de trabalho e que, com as novas tecnologias, as fronteiras espácio-temporais entre a vida profissional e a vida pessoal esbateram-se. Nestes casos torna-se ainda mais impensável imaginar que os trabalhadores coloquem a sua vida pessoal completamente à parte quando estão a trabalhar, sendo que a linha de separação entre tempo de trabalho e tempo pessoal está cada vez mais atenuada.

Prefere-se a adoção de um uso pessoal razoável, não suscetível de reduzir as condições de acesso a nível profissional, e que não comprometa a produtividade, verbera-se, pois, a proibição total[42].

8. Concluindo: considerando o que viemos a defender não nos parece que a decisão do TEDH tenha sido a melhor e secunda-se muitas das críticas apontadas pelo juiz Pinto de Albuquerque no seu voto de vencido. Considera-se que houve uma violação do art. 8º da CEDH, principalmente atendendo ao incumprimento dos deveres de proporcionalidade e de transparência, o que se refletiu na larga divulgação do conteúdo das comunicações pelos colegas de trabalho que, inclusivamente, o discutiram entre eles[43].

Julga-se que com esta decisão o Tribunal, apesar de não conferir *carta branca* aos empregadores para controlarem os seus trabalhadores através destas novas tecnologias, poderia ter aproveitado a ocasião para clarificar as regras sobre a possibilidade de eventual controlo eletrónico por parte do empregador, já que a questão que se coloca com estas novas

---

[42] Para maiores desenvolvimentos cf. Teresa Coelho Moreira, *A Privacidade* ..., cit., pp. 786 e ss..

[43] Parágrafo 31 "The applicant also complained that his employer had also accessed his personal Yahoo Messenger account, which had a different ID from the one he had registered for professional purposes. Moreover, the transcript of his communications had been made available to his colleagues who had discussed it publicly".

formas de controlo não é a da sua legitimidade mas a dos seus limites, tendo em consideração que com estas tecnologias ressurgiu o clássico debate relativo ao equilíbrio entre o direito fundamental à privacidade dos trabalhadores e os legítimos direitos dos empregadores de dirigir os trabalhadores e de controlar as suas tarefas.

Vila Nova de Gaia, Fevereiro de 2016

ÍNDICE DE JURISPRUDÊNCIA

— Acórdão do Supremo Tribunal de Justiça, de 8 de Fevereiro de 2006
— Acórdão do Supremo Tribunal de Justiça, de 22 de Maio de 2007
— Acórdão do Supremo Tribunal de Justiça, de 5 de Julho de 2007
— Acórdão do Supremo Tribunal de Justiça, de 14 de Maio de 2008
— Acórdão do Supremo Tribunal de Justiça, de 13 de Novembro de 2013

— Acórdão do Tribunal da Relação do Porto, de 26 de Junho de 2008
— Acórdão do Tribunal da Relação do Porto, de 8 de Fevereiro de 2010
— Acórdão do Tribunal da Relação do Porto, de 20 de Dezembro de 2011
— Acórdão do Tribunal da Relação do Porto, de 9 de Maio de 2012
— Acórdão do Tribunal da Relação do Porto, de 24 de Setembro de 2012
— Acórdão do Tribunal da Relação do Porto, de 4 de Fevereiro de 2013
— Acórdão do Tribunal da Relação do Porto, de 4 de Março de 2013
— Acórdão do Tribunal da Relação do Porto, de 22 de Abril de 2013
— Acórdão do Tribunal da Relação do Porto, de 8 de Setembro de 2014
— Acórdão do Tribunal da Relação do Porto de 22 de Setembro de 2014
— Acórdão do Tribunal da Relação do Porto, de 22 de Outubro de 2014
— Acórdão do Tribunal da Relação do Porto, de 17 de Dezembro de 2014
— Acórdão do Tribunal da Relação do Porto, de 9 de Fevereiro de 2015
— Acórdão do Tribunal da Relação do Porto, de 27 de Abril de 2015
—- Acórdão do Tribunal da Relação do Porto, de 19 de Outubro de 2015
— Acórdão do Tribunal da Relação do Porto de 1 de Fevereiro de 2016

— Acórdão do Tribunal da Relação de Lisboa, de 18 de Maio de 2005
— Acórdão do Tribunal da Relação de Lisboa, de 3 de Maio de 2006
— Acórdão do Tribunal da Relação de Lisboa, de 5 de Junho de 2008
— Acórdão do Tribunal da Relação de Lisboa, de 19 de Novembro de 2008

ESTUDOS DE DIREITO DE TRABALHO

— Acórdão do Tribunal da Relação de Lisboa, de 30 de Junho de 2011
— Acórdão do Tribunal da Relação de Lisboa, de 16 de Novembro de 2011
— Acórdão do Tribunal da Relação de Lisboa, de 25 de Janeiro de 2012
— Acórdão do Tribunal da Relação de Lisboa, de 7 de Março de 2012
— Acórdão do Tribunal da Relação de Lisboa, de 22 de Maio de 2013
— Acórdão do Tribunal da Relação de Lisboa, de 10 de Setembro de 2014
— Acórdão do Tribunal da Relação de Lisboa, de 24 de Setembro de 2014
— Acórdão do Tribunal da Relação de Lisboa, de 8 de Outubro de 2014
— Acórdão do Tribunal da Relação de Lisboa, de 23 de Setembro de 2015

— Acórdão do Tribunal da Relação de Évora, de 09 de Novembro de 2010
— Acórdão do Tribunal da Relação de Évora, de 07 de Dezembro de 2012
— Acórdão do Tribunal da Relação de Évora, de 30 de Janeiro de 2014
— Acórdão do Tribunal da Relação de Évora, de 08 de Maio de 2014

— Acórdão do Tribunal da Relação de Coimbra de 6 de Fevereiro de 2015

— Acórdão do Tribunal da Relação de Guimarães de 25 de Junho de 2015

PUBLICAÇÕES

OBRAS DA AUTORA
Livros
— *Da esfera privada do trabalhador e o controlo do empregador*, Studia Iuridica, nº 78, Coimbra Editora, Coimbra, 2004.
— *A Privacidade dos Trabalhadores e as Novas Tecnologias de Informação e Comunicação: contributo para um estudo dos limites do poder de controlo electrónico do empregador*, Almedina, Coimbra, 2010.
— *Estudos de Direito do Trabalho*, Almedina, Coimbra, 2011.
— *Estudos de Direito do Trabalho*, reimp. da 1ª edição, Almedina, Coimbra, 2016.
— *Igualdade e Não Discriminação – Estudos de Direito do Trabalho*, Almedina, Coimbra, 2013.

ARTIGOS
Artigos em livros/Capítulos de livros
Nacionais
— *"A Concertação Social em Causa – Brevíssimas notas para uma discussão"*, in I Congresso Nacional de Direito do Trabalho – Memórias, Almedina, Coimbra, 1998.
— "Das revistas aos trabalhadores e aos seus bens em contexto laboral", *in Estudos em Comemoração do Décimo Aniversário da Licenciatura em Direito da Universidade do Minho*, Almedina, Coimbra, 2004.
— "A conduta e a orientação sexuais do trabalhador", *in Estudos de Direito do Trabalho em Homenagem ao Prof. Manuel Alonso Olea*, Almedina, Coimbra, 2004.
— "Intimidade do trabalhador e tecnologia informática", *in VII Congresso Nacional de Direito do Trabalho – Memórias*, Almedina, Coimbra, 2004.
— "Discriminação pela conduta e orientação sexuais do trabalhador", *in VIII Congresso Nacional de Direito do Trabalho – Memórias*, Almedina, Coimbra, 2006.

ESTUDOS DE DIREITO DE TRABALHO

— "O poder directivo do empregador e o direito à imagem do trabalhador", *in Estudos jurídicos em homenagem ao Prof. Doutor António Motta Veiga*, Almedina, Coimbra, 2007.

— "O poder de controlo do empregador através de meios audiovisuais: análise do art. 20º do Código do Trabalho", *in Nos 20 anos do Código das Sociedades Comerciais – Homenagem aos Profs. Doutores A. Ferrer Correia, Orlando de Carvalho e Vasco Lobo Xavier*, Coimbra Editora, Coimbra, 2007.

— "O controlo das comunicações electrónicas do trabalhador", *in Direito do Trabalho + Crise = Crise do Direito do Trabalho?*, (coord. CATARINA CARVALHO e JÚLIO GOMES), Coimbra Editora, Coimbra, 2011.

— "Direitos de personalidade", *in Código do Trabalho – A revisão de 2009*, (coord. PAULO MORGADO DE CARVALHO), Coimbra Editora, Coimbra, 2011.

— "Anotação aos arts. 50º a 52º", *in Constituição de Timor-Leste Anotada*, CIIDH, Braga, 2011.

— "As Novas Tecnologias de Informação e Comunicação: *um Admirável Mundo Novo do Trabalho?*", *in Estudos de Homenagem ao Prof. Doutor Jorge Miranda – Volume VI*, Coimbra Editora, Coimbra, 2012.

— "A privacidade dos trabalhadores e a utilização de tecnologias de identificação por radiofrequência", *in Estudos em Homenagem ao Professor Doutor Heinrich Hörster*, Almedina, Coimbra, 2012.

— "Anotação ao artigo 29º da Carta dos Direitos Fundamentais da União Europeia", *in Carta dos Direitos Fundamentais da União Europeia – Anotada*, (coord. ALESSANDRA SILVEIRA e MARIANA CANOTILHO), Almedina, Coimbra, 2013.

— A discriminação dos trabalhadores em razão da deficiência e o princípio da adaptação razoável", *in Estudos em comemoração dos XX Anos da Escola de Direito da Universidade do Minho*, Coimbra Editora, Coimbra, 2014.

— "*To Be or Not To Be* Digital: o controlo das redes sociais *online* dos candidatos no processo de recrutamento", *in Para Jorge Leite – Escritos Jurídico-Laborais*, Coimbra Editora, Coimbra, 2015.

— "Crise e Direito do Trabalho. Um breve olhar sobre a atual função do Direito do Trabalho", *in Estudos em Homenagem ao Professor Doutor Bernardo da Gama Lobo Xavier*, Volume III, Universidade Católica Editora, Lisboa, 2015.

— "Crise e desemprego jovem em Portugal", *in Temas de Direito Privado*, nº 1, (coord. MARIA MIGUEL CARVALHO), Escola de Direito da Universidade do Minho, 2015.

Internacionais

— "As NTIC, a privacidade dos trabalhadores e o poder de controlo electrónico do empregador", *in Memórias do XIV Congresso Ibero Americano de Derecho e Informática*, Tomo II, México, 2010.

PUBLICAÇÕES

— "A privacidade dos trabalhadores e as novas tecnologias de informação e comunicação", *in Actas do Colóquio Internacional de Segurança e Higiene Ocupacionais*, (coord. PEDRO AREZES e outros), Sociedade Portuguesa de Segurança e Higiene Ocupacionais, Guimarães, 2011.

— "O controlo electrónico dos e-mails dos trabalhadores", *in Memórias do XV Congresso Ibero Americano de Derecho e Informática*, Dialnet, Buenos Aires, 2011.

— "A proteção de dados pessoais dos trabalhadores e a utilização de tecnologias de identificação por radiofrequência", *in Memórias do XVI Congresso Ibero Americano de Derecho e Informática*, Quito, 2012.

— "Data Protection at work: the worker's privacy and the use of online social networks in hiring decisions", *in Abstraktion und Applikation – Tagungsband des 16. Internationalen Rechtsinfomratik Symposions – IRIS 2013*, (coord. Erich Schweigofer, Frank Kummer, Walter Hötzendorfer), Oesterrrechische Cumputer Gesellschaft, Áustria, 2013, republicado em www.jusletter-IT.eu, 20 de fevereiro de 2013.

— "Constitución portuguesa (el trabajo en la)", *in Diccionario Internacional de Derecho del Trabajo y de la Seguridad Social*, (coord. ANTONIO BAYLOS GRAU), Tirant lo Blanch Espanha, 2014.

— "Jurisdicción Social-Laboral – en Portugal", *in Diccionario Internacional de Derecho del Trabajo y de la Seguridad Social*, (coord. ANTONIO BAYLOS GRAU), Tirant lo Blanch Espanha, 2014.

— Libertad Sindical (Portugal)*in Diccionario Internacional de Derecho del Trabajo y de la Seguridad Social*, (coord. ANTONIO BAYLOS GRAU), Tirant lo Blanch Espanha, 2014.

— "Transparency and data protection in the workplace: the workers control by video surveillance", *in Transparenz – Tagungsband des 17. Internationalen Rechtsinfomratik Symposions – IRIS 2014*, (coord. Erich Schweigofer, Frank Kummer, Walter Hötzendorfer), Oesterrechische Computer Gesellschaft, Áustria, 2014.

— "Las politicas de empleo juvenil en Portugal", *in Jóvenes y Políticas de Empleo – Entre la estrategia de emprendimento y empleo joven y la garantía juvenil*, Editorial Bomarzo, Albacete, 2015.

— "Tribunal de Justiça da União Europeia e Controvérsias Trabalhistas", *in Mecanismos de Solução de Controvérsias Trabalhistas nas Dimensões Nacional e Internacional*, LTR, Brasil, 2015.

— "Os dados pessoais dos trabalhadores e o contrato de teletrabalho subordinado", *in Fodertics 4.0 – Estudios sobre Nuevas Tecnologías y Justicia*, (coord. Federico Bueno de Mata), Editorial Comares, Espanha, 2016.

— "El tratamiento laboral de las personas de edad avanzada en Portugal: medidas laborales y reformas de activación frente a la jubilación", in *Personas de*

ESTUDOS DE DIREITO DE TRABALHO

edad avanzada y mercado de trabajo: entre el envejecimiento activo y la estabilidad presupuestaria, Editorial Tirant lo Blanch, a publicar.

Artigos em revistas
Revistas nacionais
— "O respeito pela esfera privada do trabalhador: natureza jurídica das faltas cometidas por motivo de prisão baseada em crimes praticados fora do trabalho", *in Questões Laborais*, nº 18, 2001.
— "Interrogações sobre o poder de controlo do empregador e a esfera privada do trabalhador", *in Minerva – Revista de Estudos Laborais*, Ano II, nº 3, 2003.
— "Esfera privada dos trabalhadores e novas tecnologias", *in Minerva – Revista de Estudos Laborais*, Ano II, nº 4, 2004.
— "Discriminação pela conduta e orientação sexuais do trabalhador", *in Minerva – Revista de Estudos Laborais*, Ano III, nº 5, 2004.
— "Limites à instalação de sistemas de videovigilância – Comentário ao acórdão do STA, de 24 de Fevereiro de 2010", *in Revista do Ministério Público*, nº 123, 2010.
— "Controlo do correio electrónico dos trabalhadores: comentário ao acórdão do Tribunal da Relação do Porto de 8 de Fevereiro de 2010", *in Questões Laborais*, nº 34, 2011.
— "A privacidade dos trabalhadores e o controlo electrónico da utilização da *Internet*", *in Questões Laborais*, nºs 35-36, 2011.
— "Limites à liberdade de expressão de sindicalistas: comentário à decisão do TEDH de 8 de Dezembro de 2009 – *Aguilera Jiménez e outros c. Espanha*", *in Questões Laborais*, nºs 37, 2011.
— "A discriminação em razão da idade no contexto de uma população envelhecida na UE", *in Minerva, Revista de Estudos Laborais*, ano VIII – I da 3ª série, nºs 1-2, 2012.
— "Discriminação em razão da idade dos trabalhadores: anotação ao acórdão do TJUE, Richard Prigge, de 13 de Setembro de 2011, processo C-447/09", *in Questões Laborais*, nº 39, 2012.
— "A admissibilidade probatória dos ilícitos disciplinares de trabalhadores detectados através de sistemas de videovigilância –– Comentário ao acórdão do Tribunal da Relação de Lisboa de 16 de Novembro de 2011", *in Questões Laborais*, nº 40, 2012.
— "A privacidade dos trabalhadores e a utilização de redes sociais *online*: algumas questões, " *in Questões Laborais*, nº 41, 2013.
— "Controlo do *Messenger* dos trabalhadores: anotação ao acórdão do Tribunal da Relação de Lisboa de 7 de Março de 2012", *in Prontuário de Direito do Trabalho*, nºs 91/92, 2014.

— "A jurisprudência do TJUE sobre a discriminação dos trabalhadores em razão da deficiência: breve análise dos casos *Chacón Navas, Jette Ring e Coleman*", *in Questões Laborais*, nº 42, número especial comemorativo dos XX anos, 2014.
— "Discriminação dos trabalhadores em razão da doença e da deficiência – perspetiva europeia e nacional", *in Prontuário de Direito do Trabalho*, a publicar.
— "*Até que o Facebook nos separe*: análise dos acórdãos do Tribunal da Relação do Porto de 8 de Setembro de 2014 e do Tribunal da Relação de Lisboa de 24 de Setembro de 2014", *in Prontuário de Direito do Trabalho*, a publicar.

Revistas estrangeiras
— "The protection of employees with disabilities and changed working abilities in Portuguese Labour Law", *in PMJK – Journal of Labour Law and Social Security Law Department*, Volume VI, Special Edition, June 2013, Hungria.
— "Economic crisis and Labour Law in Portugal", *in eurofenix*, Spring, 2014, Inglaterra.

Artigos publicados em revistas com *peer review*
— "As novas tecnologias de informação e comunicação e o poder de controlo electrónico do empregador", *in Scientia Iuridica*, nº 323, 2010.
— "Algumas Questões sobre as Novas Tecnologias de Informação e Comunicação e a responsabilidade do empregador por atos dos seus trabalhadores", *in Scientia Iuridica*, nº 329, 2012.
— "Novas Tecnologias: Um Admirável Mundo Novo do Trabalho", *in Revista de Direito e Garantias Fundamentais*, Vitória, Brasil, nº 11, Janeiro-junho, 2012.
— "The Worker's privacy and the electronic control", *in Journal of Law and Social Sciences*, vol. 2, nº 1, 2012.
— "The digital to be or not to be: privacy of employees and the use of online social networks in the recruitment process", *in Journal of Law and Social Sciences*, vol. 2, nº 2, 2013.
— "*Every breath you take, every move you make*: cybersurveillance in the workplace and the worker's privacy", *in Masaryk University Journal of Law and Technology*, volume 7, nº 1, 2013.
— "The protection of workers' personal data and the surveillance by RFID in Portugal", *in Journal of Law and Social Sciences*, vol. 3, nº 1, 2013.
— "Algumas notas sobre as novas tecnologias de informação e comunicação e o contrato de teletrabalho subordinado", *in Scientia Iuridica*, nº 335, 2014.
— "A discriminação dos trabalhadores em razão da deficiência na jurisprudência do TJUE: breve análise dos casos *Chacón Navas, Jette Ring, Z. e Coleman*", *in Revista de Direito e Garantias Fundamentais*, Volume 15, nº 2, Vitória, Brasil, 2015.

ESTUDOS DE DIREITO DE TRABALHO

— "The Electronic Control of the Employer in Portugal", *in Labour & Law Issues*, Itália, Vol. 2, nº 1, 2016.
— "No country for young people? The youth (un)employment in Portugal", *in Hungarian Labour Law Journal*, a publicar.

OBRAS EM CO-AUTORIA
Livros
— Colaboração no livro *Compêndio de Leis do Trabalho*, de António José Moreira, a partir da 6ª edição – Outubro de 1999.
— Colaboração na tradução da obra *Direito do Trabalho e Ideologia*, de Manuel--Carlos Palómeque López, Almedina, 2001.
— *Código do Trabalho*, Almedina, Coimbra, 2004, em coautoria com António José Moreira.

Artigos
— "Every breath you take, every move you make: a privacidade dos trabalhadores e o controlo através de meios audiovisuais", em coautoria com António José Moreira, *in Prontuário de Direito do Trabalho*, nº 87, 2011.
— "ЭЛЕКТРОННЫЙ КОНТРОЛЬ В СФЕРЕ ТРУДОВЫХ ОТНОШЕНИЙ", Electronic Control in Labour Relationship", em coautoria com Francisco Andrade *in Вестник Нижегородского университета им. Н.И. Лобачевского*, 2015, No 3, indexado *in* Russian Scientific Index (RINZ).

ÍNDICE

NOTA PRÉVIA 7

ARTIGOS 9

A privacidade dos trabalhadores e a utilização de redes sociais *online*:
algumas questões 11

Algumas questões sobre as NTIC e a responsabilidade do empregador
por atos dos seus trabalhadores 71

O controlo dos trabalhadores através de sistemas de geolocalização 89

Algumas notas sobre as novas tecnologias de informação e comunicação
e o contrato de teletrabalho subordinado 119

COMENTÁRIOS A JURISPRUDÊNCIA 141

A admissibilidade probatória dos ilícitos disciplinares de trabalhadores
detetados através de sistemas de videovigilância – comentário
ao acórdão do Tribunal da Relação de Lisboa de 16 de novembro
de 2011 143

Resolução do contrato de trabalho e videovigilância: anotação ao acórdão
do Tribunal da Relação do Porto de 4 de março de 2013, e ao acórdão
do Tribunal da Relação de Lisboa de 25 de janeiro de 2012 155

Controlo do *Messenger* dos trabalhadores: anotação ao acórdão
do Tribunal da Relação de Lisboa de 7 de Março de 2012 165

Até que o *Facebook* nos separe: Análise dos Acórdãos do Tribunal
da Relação do Porto de 8 de Setembro de 2014 e do Tribunal
da Relação de Lisboa de 24 de Setembro de 2014 175

Limites ao poder de controlo eletrónico do empregador: comentário
à decisão do TEDH, de 12 de janeiro de 2016 – *Bărbulescu v. Romania* 193

ÍNDICE DE JURISPRUDÊNCIA 215

PUBLICAÇÕES 217

ÍNDICE 223